专家讲办案系列丛书
ZHUANJIA JIANGBANAN XILIE CONGSHU

庭审发问及辩论的原理与方法

TINGSHEN FAWEN JI BIANLUN DE YUANLI YU FANGFA

李　勇◎著

中国检察出版社

图书在版编目（CIP）数据

庭审发问及辩论的原理与方法 / 李勇著 . -- 北京：中国检察出版社，2024.10

ISBN 978-7-5102-3081-3

Ⅰ . ①庭… Ⅱ . ①李… Ⅲ . ①审判—研究—中国 Ⅳ . ① D925.04

中国国家版本馆 CIP 数据核字（2024）第 101829 号

庭审发问及辩论的原理与方法

李　勇　著

策划编辑： 黄学昌　葛晓湄
责任编辑： 葛晓湄
技术编辑： 王英英
封面设计： 徐嘉武

出版发行： 中国检察出版社
社　　址： 北京市石景山区香山南路 109 号（100144）
网　　址： 中国检察出版社（www.zgjccbs.com）
编辑电话：（010）86423784
发行电话：（010）86423726　86423727　86423728
（010）86423730　86423732
经　　销： 新华书店
印　　刷： 河北宝昌佳彩印刷有限公司
开　　本： 710mm × 1000mm　16 开
印　　张： 21
字　　数： 318 千字
版　　次： 2024 年 10 月第一版　　2025 年 3 月第四次印刷
书　　号： ISBN 978-7-5102-3081-3
定　　价： 69.00 元

“专家讲办案”系列丛书
出版说明

新时代新征程，检察工作欣逢最好发展时期，也面临更高履职要求。特别是随着社会分工日益精细化和新技术的更新迭代，犯罪的隐蔽性、智能化程度越来越高，各类案件专业性、复杂性日益突出，检察队伍专业化建设成为当务之急。各级检察机关正在严格落实最高检党组的决策部署，坚持以习近平法治思想为指引，紧扣“高质效办好每一个案件”的基本价值追求，持续加强专业化建设，全面提升履职能力。

专业化建设的关键在于以实战、实用、实效为导向，加强审查批捕、审查起诉、出庭公诉、检察侦查、立案监督、侦查监督、审判监督、数字检察、文书制作等核心能力提升。最为直接的方式就是开展业务培训，但目前业务培训的时间比较有限，短期课堂教学很难形成体系，内容的整体性、系统性也有所欠缺。鉴于此，我们经过广泛调研、充分论证，邀请长期在办案一线的业务专家，系统梳理、总结他们的办案经验和智慧，打造“专家讲办案”系列丛书，对课堂教学进行拓展延伸，为检察人员专业化建设提供解渴管用的核心技能修炼用书。

丛书呈现以下特点：

一是深入贯彻“高质效办好每一个案件”的理念。丛书着眼于办案质量优、效率高、效果佳，统筹实体公正、程序公正、社会公正的要求，阐述如何把高质效的要求落实在办好每一个案件、案件的每一个环节中，实现案件质量、效率、效果有机统一于公平正义，让人民群众可感受、能感受、感受到。

二是注重运用“三个善于”讲清如何做实“高质效办好每一个案件”。丛书结合实践案例，阐述如何在对全案证据进行综合分析的基础上，加强关键证据审查，注重排除非法证据、补正瑕疵证据、补强客观证据，对案件事实作出准确判断；如何厘清实质法律争点，明确案件争议的焦点，准确认定实质法律关系，解决实质法律问题；如何将法律规范放在政治、社会、历史、文化等背景下领悟理解，准确适用法律，进而实现高质效办案。

三是突出鲜明的问题导向和目标导向。丛书聚焦检察办案过程中常见的难点、痛点、堵点问题，覆盖刑事、民事、行政、公益诉讼“四大检察”各业务，帮助检察人员解决“急难愁盼”问题，补齐履职中存在民事检察“不会”、行政检察“不敢”、公益诉讼检察“不精”、侦查检察“不强”的短板。不仅呈现经验，更传授方法，不仅“授人以鱼”，更“授人以渔”，发挥助推检察队伍专业化建设的实效。

四是力求理论与实践的深度融合。丛书定位为实务用书，旨在为监督办案提供务实可行的问题解决方案，同时也注重理论阐释。透过司法现象和实践问题抽象理论，通过解读理论回应实践需求并提炼方法，二者紧密结合。论述深入浅出，读起来轻松，方法鲜活生动，用起来管用，助力检察人员成为依法履职办案的“能工”和善于运用法律政策的“巧匠”。

希望这套丛书能帮助一线办案人员形成高质效办案的工作方式和思维模式，在理论提升和业务精进中，锻造成堪当时代重任的高素质专业化检察人才。需要特别说明的是，丛书作者都是利用业余时间撰稿，时间紧、任务重，错漏在所难免，恳请读者包涵并指正。

中国检察出版社

2024年9月

认真对待庭审技能

（代　序）

如何开庭？如何进行庭审发问（包括询问、讯问）？如何进行法庭辩论？长期以来，这些问题的答案是“跟着感觉走”。很多人认为这些专业技能都是不可言说的，也是无法传授的，只能通过在实践中试验和试错来学习。①常识、直觉、经验在这些技能的运转中发挥着主导作用，但是这些常识、直觉和经验，有的符合诉讼原理，有的可能并不符合诉讼原理。如何获得这些技能？传统培养模式是“师傅带徒弟”，秉承“只可意会不可言传”的惯例，但是不排除个别情况下“把徒弟带沟里去了”，或者“师傅和徒弟一起掉进沟里去了”。偶有看到一些所谓“移花接木”“引蛇出洞”“围魏救赵”等技巧，总有点像江湖卖艺的感觉。实务界有出庭经验的大有人在，但是体系化、系统化、理性化进行归纳总结者极其罕见；理论界试图对此进行研究者大有人在，但是因为缺乏实战经验进行系统研究者寥寥无几。

著名证据法学家威廉·特文宁（William Twining）曾经发表过一篇著名的演讲——《认真对待事实》（*Taking Facts Seriously*），他在1986年还发表过一篇演讲——《认真对待技能》（*Taking Skills Seriously*）。在《认真对待技能》中，特文宁指出，关于法律专业技能的理论和研究严重不足，这些技能在多大程度上可以抽象

---

① See William Twining, *Taking Skills Seriously*, Commonwealth Law Bulletin vol.12, p.231–235（January 1986）.

出来或以其他方式加以识别，从而使它们能够并适合在教育机构中被系统地教授、学习，似乎没有连贯或明确的理论。特文宁呼吁“我们对实践训练的理论太少，而不是太多”。[①] 尽管特文宁对威尔曼（Wellman）的名著《交叉询问的艺术》（*The Art of Cross-Examination*）给予了较高评价，[②] 但他依然认为，这是一个理性化不足的领域。《魔鬼辩护人》的作者伊恩·莫利也认为“讼辩是一项技能，一项关于说服的技能，是一门艺术，而非科学”。[③] 人们有意无意地贬低了论辩与说服艺术的科学性和理性化，难怪作为“人文科学女王”的修辞学——无论是作为研究好好说话的旧修辞学还是作为辩论、论证艺术的新修辞学——在当今社会都是如此的低调甚至孤寂。[④]

国内关于法庭辩论和交叉询问的著作极少，个别著作属于“流水账”式的记录，缺乏基本理论和原理的阐述。

我从事公诉工作十多年，出庭支持公诉的案件近千件，其中包括轰动全国的“辣笔小球”侮辱英烈案、“瘦肉精”系列案、秦淮纸业污染新河案、“爱晚系”非法集资案等。在南京市建邺区人民检察院担任公诉科科长、副检察长期间，经常充当“救火队员”，其他同事遇到做无罪辩护的案件、控辩争议很大的案件时，我会跟承办人一起出庭公诉，主要负责讯问、询问、第二轮及之后的法庭辩论。理性化总结这些出庭经历是我一直以来的想法。2016年，我在《中国刑事法杂志》上发表的《审判中心主义

① See William Twining, *Taking Skills Seriously*, Commonwealth Law Bulletin vol.12, p.231-235 (January 1986).

② 参见［英］威廉·特文宁：《证据理论：边沁与威格摩尔》，吴洪淇、杜国栋译，中国人民大学出版社2015年版，第173页。

③ 当然，他同时也反对那种认为讼辩技能根本不能通过教学的方式习得，只能模仿的观点。参见［英］伊恩·莫利、王馨仝：《说服法庭——讼辩高手进阶指南》，法律出版社2022年版，第8页。

④ 参见［比］哈依姆·佩雷尔曼、露西·奥尔布莱希茨-泰提卡：《新修辞学——一种论证理论》，杨贝译，商务印书馆2022年版，“序一”“序二”。

背景下出庭公诉的对策研究》，是我首次尝试对出庭技能进行理性化、融贯性总结。文章发表前夕，国家检察官学院安排我给来自全国的检察官业务骨干讲一堂“出庭公诉策略与技巧”的实训课。当时我邀请了全国优秀公诉人熊红文合作授课，重点讲授庭审询问与法庭辩论，半个小时模拟庭审，2个半小时讲授，引起热烈反响。后来，我将这门课分成“庭审交叉询问的策略与技巧”和“法庭辩论的方法与技巧”两门课程，课时由原来的3个小时变成6个小时。2019年，与国家检察官学院的赵培显博士合作成功申报了国家检察官资助研发课程项目“公诉人法庭辩论实训”，2020年成功申报江苏省检察官学院资助研发课程项目“庭审交叉询问实训”。这两门课程先后在国家检察官学院、上海及江苏等检察机关、中国人民大学法学院、华东师范大学法学院、东南大学法学院等讲授，广受欢迎。很多学员惊呼“原来庭审技能的课可以这么精彩”。特文宁“认真对待技能”的呼吁犹在耳畔，现在是时候集结成书了。

我一直坚持走理论与实践相融合的第三条道路，也一直坚信“没有理论的经验是盲目的，没有经验的理论是空洞的”。这本书参阅了大量资料，最大限度地挖掘交叉询问和法庭辩论所蕴含的理论原理和程序价值；“复盘”了大量案件，最大限度地提炼自己十余年的出庭经验与教训。在写作过程中，我尽量跳出公诉人的身份局限，去观察辩护人的出庭技能，不断地往返于实践与理论之间，努力实现公诉人可以阅读这本书，辩护人可以阅读这本书，学者可以批判这本书。当然，法官也可以阅读这本书。实践表明，大量的法官缺乏交叉询问和程序性辩论的庭审组织能力和控庭能力，特别是缺乏对异议声明当庭作出裁决的能力。无论是公诉人还是辩护人，最为熟练的是出示证据和发表第一轮的辩论意见，因为这是可以事先准备好的，是写在纸上的，但是对于质证、询问、交叉询问、第二轮及之后的辩论，则不尽如人意。这也是本书聚焦技术含量最高的庭审发问与法庭辩论两大领域的原因。上篇的庭审发问，从言词原则这一诉讼基本原理出发，以交叉询问的功能、规则为基础，系统展示交叉询问的基本策略、交叉询问技巧，并专门讨论了如何询问专家证人。下篇的法庭辩论，从辩论主义的诉讼原理出发，以法庭辩论的基本规则为基础，系统展示法庭辩论"三要素"、逻辑法则的运用、法庭辩论技巧，并专章讨论程序性辩论的应对之策。

单纯的口才、辩论技巧或许一年半载甚至三五个月的集训就可以见效，但是具有深厚理论基础和高技术含量的庭审发问和法庭辩论绝非靠短期集训可以实现。制作一个庭审百问百答清单或许确实能解决一部分问题，但是却不能穷尽庭审的瞬息万变，也不能保证不机械套用而活学活用，因此关键还是探究基本规律和基本原理，正如卡尔·卢埃林（Karl Llewellyn）所告诫的："没有理念的技术是一种威胁，没有技术的理念是一团糟。"[①] 很多习以为常的做法、一些所谓的庭审技巧"祖传秘籍""万能模板"已经不符合时代的发展，一些违背现代诉讼原理甚至违反现行法律规定的做法依然在延续。例如，从20世纪七八十年代流传至今的公诉意见书模板，竟然开头部分还表述"……并依法对刑事诉讼实行法律监督"。事实上，这个检察官当庭监督的表述来源于1979年《刑事诉讼法》第112条第2款"出庭的检察人员发现审判活动有违法情况，有权向法庭提出纠正意见"的规定，这一规定后来受到学界广泛批评，这个争议问题在1996年《刑事诉讼法》修正后已经平息。1996年《刑事诉讼法》删除了"出庭的检察人员……"，改为"人民检察院发现人民法院审理案件违反法律规定的诉讼程序，有权向人民法院提出纠正意见"。《人民检察院刑事诉讼规则》第572条第2款明确规定了只能庭后监督，不得

① See William Twining，*Taking Skills Seriously*，Commonwealth Law Bulletin vol.12，p.231–235（January 1986）.

当庭监督。但是很多检察官对于上述诉讼原理和法律规定知之甚少，不假思索地沿用着流传下来的过时表述。再比如，长期以来流传的讯问提纲模板的第一个问题是“你在侦查阶段的供述（证言）是否属实”，针对被告人或对方证人，这样的发问违背发问基本原理。有的公诉人已经非常明确地预测到被告人或对方证人会回答“不属实”，那这样的发问有何意义？除了让自己更加被动，毫无意义。其实，这个问题等于是替辩护人发问的。传统讯问提纲模板中还有这样一句话：“被告人你要如实回答，你的回答将影响你的定罪量刑，你听清楚了吗？”这个问题也已经过时了，不符合审判中心主义的要求。在法庭上，被告人有自我辩解、自我辩护的权利，这样的发问有威胁被告人之嫌。在交叉讯问过程中，被告人不配合时，公诉人还经常会说“请注意你的态度，你这样不认罪，将会从重处罚”“我们将调整量刑建议”等话语，这是不是威胁呢？《刑事诉讼法》第52条明确规定禁止威胁取证。实践中，一些有重大影响的案例，因为发问不专业、不符合诉讼原理，造成庭审被动的事例屡见不鲜。例如，在某重大案件中，检察官问：“你们去这些地方干什么？”被告人答：“去看看祖国的大好河山！”根据反询问的基本原理，类似“为什么”“干些什么”这样的宽泛设问是不应该出现的，正因为检察官这个不专业的提问，给了被告人以戏谑口气怒怼检察官的机会。

新时代的法律人既需要敢于“庭上见”的勇气，更需要“庭上见”的能力。本书既总结技巧，更注重原理探究，对上述的类似问题从原理角度进行反思，从实践角度提炼技巧。我在讲“庭审交叉询问的策略与技巧”“法庭辩论的方法与技巧”这两门课的时候，通过大量案例生动并反复阐明“这就是理论的魅力”，有学员听课后感慨——“一切四两拨千斤其实都源于厚积而薄发”。声称法庭技能是“说服而非推理”“经验而非逻辑”“技艺而非科学”，都是片面的。正如特文宁所言：“即便是最为粗糙的有关辩护的宣传册也会预设、依赖，甚至对一种基本的实际上被定型化的理性保持敬意。”[①]从庭审发问、法庭辩论的原理探究开始，认真对待庭审技能，本书只是一个开端，希望能起到抛砖引玉之功效，也希望读者多多批评指正。

李　勇

2022年10月8日初写于金陵

2024年5月13日改定于金陵

① ［英］威廉·特文宁：《反思证据：开拓性论著》（第二版），吴洪淇等译，中国人民大学出版社2015年版，第8—9页。

前　言

庭审主要是对案件事实的语言再现，用语言进行审判是现代诉讼制度的根基，言词辩论原则（又称口头辩论主义）是现代刑事诉讼的基本原则之一，从某种意义上来说，刑事诉讼就是“舌尖上”的程序。从我国历次刑事诉讼法的修改、以审判为中心的诉讼制度改革，以及为以审判为中心刑事诉讼制度落实创造条件而推行的认罪认罚从宽制度改革过程中，我们可以看出一条清晰的“金线”——言词辩论原则逐步强化。提高控辩双方的庭审发问和法庭辩论水平、提高法官的控庭能力，是中国刑事诉讼现代化进程中不可或缺的基础性工程。

一、语言在刑事诉讼事实构建中的意义

笔者曾经说过这样一句话：“舌尖上的刑事诉讼。”[①] 刑事诉讼以追求实体真实和程序正义为目标，无论是实体真实的追求还是程序正义的实现，都离不开语言。刑事诉讼案件事实的实体真实只能通过证据去“拼接”，而无法重新再来一遍。刑事诉讼中的证明对象本来就是以生活事实为内容，在诉讼中还原生活。既然不能通过重新实施犯罪行为而为，语言重建就是基本方式，只有通过生活的视角和语言的媒介才能够重建历史情景，生活的语言是其最本源的面貌。[②] 这一点，无论是大陆法系职权主义还是英美法

① 参见李勇：《舌尖上的刑事辩护——评田文昌、陈瑞华〈刑事辩护的中国经验〉》，载《人民检察》2012 年第 13 期。

② 参见李文伟：《论德国刑事诉讼中直接言词原则的理论范畴》，载《山东社会科学》2013 年第 2 期。

系对抗主义，均是如此。从这个意义上来说，语言在事实构建中的意义具有超越法系的普适性。许多世纪以来，人们对大陆法系与英美法系在庭审模式上的刻板印象是“一个依赖卷宗文档，一个依赖口头交流”，但时至今日，它们的差别并没有那么显著。①

我国刑事案件的一审普通程序庭审流程除了开头的核实身份、告知权利义务和最后的宣判外，核心程序包括法庭调查、法庭辩论和被告人最后陈述。其中法庭调查的流程为：公诉人宣读起诉书——被告人、辩护人对起诉书指控的犯罪事实发表意见——公诉人对被告人讯问——辩护人对被告人发问——必要时公诉人再讯问——必要时辩护人再发问——必要时合议庭讯问——证人出庭情况下控辩双方的主询问、反询问、法官的补充询问——控辩双方举证、质证、答辩。法庭辩论阶段第一轮先由公诉人发表公诉意见，其次由被告人发表辩解意见、辩护人发表辩护意见，依次进行第二轮、第三轮等多轮辩论，再由被告人作最后陈述。

日本的刑事诉讼庭审流程与我国大致相当，包括开头程序、调查证据、辩论和判决四个阶段，其中开头程序包括核实身份、检察官宣读起诉书、告知权利义务、被告人及辩护人进行陈述。调查证据的过程中包括询问证人、讯问被告人。辩论阶段先由检察官对事实和法律适用陈述意见，叫作论述指控；再由被告人及辩护人陈述意见，通常先由辩护人发表辩论意见，再由被告人作最后陈述。②

美国陪审团程序的普通程序大致流程如下：开庭陈述（opening statements，也有译为开局陈述），先是检察官控方陈述，再是辩方陈述，以此向陪审团大致展现双方的期望或举出的证据；然后是检

① 参见［美］米尔伊安·R. 达玛什卡：《司法和国家权力的多种面孔》，郑戈译，中国政法大学出版社2015年版，第80页。

② 参见［日］田口守一：《刑事诉讼法》，张凌、于秀峰译，中国政法大学出版社2010年版，第225—230页。

察官通过与案件重要关系的证人、文件或者其他实物及材料展示证据，控辩双方对证据的直接询问（direct- examination）和交叉询问（cross-examination）。检察官展示完毕证据后被告方可以展示证据，被告方展示完毕后检察官可以反驳证据（rebuttal evidence）。证据展示结束后，双方可以向陪审团作结辩陈述（或称结案陈词、终局辩论），对证据进行概括并给出己方的推断和结论。[1]概括起来，美国的整个刑事审判过程由开局陈述、证人询问、终局辩论三个环节组成。[2]

德国的一审普通程序大致流程如下：除了庭审开始时的宣布案由，审判长确认被告人及辩护人、证人及鉴定人是否在场等外，核心的流程主要包括：审判长对被告人进行讯问——检察官宣读起诉要旨——证据调查（证据调查是德国整个审判期日的核心，为了查清起诉的犯罪事实以作出裁判，法院必须亲自调查所有重要相关的事实以及证据方法。这个用语可以指涉审判期日之中、讯问被告之后及被告进行最后陈述之前的一个诉讼阶段，也可以表示法院对证据进行接触了解的一个整体性概念，包括讯问被告人、询问证人及鉴定人、交叉询问、宣读文书证据、宣读笔录）——法庭辩论（总结发言）——被告人作最后陈述——判决。[3]

从上述国家的刑事案件庭审流程可以看出，使用语言的方式进行审理是基本规律，言词辩论原则成为现代刑事诉讼的基本原则之一。法谚有云："舌头比剑更有力量"（the tongue is more powerful than the sword）[4]。言词辩论原则（又称口头辩论主义），

---

① 参见［美］伦道夫·乔纳凯特：《美国陪审团制度》，屈文生、宋瑞峰、陆佳译，法律出版社2013年版，第20页。

② 参见［美］史蒂文·鲁贝特：《现代诉辩策略与技巧》，王进喜等译，中国人民公安大学出版社2004年版，第263页。

③ 参见《德国刑事诉讼法》第243条至第260条，参见《德国刑事诉讼法——附德国法院组织法选译》，连孟琦译，元照出版公司2016年版，第264—279页。

④ See Kevin C. Kennedy, *Closing Argument*: *Through the Eyes of a Trial Advocate*, American Journal of Trial Advocacy 30, no. 3 (Spring 2007), p.593-608.

包括言词原则和辩论原则（辩论主义），其中言词原则要求提出任何证据材料均应以言词陈述的方式进行，诉讼各方对证据的调查应以口头方式进行，如以口头方式询问证人、鉴定人、被害人等，关键在于询问、交叉询问；辩论原则的基本含义是指控辩双方为了进攻和防御所提出的主张，以及为有利于这种主张而对各种事实所进行的陈述。言词辩论原则作为一项基本的刑事诉讼原则，具有深厚的法理基础；同时言词辩论又是一个技术性的实战技能，具有极强的技术性。

言词辩论原则

- 言词原则（口头主义）：以言词陈述的方式进行，诉讼各方对证据的调查应以口头方式进行，如以口头方式询问证人、鉴定人、被害人等，关键在于询（讯）问、交叉询（讯）问。
- 辩论原则（辩论主义）：即根据当事人的主张、提出证据、陈述的意见等进行审判，集中体现为法庭辩论，广义的法庭辩论既包括法庭调查阶段的质证辩论，也包括法庭辩论环节的综合辩论。

二、以审判为中心刑事诉讼制度改革对庭审发问、法庭辩论的影响

我国现行刑事诉讼法是1979年刑事诉讼法，历经1996年第一次修正，2012年第二次修正，2018年第三次修正。1996年第一次修正在我国刑事诉讼法历史上具有里程碑意义，确立了无罪推定原则，大量引入了对抗制诉讼模式的合理因素，比如规定了证人、鉴定人一般情况下应出庭作证，并接受控辩双方的询问和质证；规定了公诉人、辩护人发表意见及相互辩论；甚至还借鉴了日本的“起诉状一本主义”合理因素，不再实行全卷移送而是移送主要证据复印件。2012年第二次修正是全面修改，确立了非法证据排除规则；将具有起诉状一本主义色彩的移送主要证据复印件改回全卷移送；进一步强化了证人出庭，规定证人没有理由拒绝出庭或者出庭后拒绝作证，情节严重的可以拘留；规定了鉴定人应出庭而不出庭的，鉴定意见不得作为定案的根据，言词辩

论原则得到充分体现，以审判为中心诉讼模式的制度基础已经奠定。对司法实践影响最大的就是对抗性增强了，甚至出现了“庭审死磕”的极端现象。虽然法庭辩论对抗性增强，但是证人出庭率依然较低，立法中的言词辩论原则在实践中并没有得到全面落实。2018年第三次修正，重点是确立了认罪认罚从宽处罚制度，立法的初衷是繁简分流，合理配置司法资源，为落实以审判为中心刑事诉讼制度创造条件，将大量认罪认罚案件分流简化，推动不认罪认罚的普通程序案件证人出庭作证。从刑事诉讼法修改的时间轴和逻辑脉络中，我们可以看出一条清晰的“金线”——言词辩论原则逐步得到落实和强化。经过多次修改，我国刑事诉讼形成了兼具职权主义和当事人主义的混合主义模式。

当前，我国刑事司法改革的重大项目是推进以审判为中心的刑事诉讼制度，言词辩论原则将进一步加强。在具有刑事司法改革风向标意义的“新时代刑事司法改革发展与展望”研讨会上，陈兴良教授指出，在各项刑事司法改革中，以审判为中心的刑事诉讼制度改革是重中之重，需要尽快落实证人出庭制度。以审判为中心的刑事诉讼制度改革核心是庭审实质化，如果证人不出庭，庭审实质化很难真正实现。[①]无独有偶，在这次会议上，最高人民法院周加海主任指出，庭审实质化是以审判为中心的刑事诉讼制度改革的关键和基础，下一步应当下大力气解决普通程序中证人出庭率低、当庭宣判率低的问题。[②]

（一）以审判为中心刑事诉讼制度的内涵

党的十八届四中全会通过的《中共中央关于全面推进依法治国若干重大问题的决定》明确提出：“推进以审判为中心的诉讼制

---

① 参见陈兴良：《刑事司法改革成果斐然前景广阔》，载《人民检察》2022年第18期。

② 参见周加海：《深化以审判为中心的刑事诉讼制度改革》，载《人民检察》2022年第18期。

度改革，确保侦查、审查起诉的案件事实证据经得起法律的检验。全面贯彻证据裁判规则，严格依法收集、固定、保存、审查、运用证据，完善证人、鉴定人出庭制度，保证庭审在查明事实、认定证据、保护诉权、公正裁判中发挥决定性作用。”这意味着审判中心主义已经由理论探讨走向实践应用。推进以审判为中心的刑事诉讼制度改革，就意味着要改掉过去以侦查为中心、以卷宗为中心的诉讼模式，改变刑事庭审“过形式”“走过场”的局面，要确立庭审在刑事诉讼中的核心地位。这必将给公诉人、辩护人的出庭带来巨大影响。

“以审判为中心”又称“审判中心主义”，理论界对其基本含义的争论由来已久。陈光中教授认为，“以审判为中心”的内涵主要有两个方面：首先是指审判在刑事诉讼程序中居于中心地位，侦查、起诉和执行都是围绕着审判中心而展开的，只有经过审判才能对被告人定罪量刑；其次是指在审判中，庭审（开庭审理）成为决定性环节。在庭审中，刑事诉讼各项基本原则，如公开、辩护等得到最充分的体现，当事人的诉讼权利也得到最有效的行使。庭审要真正成为审判的决定性环节，必须使庭审实质化而不能流于形式。[①]樊崇义教授认为，以审判为中心是在我国宪法规定的分工负责、互相配合、互相制约的前提下，诉讼的各个阶段都要以法院的庭审和裁决关于事实认定和法律适用的要求和标准进行，确保案件质量，防止错案的发生。以审判为中心不是颠覆“分工负责、互相配合、互相制约”，而是“中心论”与“阶段论”的辩证统一,二者并不矛盾。控、辩、审三方都要围绕审判中事实认定、法律适用的标准和要求而展开，法官直接听取控辩双方意

① 参见陈光中:《推进“以审判为中心”改革的几个问题》，载《人民法院报》2015年1月21日，第5版。

见，依证据裁判原则作出裁判。[1]张建伟教授认为，审判中心主义意味着整个诉讼制度和活动围绕审判而建构和展开，审判阶段对案件的调查具有实质化的特征，侦查是为审判进行准备的活动，起诉是开启审判程序的活动，执行是落实审判结果的活动，意味着重新审视诉讼阶段论、重新检讨诉讼阶段论甚至将其舍弃。[2]

笔者认为，党的十八届四中全会通过的《中共中央关于全面推进依法治国若干重大问题的决定》已经明确推进以审判为中心的诉讼制度改革，这就意味着审判中心主义已经由理论探讨走向实践应用。正如龙宗智教授所言："推进'以审判为中心'的诉讼制度改革已成为既定决策，因此，相应的制度调整与实践举措必然要跟进。"[3]因此，当务之急是如何在实践中贯彻落实审判中心主义，结合我国的现实情况从如何贯彻落实的角度对审判中心主义的内涵进行概括，在此基础上进行对策性研究，提出具体措施，这比纯理论上的争论意义更大。

笔者认为，结合我国目前的现实情况，从贯彻落实的角度可以将"以审判为中心"的基本内容概括为"一个精髓、两大支柱"。[4]"一个精髓"是庭审的实质化，"两大支柱"是证据裁判原则、直接言词原则。司法实践中只要将"一个精髓、两大支柱"落到实处，实现以审判为中心的诉讼制度改革目标就指日可待了。

1.庭审实质化是"以审判为中心"的精髓所在。为什么要提出"以审判为中心"这个问题？原因就在于长期以来，庭审在事实认定、证据采信、定罪量刑中的作用被淡化、被架空，判决奉

---

① 参见樊崇义：《"以审判为中心"的概念、目标和实现路径》，载《人民法院报》2015年1月14日，第5版。

② 参见张建伟：《审判中心主义的实质与表象》，载《人民法院报》2014年6月20日，第5版。

③ 龙宗智：《"以审判为中心"的改革及其限度》，载《中外法学》2015年第4期。

④ 参见李勇：《审判中心主义背景下出庭公诉的对策研究》，载《中国刑事法杂志》2016年第5期。

行“审者不定、定者不审”，行政色彩严重，庭审流于形式，成为“表演式”的“走过场”。所以，“以审判为中心”的精髓就在于庭审的实质化，使庭审在事实认定、证据采信、定罪量刑中发挥决定性作用，回归审判的司法属性。“以审判为中心”意味着案件事实的认定和证据的采信等均要通过庭审来确定，证据必须通过庭审的调查和辩论才能作为定案的根据，定罪量刑要在充分听取控辩双方意见的基础上进行裁决，真正做到“诉讼证据出示在法庭、案件事实查明在法庭、控辩意见发表在法庭、裁判结果形成在法庭”。

对庭审实质化这一精髓的正确把握有利于平息公、检、法三家到底谁是中心之争，也有利于平息控、辩、审三方谁是主角之争。“以审判为中心”提出来以后，有人说今后的刑事诉讼主要是看法院的，公安、检察、律师都无所谓了；有人说以审判为中心是法院胜利了，就是要提高法院的权威，检察院和公安地位下降了；有人说贯彻以审判为中心的重点要放在检察院了，公诉的质量决定着审判的质量，检察官才是中心，如此等等，不一而足。其实，上述说法都是错误的。因为庭审实质化要求“一切庭上见分晓”，无论是事实认定、证据采信，还是定罪量刑，都要接受控、辩、审三方的质证、辩论、裁决，控、辩、审三方缺一不可，都是“以审判为中心”的主角；公安机关、检察院作为广义上的控方，律师作为辩方，法院作为审判方，都是刑事诉讼不可或缺的，不存在谁重要谁不重要的问题，所以“以审判为中心”是就诉讼活动而言的，不是就诉讼角色而言的。认为“以审判为中心”就是“以法院为中心”甚至是“以法官为中心”的观点是错误的；认为“以审判为中心”就是要提高法官权威、法院权威的观点是狭隘的；认为“以审判为中心”实际是以检察官为中心的观点是荒唐的。樊崇义教授一针见血地指出：“以审判为中心的实施主体不仅仅是人民法院，而是由法院、公安、检察、辩护律师形成合力，才能贯彻实施以审判为中心。”[①] 从庭审的形式化到庭审的实质化，公诉人出庭不力将可能直接导致败诉，而不能再指望通过法官庭后阅卷来挽回公诉人出庭不力所造成的不利后果。

2. 证据裁判原则、直接言词原则是“以审判为中心”的两大支柱。如前所述，庭审实质化才是“以审判为中心”的精髓所在，如何实现庭审实质化呢？这就要靠证据裁判原则和直接言词原则这两大支柱。

实现庭审实质化的首要支柱是证据裁判原则。庭审实质化意味着检察机关移送给法院的证据，法院不会轻易照单全收，而是要在法庭上接受质证，这正是证据裁判原则的核心所在。作为现代法治国家证据制度基石的证据裁判原则，是指诉讼中司法人员认定案件事实必须以证据为依据，没有证据不得认定事实；事实必须根据具有证据能力的证据来认定；裁判所依据的必须是经过法庭调查的证据，未经庭审调查、质证的证据不得作为定案根据（当然，基于繁简分流的需要，认罪认罚简易程序、速裁程序案件的证据调查和质证可以简化乃至省略，下文详述）。可见，要发挥庭审在事实认定、证据采信、定罪量刑中的实质作用，就必须切实贯彻证据裁判原则。正因如此，有学者指出：“以审判为中心的诉讼制度改革，必须树立‘打官司就是打证据’的理念，在两个方面贯彻证据裁判原则：其一，强调将证据作为事实认定的基础……其二，强调案件事实认定的根据，必须是经过法庭举证、质证和认证后采纳的证据。”[②] 证据裁判原则要求认定事实必须依证据，必须根据具有证据能力的证据来认定，而且只有经过法庭调查质证之后才能认定犯罪事实。因此，证据裁判原则中证据能力

① 樊崇义：《“以审判为中心”的概念、目标和实现路径》，载《人民法院报》2015年1月14日，第5版。

② 张保生：《审判中心与证据裁判》，载《光明日报》2014年11月5日，第13版。

概念是十分重要的，证据能力就是指能够成为证据的资格，也就是证据的合法性问题。[①]所以，证据裁判原则的核心问题是证据能力问题，辩方以不具有证据能力而申请非法证据排除将成为常态，出庭公诉人必须在庭审中承担证据合法性的证明责任，控辩双方在非法证据排除问题上的对抗性必然增强。

实现庭审实质化的第二个支柱是直接言词原则。长期以来，我国的刑事诉讼活动是“以侦查案卷笔录为中心”而展开的，[②]法官定案主要依赖于庭外阅卷。证人证言和其他言词证据，例如被告人供述、被害人陈述等，都是以案卷笔录为载体存在于刑事诉讼中的，庭审举证的主要方式是宣读书面的言词证据，法庭审理也大多通过宣读和调查记载言词证据的案卷笔录来进行，法庭审判在一定程度上变成对侦查结论的审查和确认过程，失去了独立自主审查证据、认定案件事实的能力，法庭审理往往流于形式。直接言词原则包括直接审理原则和言词审理原则，直接审理原则要求参加审判的法官必须亲自参加证据审查、亲自聆听法庭辩论，强调审理法官与判决法官的一体化，反对审者不判；言词审理原则要求当事人等在法庭上用言词形式开展质证辩论，让作证者亲自到法庭，旨在严格审查证人证言的真伪，避免先入为主地将侦查机关的讯问、询问笔录作为定案依据。可见，直接言词原则要求法官亲自参加庭审、聆听法庭辩论并独立裁判，强调证人出庭作证、接受质证，均是实现庭审实质化的基本内容和重要保障。因此，直接言词原则将打破“案卷笔录可采性的天然推定功能”[③]，同时因大量证人、被害人出庭将导致庭审举证、质证方式发生变革，公诉人、辩护人在庭审中的询（讯）问、交叉询（讯）问能

---

① 参见［日］田口守一：《刑事诉讼法》，张凌、于秀峰译，中国政法大学出版社2010年版，第267页。

② 参见陈瑞华：《刑事诉讼的中国模式》（第2版），法律出版社2010年版，第159页以下。

③ 陈瑞华：《刑事诉讼的中国模式》（第2版），法律出版社2010年版，第183页。

力将面临巨大考验，对法官的控庭能力要求也更高。

（二）审判中心主义对法庭审理的影响

如前所述，从现实角度把握庭审实质化这一精髓和证据裁判原则、直接言词原则两大支柱，是贯彻落实“以审判为中心”刑事诉讼制度的根本之道。从这一点出发，可以推导出以审判为中心对庭审的影响将主要体现在非法证据排除、举证质证和法庭辩论三个方面。首先，庭审实质化对控辩双方来说，出庭水平在一定程度上定胜负，举证质证不力、法庭辩论拙劣都可能导致指控不被法庭采纳，直接影响案件的最终结局。其次，证据裁判原则的核心问题是证据能力问题，非法证据排除将成为法庭辩论的常态性问题。所以有学者指出，非法证据排除是公检法开展“以审判为中心”刑事诉讼制度改革的“最大公约数”。① 最后，直接言词原则要求证人、被害人、鉴定人等出庭，这必将打破“笔录可采性的天然推定功能”，公诉人必须改变以往宣读笔录的举证方式，庭审中的询（讯）问、交叉询（讯）问将成为举证的常态。

1. 宣读书面言词证据的举证模式将逐渐改变。审判中心主义是针对侦查中心主义和卷宗中心主义发展起来的。长期以来，我国刑事诉讼活动是“以侦查案卷笔录为中心”而展开的，庭审中的举证模式是围绕侦查案卷笔录展开的，公诉人的出庭预案也主要由侦查卷宗中的言词证据笔录摘要组成。证人出庭率不足1%，法庭审理也大多通过宣读和调查记载言词证据的案卷笔录来进行。对此，陈瑞华教授指出：“在‘案卷笔录中心主义’的作用下，侦查程序通过案卷笔录对法庭审判的绝对影响，成为整个刑事诉讼的中心，法庭审判在一定程度上变成对侦查结论的审查和确认过程，而失去了独立自主地审查证据、认定案件事实的能力。中国

① 参见魏建文：《以审判为中心对检察环节非法证据排除工作的影响及其应对》，载《法学杂志》2016年第5期。

之所以形成一种以侦查为主导的刑事诉讼模式，并在'公检法三机关'之间形成一种'流水作业'和'接力比赛'的法律关系，在很大程度上与这种裁判方式存在密切的关系。"[①]因为按照审判中心主义的要求，案件证据展示、质证、认证在法庭，证人、鉴定人作证在法庭，案件事实调查、认定在法庭，诉辩和代理意见发表、辩论在法庭，直接言词原则体现在法庭，公正裁判决定在法庭，裁判说理讲解在法庭。这种举证模式的转变对于习惯照本宣科"读"证据的公诉人来说，无疑是一个巨大的挑战。

首先，证人出庭增强证据的变数。证人不出庭就意味着侦查阶段的证言笔录是"稳定"的，具有天然的证据能力推定功能，但是一旦证人出庭，这种"稳定性""天然推定功能"就面临着诸多变数，因为证人会因为多种因素而改变证言，有的可能是因为记忆差错，有的可能是因为情绪紧张，有的可能是受到他人的威胁或施加压力，有的可能是故意撒谎，有的可能是因为在侦查阶段受到非法取证，等等。不论原因如何，只要证人翻证都会对公诉方的证据体系形成强大的冲击。比如南昌大学原校长周文斌受贿案，2015年2月9日的庭审中证人胡某斌在出庭作证时当庭翻证称自己从未向周文斌行贿，此前提供假证言是因为受到检方疲劳审讯和刑讯逼证。公诉人面对这一突然变化，有些不知所措。

其次，询问及交叉询问技能面临考验。证人出庭带来的首要问题就是如何询问、如何进行交叉询问。这对于习惯了证人不出庭的公诉人、辩护人而言，都是一个现实的挑战。如果说询问可以依靠庭前制作询问提纲的话，那么交叉询问中临场应变能力则尤为重要，对于鉴定人或者专家证人的交叉询问更是如此。1996年《刑事诉讼法》使用"鉴定结论"这一术语，这意味着"鉴定结论"作为一种科学证据，具有绝对的可采性，法庭调查质证仅

① 陈瑞华:《刑事诉讼的中国模式》(第2版)，法律出版社2010年版，第203页。

有公诉人出示宣读即可，无论是辩护人还是法官一般不会质疑。因此，鉴定人出庭接受控辩双方交叉询问的情况比较少见，专家证人出庭对“鉴定结论”被质疑当庭解答的情形更是罕见。2012年《刑事诉讼法》将“鉴定结论”改为“鉴定意见”，这意味着“鉴定意见”这一证据本质上只是专家意见，具有可质疑性，审判中心主义的推进直接将这种可质疑性搬到法庭上，让鉴定人、专家证人出庭接受询问和交叉询问，这对公诉人而言是个巨大的难题。从快播案到复旦大学投毒案等反映出公诉人对鉴定人、专家证人的询问、交叉询问能力严重不足。

2. 法庭辩论的对抗性将更加激烈。庭审形式化问题由来已久，1996年《刑事诉讼法》修正时就有扭转过于强烈的职权主义色彩、增加庭审对抗性的意图，立法者曾明确将“解决法庭审判流于形式”的问题、发挥法庭审理功能作为最重要的改革目标，[①]“以审判为中心”的刑事诉讼制度改革的目标更是如此。如前所述，“以审判为中心”的精髓是庭审实质化，其必然后果就是庭审的抗辩性进一步增强。关键证人、被害人、鉴定人如拒不出庭，可能导致部分证据不被法庭采信，案件变数增加；证人、被害人、鉴定人如果出庭，则又可能带来证据内容当庭变化，难以应对的情况将极大增加；侦查人员如拒不出庭，如果被告人翻供并提出逼供、诱供，公诉人证明证据合法性将陷入被动；如出庭效果很差，不仅会影响案件效果又有放大舆情的风险。证人等出庭，公诉人、辩护人对法庭交叉询问以及证据合法性调查的掌控能力、应对技巧和心理素质等，都将面临全新的考验。公诉人、辩护人在法庭辩论和对抗中表现消极或不力，将直接影响法庭对事实和证据的采纳，从而影响诉讼结果。

3. 多元化辩论特别是程序性辩论日趋激烈。传统法庭辩论主

① 参见陈瑞华：《刑事诉讼的中国模式》（第2版），法律出版社2010年版，第197页。

要集中在实体的定罪量刑上，今天的法庭辩论越来越关注程序性问题。“辩护方在对检控方指控的犯罪事实加以防御的过程中，采取了一种新型的、带有攻击性的策略；辩护方不是消极地指称‘指控不具备《刑法》所确立的犯罪构成要件’或者‘指控并不具备法定的证据和事实基础’，而是积极地‘指控’侦查官员、检察官或法官存在违反法律程序的行为，并要求法庭对这一点加以审查和确认。而一旦法庭真的认定侦查官员、检察官或法官在刑事诉讼过程中存在程序性违法行为，或者严重侵犯了嫌疑人、被告人的基本权利，那么，辩护方所进一步寻求的就必将是促使法庭宣告有关官方诉讼行为无效。”① 在一些重大敏感案件中，程序性辩护逐渐成为刑事辩护的主要形态。

4. 非法证据排除之辩成为常态。2012 年修正的《刑事诉讼法》首次在立法层面确立了非法证据排除规则体系，成为此次刑事诉讼法修改的最大亮点之一，标志着我国刑事诉讼确立了相对系统的非法证据排除规则。《刑事诉讼法》第 56 条第 2 款规定：“在侦查、审查起诉、审判时发现有应当排除的证据的，应当依法予以排除，不得作为起诉意见、起诉决定和判决的依据。”对于公诉人而言，非法证据排除应尽量在审查起诉阶段解决。但即便在审查起诉阶段解决了，也可能需要在庭审中质证和辩论，虽然可以充分利用庭前会议制度，但庭前会议只是就非法证据排除问题了解情况、听取意见，并不能对是否排除作出裁决。庭审中还可能出现一些审查起诉阶段没有出现或没有发现的新的非法证据线索，所以庭审中非法证据排除调查程序至关重要。

审判中心主义要求全面贯彻证据裁判原则，这意味着检察机关移送给法院的证据，法院不会轻易照单全收，辩护人也会更加关注证据合法性之辩。所以，庭审中启动非法证据排除调查程序

① 陈瑞华：《程序性辩护之初步研究》，载《现代法学》2005 年第 2 期。

的“审中审”将逐渐常态化。时至今日，辩护律师申请启动非法证据排除的案例比比皆是。而公诉人必须出示相关证据证明证据的合法性，在举证不能的情况下或者所出示的证据无法达到排除非法证据的合理怀疑时，该份证据将不会作为定案的根据，这对公诉方而言是一个巨大的挑战。非法证据成为庭审中的争论焦点。按照刑事诉讼法的规定，非法证据既不能作为判决的依据，也不能作为侦查终结移送起诉和提起公诉的依据。此外，非法证据与瑕疵证据区别的争议在庭审中会被进一步放大，控辩双方基于立场的不同必然在这个问题上产生更多交锋。根据刑事诉讼法的规定，非法证据与瑕疵证据是不同的，瑕疵证据经过合理解释或补正是可以作为定案依据的。因此，法庭辩论已经从传统的定罪量刑之辩发展到程序之辩、证据之辩。刑事辩护律师已经将法庭辩论的重点转向了程序和证据问题，程序性辩护已经成为审判中心主义背景下的一种新型辩护形态，公诉人必须适应辩护方式的转变。

三、认罪认罚从宽制度改革对庭审技能的影响

2018 年《刑事诉讼法》第三次修正，认罪认罚从宽制度和速裁程序被写入其中。《刑事诉讼法》第 15 条对认罪认罚可以从宽处罚进行了规定，在原有简易程序的基础上，在第三编第二章中增设“第四节　速裁程序”，这意味着速裁程序、简易程序、普通程序多元化的诉讼格局基本形成。认罪认罚从宽处罚作为一种制度设计，包括速裁程序、简易程序和认罪认罚的普通程序。

认罪认罚从宽制度的基本特征是“程序从简、实体从宽”。2018 年《刑事诉讼法》第 224 条规定：“适用速裁程序审理案件，不受本章第一节规定的送达期限的限制，一般不进行法庭调查、法庭辩论，但在判决宣告前应当听取辩护人的意见和被告人的最后陈述意见。适用速裁程序审理案件，应当当庭宣判。”第 219 条

规定："适用简易程序审理案件，不受本章第一节关于送达期限、讯问被告人、询问证人、鉴定人、出示证据、法庭辩论程序规定的限制。但在判决宣告前应当听取被告人的最后陈述意见。"第219、224条都是刑事诉讼法关于程序简化的规定。

程序简化的正当性何在？公正与效率是刑事诉讼程序两大价值目标，有人对认罪认罚从宽制度、速裁程序改革提出质疑，认为这种以牺牲公正为代价，追求效率的做法缺乏正当性。其实，没有效率，特别是司法资源严重不足时，公正也是不可求的。因犯罪不断增加，司法资源有限，执法者利用各种不同方式与被告人协商，以求快速终结刑事案件，减少法院的负荷，已成刑事诉讼新趋势。在美国，绝大多数的刑事案件都未经反复费时的审判程序，而是经由"认罪协商"迅速对被告论罪科刑。美国最高法院首席大法官 Burger 说，若认罪协商的案件减少 10%，则法院需增加两倍的人力及设备才足以应付。[①] 也有人质疑认罪认罚从宽与实体刑法的罪刑法定主义和责任主义存在冲突。这与认罪协商程序在德国早期的境遇相似。一开始，德国学术界几乎毫无例外地反对这种新的实践，认为它违反了宪法和刑事诉讼法的组织原则。学者们提出，协商与法治国家原则及由其引出的公正程序基本原则不一致，与此形成鲜明对比的是，"律师、法官和检察官，面对质疑和批评，除了极少的例外，仍然明确地支持这种协商活动"。[②] 目前，学术界也不得不承认正式的刑事审理尽管并不会从刑事司法体系中消失，但可能会失去中心地位，并成为刑事案件行政性或者协商性处理方式的一个"罕见例外"。[③]

认罪认罚从宽制度的程序正当性之一在于诉讼经济原则。通

① 参见王兆鹏:《新刑诉新思维》，元照出版公司 2005 年版，第 170 页。

② 参见［德］约阿希姆·赫尔曼:《德国刑事诉讼程序中的协商》，王世洲译，载《环球法律评论》2001 年冬季号。

③ 参见［德］托马斯·魏根特:《德国刑事程序法原理》，江溯等译，中国法制出版社 2021 年版，第 265 页。

过繁简分流、优化司法资源配置，推进“以审判为中心”的刑事诉讼制度改革。认罪认罚从宽制度的直接目的就是提高效率、节约资源，解决案多人少的矛盾，这是诉讼经济原则的应有之义。

认罪认罚从宽制度改革更深层次的程序正当性基础是为审判中心主义的真正实现创造条件。如前所述，“以审判为中心”的基本内涵为“一个精髓、两大支柱”，庭审实质化是以审判为中心的精髓所在，这意味着发挥庭审在事实认定、证据采信、定罪量刑中的决定性作用，要改变过去那种“审者不定、定者不审”“庭前沟通、庭后汇报”“庭审走过场”的现象。证据裁判原则和直接言词原则是推动庭审实质化，促进审判中心主义落到实处的两大支柱。证据裁判原则要求裁判案件必须依赖于证据；直接言词原则中的直接审理原则要求对案件作出决定的法官必须作为合议庭成员，亲自参加庭审，亲自听取控辩双方意见，改变“审者不定、定者不审”的积弊；直接言词原则中的言词审理原则要求提供言词证据的人，包括证人、被害人、鉴定人等原则上应当出庭作证，接受法庭和控辩双方的询问。实践表明，完全彻底地贯彻审判中心主义的“一个精髓、两大支柱”，必然导致案件审理周期延长。在司法资源有限的现下，要求所有案件都无差别地按照审判中心主义要求审理是不现实的。实践中稍微复杂一点的案件审理时间都较长，如果要求所有案件“平均用力”，完全按照审判中心主义要求进行审理，那简单案件的庭审也将占用大量司法资源，其结果将是审判中心主义的虚化，与改革的初衷背道而驰。因此，要想真正实现审判中心主义目标，就必须繁简分流。“以审判为中心”的重点是不认罪的普通程序案件，而不是所有案件全部按照庭审实质化、证据裁判原则和直接言词原则进行审理。事实表明，世界上没有哪个国家能对所有的案件无差别、无例外地按照审判中心主义的要求进行审理，都是通过繁简分流将一部分简易的认罪案件分流出去，节省出更多的司法资源对少部分案件按照证据裁判原则和直接言词原则进行审理。在美国，通过辩诉交易程序将90%以上的案件分流出去，这些案件无须经过陪审团审理，不受直接言词原则的限制，审理的重点是量刑，因此证据裁判原则等一系列规则在这里并未被遵守。[①]在英格兰和威尔士，每年经陪审团审判的案件远低于10%，“在被告辩诉交易的地方是不会发生审判的”，[②]直接言词原则和证据裁判原则也存在诸多例外。在德国，同样设置了多种简易程序，在证据裁判原则和直接言词原则的遵守上设置大量例外，比如德国的处刑（罚）令程序实行书面审理，自然不必严格遵守直接言词原则和证据裁判原则。德国除了处罚令程序外，还有速审程序，证人可以不出庭，法官可以向证人进行电话核证。有些案件，“夜间被临时逮捕，于翌日早晨就在警察局内得到判处”。[③]按照德国宪法法院的见解，对于简易刑事案件的解决，“应在合乎比例的许可下，以最迅速方式解决，如此既不浪费时间，亦可节省诉讼费用，同时亦能使法院有充裕时间，审判重大案件，不至于因轻微案件受到束缚，可将焦点至于重大案件”[④]。正如平野龙一所言，法官心证形成的场所是法庭而不是办公室，把证据带回办公室进行调查的做法叫闭门造车的证据调查主义，但是，对于定罪没有争议的案件应当优先考虑迅速审判，在法庭上应当侧重量刑程序。同时，对于复杂的经济案件等，在法庭外对有关笔录进行详细分析也是必要的。[⑤]

交叉询问、法庭辩论的充分实现，需要一个功能完备的程序

① 参见［美］安吉娜·J. 戴维斯：《专横的正义：美国检察官的权力》，李昌林、陈川陵译，中国法制出版社2012年版，第45页。

② 参见［英］威廉·特文宁：《反思证据：开拓性论著》（第二版），吴洪淇等译，中国人民大学出版社2015年版，第218页。

③ 参见张丽卿：《刑事诉讼制度与刑事证据》，中国检察出版社2016年版，第66页。

④ 张丽卿：《刑事诉讼制度与刑事证据》，中国检察出版社2016年版，第73—74页。

⑤ 参见［日］田口守一：《刑事诉讼法》，张凌、于秀峰译，中国政法大学出版社2010年版，第274页。

分流机制，把简单与复杂、轻微与严重、被告人认罪与不认罪的案件进行分流，只把少数复杂、严重、被告人不认罪的案件导入严格的正当程序之中进行正式审判。[①]只有真正实现繁简分流，让80%甚至90%的认罪认罚案件分流简化，才能让10%至20%的不认罪、疑难复杂的案件彻底、全面贯彻审判中心主义要求。只有让80%的认罪认罚案件快速庭审，才能让20%的不认罪认罚案件进行漫长的交叉询问、质证、辩论。认罪认罚从宽制度真正落实的当务之急，一方面是真正实现认罪认罚案件的简化、“减负”；另一方面是加大不认罪认罚案件的证人出庭率。因此，认罪认罚从宽制度的分流作用，就是要进一步提高不认罪案件的庭审对抗性，进一步提高不认罪案件的证人出庭率。对控辩双方来说，对法庭辩论水平和交叉询问能力的要求不是降低了，而是提高了。

四、言词、辩论技能对刑事诉讼现代化的意义

“以审判为中心”刑事诉讼制度改革对法庭发问、法庭辩论等技能提出了挑战和更高要求，同时，高水平的言词、辩论技能有助于促进“以审判为中心”刑事诉讼制度的落实，也有助于刑事诉讼实体真实、程序正义价值目标的实现，进而促进我国刑事诉讼现代化文明进程。从这个意义上来说，言词、辩论技能提升是我国刑事诉讼现代化进程的一项基础性工程。

言词、辩论技能对刑事诉讼文明和刑事诉讼现代化的意义，直接体现在成熟的庭审文化。当前我国的庭审文化还很不成熟。不成熟的庭审文化表现之一是庭审恶性冲突，既表现为控辩双方的激烈恶性冲突，也表现为辩审恶性冲突。这种庭审恶性冲突不是真正意义上的庭审对抗，不是法律、事实和证据方面的专业性

---

① 参见［美］史蒂文·F. 莫罗、詹姆斯·R. 费格利罗主编:《对方证人——芝加哥著名刑辩律师论交叉询问与人生的经验教训》，吴宏耀、云聃译，中国人民大学出版社2013年版，代序。

争议和抗辩，而是人身攻击、言语攻击，甚至出现拍案而起、愤而离席等现象。这种庭审恶性冲突在成熟的刑事庭审文化中是不可想象的。实践中，控、辩、审三方的不理性现象都出现过。成熟的庭审对抗是理性、文明、专业、平等的交锋，公诉人不以权压人、高高在上，辩护人不非理性挑衅。不成熟的庭审文化表现之二是“闹庭”。近年来，刑事辩护领域出现了一个词语叫“死磕”。其实，“死磕”这个词有以偏概全之嫌。“死磕”可以分为“良性死磕”与“恶性死磕”。前者表现为“较真”，专业性的“较真”是成熟的庭审文化所需要的，专业性“较真”才能激发庭审对抗，促进诉讼文明；后者表现为“闹庭”，这是不成熟庭审文化的表现。曾经有人将这种“闹庭”形象地总结为“三板斧”：一是无理由地申请全体人员回避；二是无理由地提出管辖异议；三是拉横幅、静坐、发自媒体等制造舆论。前两者的目的是让庭开不下去，第三种是借助舆论施加压力。这些不成熟的庭审文化产生的原因是多方面的，控、辩、审三方都有值得反思之处。改变这种现状不是一蹴而就的，解决之道也是多方面的，但是提高讼辩技能至少是其中很重要的方面。《魔鬼辩护人》的作者伊恩·莫利说，讼辩技能是教你如何在诉讼和庭审中表现出色，“不捣乱、不诡辩、不胡搅蛮缠、不做乏味冗长的举证和辩解”，而是实事求是地做好工作。[①] 这是成熟庭审文化的应有之义，也是诉讼文明、诉讼现代化的必然要求。

① 参见［英］伊恩·莫利、王馨仝：《说服法庭——讼辩高手进阶指南》，法律出版社 2022 年版，第 2 页。

目 录

上篇 庭审发问

下篇　法庭辩论

上篇

庭审发问

第一章 庭审发问的基本原理

这里的庭审发问包括讯问、询问以及交叉询问，庭审发问并不仅仅是一个纯技术性的问题，同时也是一个重要的理论问题，其背后具有深刻的诉讼原理。我国理论界和实务界长期以来对庭审发问背后的诉讼原理既没有给予足够的重视，也没有深入剖析，造成庭审发问只是一个技巧问题的假象。这导致实务中出现了很多违背诉讼原理的发问策略、发问方式，甚至在一些重大影响案件中出现令人啼笑皆非的发问。比如公诉人问："你为什么要去那么多地方？"被告人答："我去看看祖国大好河山。"事实上，以"为什么"进行发问是不符合交叉询问原理的。一切技巧都植根于原理，所有的策略都来源于原理。本章将对庭审发问的原理进行探讨。

第一节 言词原则的内涵

庭审发问是刑事诉讼的基本原则——言词原则的具体体现，要厘清庭审发问的基本原理就要从探究言词原则出发。

一、言词原则的意义

直接言词原则，包括直接原则和言词原则，分别与间接原则和书面原则相对立。直接原则包含在场原则和直接采证原则，要求对案件作出裁判的人必须亲自到场参加庭审活动，直接调查事实证据，并对案件作出判断。言词原则又称口头原则，要求提供言词证据的人原则上都应当接受当庭询（讯）问。言词原则的理论源自德国费尔巴哈提出的口头原则。费尔巴哈于1821年发表的《刍议公开和口头原则》首次提出并厘清了言词原则的内涵，言词原则的关键在于通过“生动鲜活的语言”实现充分的感知和询问，从而使法官发现案件事实，形成内心确信。[①] 言词原则的基本内涵即只有经由言词原则，所陈述及提及之诉讼资料方得用为裁判之依据，[②] 法官借此可以亲自从被告人及全部证人证物获得印象，即就犯罪行为以审判程序所获之结果，而活生生并且是以直接的感受来完成一项判决。[③]

费尔巴哈在界定口头原则时，认为被告人、证人、鉴定人是否在法官面前出庭并陈述，法官在庭审之外是否从书面卷宗中获取知识，都不是口头原则的本质内容。费尔巴哈认为，口头原则本质的、关键性的要素，即判断口头审理方式的决定性因素，就是“生动鲜活的语言”。换言之，诉讼程序是否以言词的方式进行的核心问题不在于能否直接面对面、能否以口头的方式进行审理，而在于法官与被告人、证人、鉴定人之间，能否实时地追问和补充发言，能否在人证之上完全地、尽最大可能地、充分地展开生活细节。[④]

言词原则是与书面原则相对立的，关于二者的区别，费尔巴哈有著名的阐述：口头原则是一种以听和说为表现方式的方法。反之，如果一种知识本应该用其他的方式呈现，却用了书面的方式表现，该方式则为书面原则。口头原则和书面原则概念的区别在于，思想从一个人传递到另一个人所使用的是哪一个器官，是用听和说的方式，还是用读和写的方式。尽管直接面对面和面对面朗读（关于自己的）书面内容都可看作

---

① 参见徐拿云：《直接言词原则的理论阐释与实现路径》，载《西南民族大学学报（人文社会科学版）》2018年第8期。

② 参见［德］克劳斯·罗科信：《刑事诉讼法》（第21版），吴丽琪译，法律出版社2003年版，第429页。

③ 参见［德］克劳斯·罗科信：《刑事诉讼法》（第21版），吴丽琪译，法律出版社2003年版，第430页。

④ 参见李文伟：《论德国刑事诉讼中直接言词原则的理论范畴》，载《山东社会科学》2013年第2期。

口头的审理，但一个人用书面的方式表达他人的情况，第三人（比如法官）从该书面表达中获取（无论是通过口头陈述、朗读还是书面阅读关于第一人的）知识的，为书面审理。①

言词原则是大陆法系诉讼法的基本原则，自 19 世纪欧洲司法改革运动以来，言词原则作为改革的旗帜，以书面主义为改革对象，衍生出直接主义、自由心证和集中主义三大原则，共同促成了以公开、对席、口头、直接等原则为基础的现代庭审中心的诉讼模式。②1877 年的《德意志帝国刑事诉讼法》第一次以法律形式确立了真正意义上的言词原则。早在 1808 年，《法国重罪审理法典》第 317 条已经出现了"审判必须口头进行"的相关规定。现行的《德国刑事诉讼法》第 250 条对言词原则作出了更明确的规定："事实之证明基于人之知觉时，应在审判期日中讯问此人。讯问不得以宣读先前讯问笔录或书面声明取代之。"③英美法系国家刑事诉讼法虽然没有具体规定言词原则，但其当事人主义诉讼构造和传闻证据规则体现出与言词原则相通的宗旨，在某种意义上，大陆法系的言词原则在英美法系中对应的就是传闻证据法则。《美国联邦证据规则》第 802 条规定："传闻证据，除本证据规则或其他由联邦最高法院根据立法授权或国会立法所确认的规则另有规定外，不能采纳。"第 801 条（c）对传闻证据进行了定义，指不是由陈述者在审判或听证中作证时作出的陈述。④

我国刑事诉讼法也确立了言词原则，第 61 条规定："证人证言必须在法庭上经过公诉人、被害人和被告人、辩护人双方质证并且查实以后，才能作为定案的根据。法庭查明证人有意作伪证或者隐匿罪证的时候，应当依法处理。"不过，我国刑事诉讼法基于现实情况的考量，对于证人出庭规定得不够彻底，第 192 条规定："公诉人、当事人或者辩护人、

① 参见李文伟：《论德国刑事诉讼中直接言词原则的理论范畴》，载《山东社会科学》2013 年第 2 期。

② 参见毋爱斌：《言词原则的历史嬗变：以大陆法系为中心》，载《西南法律评论》2012 年第 1 期。

③ 这里的"讯问"与"询问"同义，我国台湾地区学者翻译为"讯问"。在第 251 条至第 256 条规定了可以宣读笔录的例外情形。参见《德国刑事诉讼法——附德国法院组织法选译》，连孟琦译，元照出版公司 2016 年版，第 272 页。

④ 参见《美国联邦刑事诉讼规则和证据规则》，卞建林译，中国政法大学出版社 1996 年版，第 119—120 页。

诉讼代理人对证人证言有异议，且该证人证言对案件定罪量刑有重大影响，人民法院认为证人有必要出庭作证的，证人应当出庭作证。”即便对证人应当出庭规定了限制条件，但是在认罪认罚从宽制度背景下，可以将这种限制条件解释为言词原则的例外，特别是在认罪认罚从宽制度背景下，这样的解释是合理的。换言之，在认罪认罚案件中，各方诉讼参与人对于证言没有异议，证人可以不出庭，但是对于不认罪认罚的案件，只要任何一方对定罪量刑有重大影响的证言有异议，法院都应当要求证人出庭。

言词原则的基本功能在于保障实体真实。言词原则的设立是以如何获得最大限度的真实发现为目的。首先，言词原则力图经过口头陈述和辩论实现庭审的互动性，以提供实时追问和补充发言的充分机会，从而发现案件事实。[①]其次，基于书面陈述材料具有易篡改性的考虑，尤其是在警方的询问记录中，证人的真实意思极易被篡改和歪曲，如果证人不出庭作证，那么法官可能会依据被篡改的证据作出裁判。再次，陈述人可能在叙述时遗漏重点或表达不当，使得其意图主张的事项与实际表明的事项存在偏差，从而产生若不经当庭举证、质证就难以消解的叙述性危险。书面证言的书面性，使其比其他口头证言更容易产生歧义。而且，书面笔录也无法反映证人的语调、语态、表情等。最后，陈述人可能出于利益因素或外在压力有意识地作出与实体真实相悖的陈述，引发诚实性危险。

二、言词原则与宣读笔录的关系

言词原则与宣读笔录之间的关系，在理论上是原则与例外的关系。换言之，以言词陈述为原则，以宣读笔录为例外。何种情形能作为言词原则的例外，需要回到基本原理上来。如前所述，言词原则的法理根基在于保障实体真实，作为言词原则例外的宣读笔录，应当限定为真实性有保障的特殊情形。一般而言，分为两种情况：一是证人出庭与否对真实性而言无关紧要。庭外陈述与法庭上的证言具有同等的甚至更强的可

① 参见李文伟:《论德国刑事诉讼中直接言词原则的理论范畴》，载《山东社会科学》2013年第2期。

行性，而证人出庭导致无意义的拖延和不便。基于诉讼经济原则的考量，这种情况下可以用宣读庭前笔录代替出庭作证。二是证人不能到庭是因客观条件所限，法律不强人所难，尽管“活生生的语言更好，但如果证人不能到庭，其庭外证言也会被采纳”。①

德国刑事诉讼法中，可以例外宣读笔录的情形包括以下六个方面：

1. 被告人有辩护人，且检察官、辩护人及被告对此同意时；当证人、鉴定人或共同被告死亡，或出于其他原因在可预见之时间内无法接受法院讯问时。这些情况下，对证人、鉴定人或共同被告之讯问，得以宣读讯问记录或含有其书面声明之证书取代之。

2. 因疾病、虚弱或其他无法排除之障碍，致证人、鉴定人或共同被告在较长时间或不确定时间内无法于审判期日到场时；因路途遥远并顾及其陈述之重要性，无法苛求证人或鉴定人于审判期日到场时；检察官、辩护人及被告表示同意以宣读取代时。

3. 若宣读是为直接作成判决以外之目的，尤其是为准备决定是否应当传唤及讯问某人时。

4. 为恢复记忆时可以宣读笔录。证人或鉴定人表示对某事实没有记忆时，为帮助其回忆，得宣读先前讯问笔录中之有关部分。若讯问中发现陈述前后矛盾，除停止审判期日无法以其他方式予以确认或除去时，亦得按前项进行。

5. 自白及陈述矛盾时可以宣读法官讯问笔录，为对自白进行证据调查，得宣读记载在法官讯问笔录中之被告声明。若讯问中发现陈述前后矛盾，除停止审判期日无法以其他方式予以确认或除去时，亦得按前项进行。

6. 宣读公务机关及鉴定人之声明。

另外，德国还专门规定了可以播放讯问录音录像的情形：在妨害性自主或妨害生命、利用权势虐待或妨害个人自由之犯罪之程序中，对未满 18 岁证人之讯问，若被告及其辩护人有机会参与先前之讯问，得以播放先前法官讯问之影音记录取代之。此亦适用于身为上述犯罪之被害人，

---

① 参见［美］约翰·W. 斯特龙主编：《麦考密克论证据》（第五版），汤维建等译，中国政法大学出版社 2004 年版，第 501 页。

且在被害时未满 18 岁之证人。法院在决定时，亦应考虑证人值得保护之利益，并且告知播放影音记录的理由，必要时可以补充讯问该证人。[①] 德国刑事诉讼法规定，因为无可避免的原因不能到场而宣读笔录，还有个前提条件是在以往被讯问时已经被明确告知拒绝证言权，如果未曾告知过该项权利，则其证言不具有证据能力，也就是不得作为定案依据。[②] 需要说明的是，在德国的处刑令（也称处罚令）程序中实行书面审理，不适用言词原则。

美国的传闻证据法则也有诸多例外，《美国联邦证据规则》第 804 条（a）规定了关于证人不出庭的传闻证据规则的五种例外情形：

1. 陈述者被法庭以存在免除证明关于该陈述者所作陈述内容的特权为由裁定免除作证。

2. 陈述者坚持拒绝为自己所作陈述的内容作证，尽管法庭命令其作证。

3. 陈述者声称对自己所作陈述的内容记不清，也就是证人声称失去记忆。需要强调的是，声称失去记忆不能是虚假的，而是真实的。根据美国联邦证据规则的规定，证人必须就失去记忆问题出庭接受交叉询问，如果其声称失去记忆是虚假的，证人就可能会被判处藐视法庭罪。

4. 陈述者由于死亡，或者身体或精神上的疾病，或者身体虚弱不能出庭或不能作证。但是实践中，对于有疾病的证人，只要不是疾病导致永久性丧失作证能力，一般通过延期审理的方式等待证人恢复作证能力。

5. 陈述者为出庭听证，传闻证言的提供者得证明有关陈述的人不能通过传票或其他合理手段使陈述者出庭。这里的“不能通过传票使陈述者出庭”是指证人不在传票的效力范围之内，比如不在所能送达的司法管辖区域而导致无法送达传票，或者找不到证人无法送达传票。这里的“其他合理手段”是指公诉后在使用此类陈述笔录之前，必须说明利用其他手段、通过“相当真诚的努力”仍然无法使证人出庭。这里的标准是

① 参见《德国刑事诉讼法——附德国法院组织法选译》，连孟琦译，元照出版公司 2016 年版，第 273—275 页。

② 参见［德］克劳斯·罗科信:《刑事诉讼法》(第 21 版)，吴丽琪译，法律出版社 2003 年版，第 431 页。

勤勉。[①]需要说明的是，在美国辩诉交易的案件中，不经过陪审团审理，证人不出庭也是常态。

我国刑事诉讼整体上呈现“卷宗中心主义”，庭审调查以宣读证言笔录为主。这种情况正在逐步改变。根据《刑事诉讼法》第192条的规定，只要公诉人、被告人及辩护人（有附带民事诉讼时包括原告人及诉讼代理人）对定罪量刑有重要影响的证人证言有异议，证人就应当出庭。《人民检察院刑事诉讼规则》第403条规定：“被告人在庭审中的陈述与在侦查、审查起诉中的供述一致或者不一致的内容不影响定罪量刑的，可以不宣读被告人供述笔录。被告人在庭审中的陈述与在侦查、审查起诉中的供述不一致，足以影响定罪量刑的，可以宣读被告人供述笔录，并针对笔录中被告人的供述内容对被告人进行讯问，或者提出其他证据进行证明。”根据《人民法院办理刑事案件第一审普通程序法庭调查规程（试行）》第25条的规定，证人出庭作证的，其庭前证言一般不再出示、宣读。

第二节　交叉询（讯）问的内涵

一、讯问与询问

讯问与询问在法律意义上有何差别？主要模式有以下几种：一是对讯问与询问不作区分，例如美国没有根据证人和被告人区别使用。二是根据被发问人（发问对象）区别讯问与询问，其中法官、检察官针对被告人的发问称之为“讯问”，针对证人（广义的证人）的发问称之为“询问”，我国和日本刑事诉讼法就采取这种区分模式。三是根据发问人（发问主体）区别使用讯问与询问，比如法官针对任何当事人的发问都叫讯问，其他主体对当事人的发问都叫询问，我国台湾地区即是如此。德国

① 参见［美］约翰·W. 斯特龙主编：《麦考密克论证据》（第五版），汤维建等译，中国政法大学出版社2004年版，第502—503页；《美国联邦刑事诉讼规则和证据规则》，卞建林译，中国政法大学出版社1996年版，第124—125页。

法官、检察官对被告人和证人的发问均使用“Vernehmung”一词，是讯问的意思。在德国，讯问是指国家机关本于公务职能以获取某种陈述为目的的发问。另外，在我国大陆，辩护人针对被告人及证人的问话一般称之为“发问”。为了叙述方便，本书没有特别说明的，统一使用交叉询问的表述。

二、直接询问与交叉询问

广义的交叉询问，是指由双方当事人主导、对本方及对方证人进行发问的法庭言词证据调查制度，包括主询问（亦称直接询问）、反询问、再主询问、再反询问等阶段。狭义的交叉询问（本书以下内容中出现的交叉询问、交叉讯问没有特别说明的，均是指狭义的交叉询问），仅指一方当事人对对方证人进行的反询问。这里的证人是广义的证人，包括专家证人、鉴定人、被害人等，理论上也包括被告人。

（一）直接询问

直接询问又称主询问，即通过开放式的、非引导性、非诘难性的问题对证人进行发问，证人进行叙述式的回答。直接询问是针对己方证人（友性证人）进行的自由陈述式的发问。直接询问的目的是“从己方证人口里引出一个合成的故事”，通过问题的提出使证人说出具体的事实，[①]具有强烈的举证色彩。直接询问虽然不像狭义的交叉询问那样要求很高的技术性，但它是展示案件基本事实的机会，因此被誉为诉讼的支点。[②]对于公诉人而言，所进行之主询问程序，属于举证之过程，系由追诉者提出的证明至待证事实之证人以取得其证词的程序。针对犯罪事实存在，通过主询问之方式达成之证据，以证明被告犯罪事实存在。

在我国，对于被告人的讯问具有特殊性。根据我国刑事诉讼法的规定，由公诉人先讯问被告人，似乎属于主询问，但是被告人对于公诉人来说，并非己方证人。因此，对于不认罪认罚的案件，公诉人对被告人

① 参见［美］约翰·W. 斯特龙主编：《麦考密克论证据》（第五版），汤维建等译，中国政法大学出版社 2004 年版，第 13 页。

② 参见［美］史蒂夫·鲁贝特：《现代诉辩策略与技巧》，王进喜等译，中国人民公安大学出版社 2004 年版，第 25 页。

通过直接讯问的方式难以实现讯问的目的。所以，即使是公诉人先对被告人进行讯问，本质上也不属于直接讯问，而是交叉讯问。

（二）交叉询问

交叉询问又称反询问、盘问，是由主询问派生出来的，就是针对主询问开展引导性、诘难式发问。交叉询问是庭审中针对对方证人（敌性证人）进行的诘难式发问。警察在侦查阶段对证人的询问，不属于交叉询问，检察官和辩护律师在法庭之外对证人询问也不属于交叉询问。交叉询问的目的“就是要削弱直接询问证言的效果”。之所以需要这样的发问方式，是因为作为对方证人“通常或多或少不愿意配合”。[①] 相对于主询问而言，反诘问程序则是属于质证、控辩的过程，对于主询问所为之证言加以攻击，使其发生证词上之瑕疵或漏洞，具有强烈的质证、抗辩色彩。在交叉询问中，发问者目标是通过引导性的问题来调查偏见或不诚实的迹象以破坏对方证人的可信性。[②]

在实践中会进行多轮主询问、反询问，所以又衍生出再主询问、再反询问的概念。再主询问具有补充举证的功能，用以修复或填补对方抗辩后所产生之瑕疵或漏洞，其性质上仍为补充举证行为，同时也带有对上一轮对方反询问的抗辩色彩。因此，再主询问的核心功能在于两点：一是举证，二是针对反询问之抗辩的再抗辩。再反询问属于强化抗辩之过程，是再次弹劾证人或加重、扩大证人证词之瑕疵或漏洞之诉讼行为。可见，主询问及再主询问之特质在于举证，反询问及再反询问之特质则在于抗辩，因此称交叉询问为一种正反辩证之调查证据程序亦不为过。[③]

直接询问、交叉询问的流程可以图示如下：

---

① 参见［美］约翰·W. 斯特龙主编：《麦考密克论证据》（第五版），汤维建等译，中国政法大学出版社 2004 年版，第 47 页。

② See Saul M. Kassin, Lorri N. Williams and Courtney L. Saunders, *Dirty Tricks of Cross-Examination: The Influence of Conjectural Evidence on the Jury*, Law and Human Behavior, Aug., 1990, Vol.14, No.4, p.373.

③ 参见黄翰义：《论主诘问之程序》，载《法学新论》2009 年第 11 期。

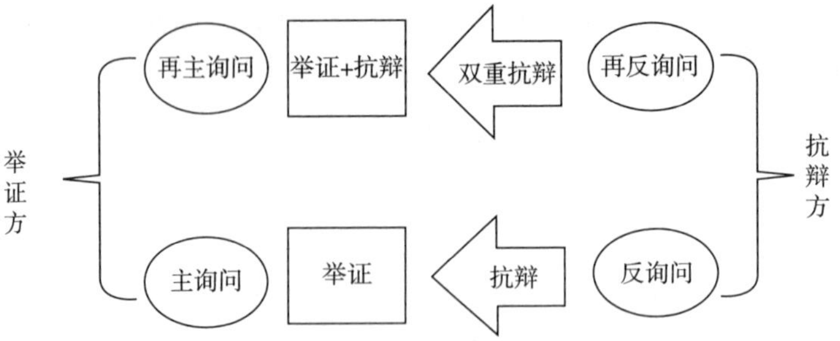

直接询问、交叉询问流程

三、交叉询问的对象

（一）一般证人

证人是交叉询问的主要对象，这里的证人包括狭义的证人和被害人。狭义的证人就是知道案情但并非案件当事人的人，这是交叉询问最主要的对象。被害人是案件中利益受到侵害、遭受损失的人。

（二）专家证人

鉴定人和具有专门知识的人又称“专家证人”。最高人民法院《关于适用〈中华人民共和国刑事诉讼法〉的解释》第 250 条规定：“公诉人、当事人及其辩护人、诉讼代理人申请法庭通知有专门知识的人出庭，就鉴定意见提出意见的，应当说明理由。法庭认为有必要的，应当通知有专门知识的人出庭。申请有专门知识的人出庭，不得超过二人。有多种类鉴定意见的，可以相应增加人数。”

（三）特殊证人

这里的特殊证人包括两种类型，一类是侦查人员，另一类是调查人员。首先，关于侦查人员出庭的定位存在争议。2010 年“两个证据规定”中的“两高三部”《关于办理刑事案件排除非法证据若干问题的规定》第 7 条规定：“经审查，法庭对被告人审判前供述取得的合法性有疑问的，公诉人应当向法庭提供讯问笔录、原始的讯问过程录音录像或者其他证据，提请法庭通知讯问时其他在场人员或者其他证人出庭作证，仍不能排除刑讯逼供嫌疑的，提请法庭通知讯问人员出庭作证，对该供述取得的合法性予以证明。”这里针对讯问人员使用的表述是“出庭作证”。2012年修正的《刑事诉讼法》第57条（2018年条文序号修改为第59条）第2款规定：“现有证据材料不能证明证据收集的合法性的，人民检察院可以提请人民法院通知有关侦查人员或者其他人员出庭说明情况；人民法院可以通知有关侦查人员或者其他人员出庭说明情况。有关侦查人员或者其他人员也可以要求出庭说明情况。”这里使用的是“出庭说明情况”。第187条（2018年条文序号修改为第192条）第2款规定：“人民警察就其执行职务时目击的犯罪情况作为证人出庭作证，适用前款规定。”

对于上述关于侦查人员出庭规定的理论解读有多种观点：（1）一般证人说，认为侦查人员出庭作证与一般证人没有差别。[①]（2）证人身份否定说，认为侦查人员不能成为自己所承办案件的证人，出庭只是说明情况，并非证人。因此2012年《刑事诉讼法》第57条使用“出庭说明情况”，以区别于第187条的人民警察作为目击证人出庭作证。[②]（3）特殊证人说，认为侦查人员出庭既具有一般证人的权利义务，也具有特殊的规则，属于特殊证人。[③]在英美法系，侦查人员出庭与普通证人出庭规则相同，交叉询问的对象不仅包括被告、共同被告、被害人，还包括收集证据的侦查人员。凡是经历案件事实者，不论事前、事中或事后，均为交互诘问之对象。[④]在大陆法系，多数国家规定侦查人员在必要时要出庭作证，例如德国的警察出庭作证与其他证人一样需要进行宣誓，警察的陈述和其他证人陈述一样需要进行盘问和真实性分析。[⑤]也有规定侦查人员不能作为自己承办案件的证人出庭作证的，如《意大利刑事诉讼法典》第195条规定：“司法警官和警员不得就从证人那得知的陈述内容作证。”[⑥]

本书认为，侦查人员（包括检察机关管辖的刑讯逼供、徇私枉法等

---

① 参见董兆玲、李晓琛、李东蓊：《落实侦查人员出庭需厘清三大问题》，载《检察日报》2015年4月3日，第3版。

② 参见董坤：《侦查人员出庭说明情况问题研究——从〈刑事诉讼法〉第57条第2款切入》，载《法学》2017年第3期。

③ 参见李玉华：《警察出庭作证的规则与边界》，载《法律适用》2018年第21期。

④ 参见陈祐治：《交互诘问之理论与实务》，载《月旦法学杂志》2001年第73期。

⑤ 参见［德］阿克赛尔·文德勒、赫尔穆特·霍夫曼：《审判中询问的技巧与策略》，丁强、高莉译，中国政法大学出版社2012年版，第24、113—114页。

⑥《意大利刑事诉讼法典》，黄风译，中国政法大学出版社1994年版，第96页。

14 种罪名的侦查人员）以及监察委的调查人员均属于特殊证人。理由有二：一是我国刑事诉讼法已经明确规定侦查人员、调查人员可以出庭，既然出庭，无论是说明情况还是陈述证言，都是口头叙述，都是言词原则的应有之义，理论上都属于出庭作证。最高人民法院《关于适用〈中华人民共和国刑事诉讼法〉的解释》第 246 条也规定，在控诉方举证后，被告人及其法定代理人、辩护人可以提请法庭通知调查人员、侦查人员出庭。二是侦查人员及调查人员出庭作证的内容具有特殊性，侦查人员、调查人员主要是针对取证合法性等程序性问题提供证言，这不同于一般证人就其知道的案件实体事实提供证言。

（四）敌性证人与友性证人

按照询问主体与询问对象之间的关系，可以将询问对象分为敌性证人和友性证人。敌性证人又称对方证人，由于是对方证人，对于询问主体的发问带有戒备甚至敌视心理，往往不配合，需要通过狭义的交叉询问才能实现询问目的，因此被形象地称为敌性证人。有些虽然在技术上不是对方证人，但是对直接询问或者其当事人持有敌视态度的证人，也属于敌性证人。[①] 友性证人又称己方证人，由于是己方证人，对于发问主体的提问带有友好合作心理，发问方式一般为直接询问，因此被形象地称为友性证人。

（五）关于被告人作为询问对象问题

在英美法系，被告人与普通证人一样，都可以成为询问对象。[②] 大陆法系对被告人的询问则有所限制。我国《刑事诉讼法》第 191 条规定："公诉人在法庭上宣读起诉书后，被告人、被害人可以就起诉书指控的犯罪进行陈述，公诉人可以讯问被告人。被害人、附带民事诉讼的原告人和辩护人、诉讼代理人，经审判长许可，可以向被告人发问。"这说明，在我国刑事诉讼中，被告人属于讯问对象。最高人民法院《关于适用

① 参见［美］史蒂文·鲁贝特：《现代诉辩策略与技巧》，王进喜等译，中国人民公安大学出版社 2005 年版，第 49 页。

② 参见陈祐治：《交互诘问之理论与实务》，载《月旦法学杂志》2001 年第 73 期。

〈中华人民共和国刑事诉讼法〉的解释》第242条也作了规定。我国台湾地区也规定，被告人可以作为直接询问的对象，将询问证人与被告人区别对待并无实益。[①]

四、域外及我国的交叉询问制度

（一）大陆法系有交叉询问吗

无论是英美法系还是大陆法系，作为法庭裁判之依据的事实材料被歪曲或是虚假的可能性是司法活动中普遍关注的一个问题。在事实认定活动中，法官介入得越多，当事人双方的对抗性就越低。一般认为，由于大陆法系庭审中法官对证据调查的介入程度较深，从而降低了对立紧张程度，所以，与英美法系颇具竞争性的审判相比，大陆法系审判中的证据手段容易被视作中立信息的贮藏源，这是一个很容易被人夸大的细微差别。[②]在德国刑事诉讼中，言词原则也是基本原则，卷宗之内容原则上不得用为裁判之依据，得为证据之人应接受讯问，只有在一些例外情况下讯问笔录及其他书面陈述之朗读方属合法。对证人、鉴定人或共同被告无可避免地不能到场接受讯问时，其之前所作笔录才能被朗读。如果证人或鉴定人出庭，则其之前所作笔录原则上不再朗读，只有在为了帮助恢复记忆及确认或消除矛盾时，才得被朗读。[③]

关于交叉询问，《德国刑事诉讼法》第239条规定：（1）讯问由检察官及狭义被告提报之证人及鉴定人，应依检察官及辩护人之一致申请，由审判长交由检察官及辩护人进行。（2）由检察官提报之证人及鉴定人，检察官有权先讯问，由狭义被告提报之证人及鉴定人，辩护人有权先讯问。（3）前项讯问完毕后，审判长亦得向证人及鉴定人提出为进一步查清案情看来有必要之问题。[④]可见在德国，法官依职权讯问具有补充性，

---

① 参见林钰雄：《被告之询问及其禁止》，载《月旦法学杂志》2001年第69期。

② 参见［美］米尔建·R.达马斯卡：《漂移的证据法》，李学军等译，中国政法大学出版社2003年版，第108—111页。

③ 参见［德］克劳斯·罗科信：《刑事诉讼法》（第21版），吴丽琪译，法律出版社2003年版，第431—433页。

④《德国刑事诉讼法——附德国法院组织法选译》，连孟琦译，元照出版公司2016年版，第262页。

是在控辩双方发问完毕进行补充性发问。

（二）我国有交叉询问吗

我国《刑事诉讼法》第191条规定："公诉人在法庭上宣读起诉书后，被告人、被害人可以就起诉书指控的犯罪进行陈述，公诉人可以讯问被告人。被害人、附带民事诉讼的原告人和辩护人、诉讼代理人，经审判长许可，可以向被告人发问。审判人员可以讯问被告人。"最高人民法院《关于适用〈中华人民共和国刑事诉讼法〉的解释》第259条规定："证人出庭后，一般先向法庭陈述证言；其后，经审判长许可，由申请通知证人出庭的一方发问，发问完毕后，对方也可以发问。法庭依职权通知证人出庭的，发问顺序由审判长根据案件情况确定。""证人出庭后，一般先向法庭陈述证言"的规定似乎意味着证人到庭后，合议庭首先发问。但这样的理解既不符合交叉询问的基本原理，也不符合司法实践。司法实践中，普遍的做法是合议庭只进行补充性发问。《人民法院办理刑事案件第一审普通程序法庭调查规程（试行）》第19条明确规定："证人出庭后，先由对本诉讼主张有利的控辩一方发问；发问完毕后，经审判长准许，对方也可以发问。控辩双方发问完毕后，可以归纳本方对证人证言的意见，控辩双方如有新的问题，经审判长准许，可以再行发问。审判人员认为必要时，可以询问证人。"这一规定回归到了法官补充性发问的定位。《人民检察院刑事诉讼规则》第406条明显地体现了交叉询问的元素，即"发问采取一问一答形式，提问应当简洁、清楚。证人进行虚假陈述的，应当通过发问澄清事实，必要时可以宣读在侦查、审查起诉阶段制作的该证人的证言笔录或者出示、宣读其他证据。当事人和辩护人、诉讼代理人向证人发问后，公诉人可以根据证人回答的情况，经审判长许可，再次向证人发问"。因此，从总体上看，我国刑事诉讼具备了交叉询问的基本要素，保留了大陆法系法官依职权补充发问的底色。正如龙宗智教授所言，虽然不能称作典型的、严格意义上的交叉询问，但仍然可以从广义上界定为一种交叉询问，而且这种交叉询问在直接人证调查中是一种重要的甚至基本的方式。[①]

① 参见龙宗智：《论我国刑事审判中的交叉询问制度》，载《中国法学》2000年第4期。

第三节 交叉询问的功能

交叉询问被证据法大师威格摩尔誉为“迄今为止为发现真相而发明的最伟大的法律引擎”。这是一切交叉询问技巧、规则、争议问题解决的理论基点。“可以肯定的是，缺少了合理准确的事实认定，诉讼便毫无意义。岂止毫无意义，是对只有社会基石的践踏。”① 我们将这一原理概括为“真实发现功能”。具体阐述如下：

一、举证、质证功能

司法实践中，大部分公诉人对庭审发问既有误解，也有本领恐慌，以至于经常出现法官询问公诉人“是否需要对被告人、证人发问”时，公诉人回答“不需要”。但当辩护人开始发问后，公诉人又请求补充发问。由于公诉人没有正确认识到询问、讯问的功能，从而认为询问、讯问无关紧要，甚至认为举证、质证的关键在之后的宣读笔录，岂不知询问、交叉询问就已经是举证、质证了。最高人民法院相关负责人在解读《人民法院办理刑事案件第一审普通程序法庭调查规程（试行）》时指出：“向证人发问，实际上就是对证人证言的举证、质证过程。”② 如果在发问阶段错失良机，法官已经形成心证，靠后续的宣读笔录是难以改变心证倾向的。

无论是公诉人还是辩护人，都应当牢记：“询问、交叉询问就是举证、质证，讯问和询问是法庭调查的重要组成部分。”最高人民法院《关于适用〈中华人民共和国刑事诉讼法〉的解释》第242条第3款规定：“根据案件情况，就证据问题对被告人的讯问、发问可以在举证、质证环节进行。”既然讯问、交叉询问就是举证、质证，这意味着已经发问的内容与庭前供述笔录重复的，庭前供述笔录可以不再重复出示，这一点已经得到司法解释的确认。《人民检察院刑事诉讼规则》第403条、《人民法院办理

① ［美］罗纳德·J. 艾伦：《艾伦教授论证据》（上），张保生、王进喜、汪诸豪等译，中国人民大学出版社2014年版，第348页。

② 戴长林、刘静坤：《〈人民法院办理刑事案件第一审普通程序法庭调查规程（试行）〉理解与适用》，载《人民法院报》2018年1月17日，第6版。

刑事案件第一审普通程序法庭调查规程（试行）》第25条分别规定了被告人供述、证人证言与当庭供述、陈述一致的，一般不再宣读之前的笔录。因为当庭讯问、询问已经是举证、质证，而且通过当庭发问更能充分、全面展示言词证据。"'证据'的准确概念不能简单地理解为就是审判中呈现的证人证言和展示件，还应当包括人与其所观察到情况之间的互动，此种互动将审判的'自我知会'本质推进到了更深的层次。"①

二、交叉验证证言可信度功能

交叉询问英文"cross-examination"中的"cross"意为交叉、横穿，"examination"意为检验、调查，交叉询问即交叉验证证言的可信度。双方交互攻击对方证人证言的不可信性，引出其他事实，发现矛盾和不可能之处，让谎言暴露、真相显现。交叉询问通过控辩双方带有攻击的发问来交互检验证据，当证据瑕疵尽出，听讼者真伪立辨，真相自然一目了然。就像是河床上的淘金客，经由筛器左右摆荡、流水冲刷，当泥垢褪尽，黄金即告呈现。②正是从这个意义上，交叉询问被誉为发现真实的伟大引擎。交叉询问之所以成为现代刑事诉讼言词原则的标配，是因为证人陈述和证人笔录具有天然的失真缺陷。

（一）证人陈述的天然缺陷

边沁认为，有五种利害关系会影响证人证言的真实性：一是对心安理得的偏好，二是对羞耻的恐惧，三是对法律惩戒的恐惧，四是对超自然惩戒的恐惧，五是忏悔。他认为虚假证言通过交叉询问以及虚假证言与其他证据的一致性审查来发现。一致性检测是探查谎言的"伟大工具"。③

首先，记忆本身存在不精确性。心理学研究表明，任何一个人叙述的过去的事情是否真实，涉及此人的知觉（perception）、记忆（memory）、表达能力（narration），以及真诚性（sincerity）。一个人在知

---

① ［美］罗纳德·J. 艾伦：《艾伦教授论证据》（上），张保生、王进喜、汪诸豪等译，中国人民大学出版社2014年版，第353页。

② 参见陈祐治：《交互诘问之理论与实务》，载《月旦法学杂志》2001年第73期。

③ 参见［英］威廉·特文宁：《证据理论：边沁与威格摩尔》，吴洪淇、杜国栋译，中国人民大学出版社2015年版，第64—66页。

觉、记忆、陈述的过程中，常会出现瑕疵、错误而不自知。从知觉的角度来说，人不是机器，不可能像摄影机一样完整记录已经发生的事情画面。有时证人未必看到事实的全貌，而是存在漏洞或缝隙，证人会根据过去的经验或者自己的逻辑，对事实进行推演，将漏洞或缝隙填满。所以，很多情况下，当证人说他看到或听到什么时，其实是他相信看到或听到什么。[①] 司法证明的过程是通过证据对已经发生的事件进行“拼接”“重建”的过程。心理学研究表明，记忆与想象一起帮助人类回忆，想象所做的贡献甚至比记忆更多。记忆就是回忆过去，是人们依据自己的主观重新复制过去发生的事情，而被遗忘的部分，人们靠想象、希望、畏惧来填补，这就是心理学上的“创意地遗忘”或“想象地记忆”。[②]

其次，证人表达存在不精确性。不精确的表达，可能造成事实的扭曲和误解。即使证人的记忆是准确的，也可能因为表达和用语不当而扭曲事实，或者误导法官。语言具有天然的不精确性，例如，“我看到没有”和“我没有看到”其实是不一样的，“我看到没有”是一个否定的回答，是指某事没有发生；而“我没有看到”不是否定回答，而是不确定的回答，并不代表事件没有发生，只是自己没有看到而已。如果证人没有精确表达，完全可能把这两种情况混淆、混用，导致法官产生误判。

最后，证人存在诚信问题。“如果所有的证人都既诚实又聪慧，且谨守‘说实话、完全的实话、除实话不说’的宣誓精神，如果所有双方的辩护人都有起码的经验，结合诚实与智慧，而且同样宣誓发扬完全说实话、无实话不说之精神，当然就没有必要进行法庭盘问，也不必设有进行盘问的人。但是目前还未发现可以替代法庭盘问的方法，可以区别真话与谎言、把夸张的陈述还原至真实的方法。”[③] 故意栽赃嫁祸、刻意隐瞒包庇、害怕报复而避重就轻，这些情形在实践中是存在的。通过交叉询问，暴露证言的矛盾之处，以发现证人的诚信问题。

---

① 参见王兆鹏：《美国刑事诉讼法》（第二版），元照出版公司 2014 年版，第 360 页。

② 参见王兆鹏：《美国刑事诉讼法》（第二版），元照出版公司 2014 年版，第 361 页。

③ ［美］弗兰西斯·威尔曼：《交叉询问的艺术》，周幸、陈意文译，黄笑生校，红旗出版社 1999 年版，第 7 页。

（二）证言笔录的天然缺陷

制作笔录的人通常是带着希望证人说什么的成见进行的，提问的方式和角度都会影响证人的回答和信息的传递。更何况，实践中笔录还存在“无中生有”“自问自答”“掐头去尾”“概括总结”“指供诱供”等情形。[①] 有这样一项研究：第一组人观看了关于一辆行驶中的汽车影片，然后问这组人：“那辆白色跑车沿着乡间道路行驶的时候速度有多快？”第二组人看了同一部影片，然后问该组人员：“那辆白色跑车沿着乡间道路行驶，经过那个粮仓的时候速度有多快？”事实上，影片中并没有粮仓。一周后，两组受访者被问到是否记得在电影中看见了粮仓，结果第二组人员中有17%的人竟然称记起了那个并不存在的粮仓。[②] 可见，设问方式对证人证言内容的影响之大。

三、帮助裁判者准确判断功能

控辩双方的交叉询问最终目的都是说服裁判者，帮助裁判者对证言作出准确判断。因此，“一个令人尊敬的律师应当认识到，诉讼的运作应当有利于事实认定者的利益。他不会在他和证人之间进行似乎是私人性的对话。相反，他要保证他的询问（无论是言语上还是肢体上）安排要把事实认定者考虑在内”[③]。交叉询问的策略和技巧都必须服务于事实认定，帮助裁判者对事实作出准确判断。交叉询问帮助裁判者准确判断通过以下方面实现：一是向审判人员表明证人具有某种偏见、敌意、动机或者收受利益，以至于证人可能伪造或掩饰其证言，以帮助或者损害一方当事人；二是向审判人员表明证人在感知、心智（知觉、记忆力）方面存在缺陷，以至于可能影响其证言；三是向审判人员表明证人有不诚实的性格特征；四是向审判人员表明证人的当庭证言与以往证言存在不一致；五是向审判人员证明证人在证言中出现错误直接反驳其

---

① 参见李勇：《审查讯问录音录像资料须注意九种违法类型》，载《检察日报》2016年8月26日，第3版。

② 参见［美］伦道夫·乔纳凯特：《美国陪审团制度》，屈文生、宋瑞峰、陆佳译，法律出版社2013年版，第398—399页。

③ ［美］史蒂文·鲁贝特：《现代诉辩策略与技巧》，王进喜等译，中国人民公安大学出版社2004年版，第8页。

证言。[1]这背后的法理基础在于证人证言可信性的变量原理。艾伦教授对证人证言可信性的变量原理作过精彩的阐述：证人开始作证时，裁判者必须从证言中得出结论，需要考虑相关变量。言谈举止不仅仅是表面化的举止行为，其背后有复杂的变量集合，比如证人在作证时是否流汗或颤抖的状况，如果有的话是处于无辜的紧张还是属于搪塞的压力，是药物作用还是仅仅在不幸的童年所养成的不良习惯；肢体语言是表明真实情况还是一种逃避；证人是否直视检察官的眼睛；语调的起伏体现了值得称道的品格还是牵强附会的态度……诸如此类相关变量的清单，远超过可信性的范畴。言谈举止仅是其中一项而已。当证人提出某种主张时，裁判者要判断该主张需要表达的是什么，裁判者从中得出的是什么。这项任务同样包含了大量的变量。此外，事实认定者也许会基于自身观察产生一定的认知，许多变量需要在演绎推理结构中以必要且充分的条件予以说明。[2]这些变量通过“冷冰冰”的笔录是无法体现出来的，必须通过“鲜活生动”的语言来充分展现。裁判者通过对这些变量的观察作出准确判断。英美现代证据法的奠基人之一边沁甚至认为，完全良好的且合适的证言收集模式只有一种——在法官面前公开口头询问，最重要的是以合适的比例把从宣誓作证或被询问的人的嘴中说出的口头证言书面记载下来。所有其他提取证据的方法都是次要的，这些方法只有在“最佳方法”将导致过度烦扰、耗费及拖延时才可以运用。[3]在英美法系，交叉询问是与传闻证据法则密切相关的制度设计。如果一个人能在陪审员面前受到交叉询问，陪审员就能对其提供的信息作出最恰当的判断。如果没有机会来验证证言的局限性和模糊性的话，其真实价值可能很容易被误判。因此，传闻证据法则的基本内容是证人可以告诉陪审团他们亲自并直接感知的信息，但不能讲述其他人告诉自己的信息。没有交叉询问的话，证据就不会得到真正的检验。间接证言不得作为裁判依据，一般情况下禁止证人向陪审团转述其他人说的话，这种转述就是

① 参见最高人民检察院公诉厅编、彭东主编:《国家公诉人出庭指南》，法律出版社 2013 年版，第 80 页。

② 参见［美］罗纳德·J. 艾伦等:《证据法：文本、问题和案例》(第三版)，张保生、王进喜、赵滢译，高等教育出版社 2006 年版，第 353 页。

③ 参见［英］威廉·特文宁:《证据理论：边沁与威格摩尔》，吴洪淇、杜国栋译，中国人民大学出版社 2015 年版，第 45—46 页。

传闻证据。当然，传闻证据法则也有三四十种例外情况，不过，作为基本原则，传闻证据受到禁止的原因在于证人能受到交叉询问的情况下，裁判会更公正。[①]

不要低估交叉询问在我国的意义和价值。一位律师这样说道：由于印证是法官形成心证的关键，如果我们通过发问，让各个被告人的供述在法庭上能够形成一种印证，作用就非常之大。他办理的两个贩卖毒品案件，就是因为法庭发问让被告人供述在法庭上形成了印证，由死刑改判了死缓；还有一起案件是通过法庭发问把故意杀人罪的指控改变为故意伤害罪。[②]可见，无论是对公诉人的指控还是对辩护人的辩护，交叉询问对于说服裁判者、帮助裁判者准确判断都有重要意义。

① 参见［美］伦道夫·乔纳凯特：《美国陪审团制度》，屈文生、宋瑞峰、陆佳译，法律出版社2013年版，第259—260页。

② 参见《刑辩三人谈》编写组编著：《刑辩三人谈：刑辩业务核心技能》，法律出版社2021年版，第171页。

第二章
询问的规则

交叉询问的基本功能在于发现真实，通过控辩双方的相互质疑达到去伪存真的目标，但基于控辩双方立场的差异，也可能会误导真相的发现，因此需要设定一定的规则。

第一节　询问的一般规则

一、询问顺序规则

询问的顺序至关重要。“显而易见，首先询问被告，然后才是原告，还是正好相反，先询问原告后询问被告的诉讼可能会产生不同的效果。”[①] 交叉询问的顺序一般遵循以下规则：主询问——反询问——再主询问——再反询问，以此类推，交替进行。一般是申请证人出庭的一方先发问，此为申请者优位原则。先申请者优位原则是指申请传唤证人之当事人具有先成为主诘问主体之优势，亦即不论该证人系成罪事项之证人或排除成罪事项之证人，凡当事人之一方先申请传唤该证人者，即由该当事人作为主诘问之主体进行主诘问程序；后申请传唤证人者不得成为主诘问之主体，在程序上即应成为反诘问之主体。[②] 一是举证方主询问。

① ［美］史蒂夫·鲁贝特:《现代诉辩策略与技巧》，王进喜等译，中国政法大学出版社2004年版，第9页。

② 参见黄翰义:《论主诘问之程序》，载《法学新论》2009年第11期。

请求传唤证人的一方首先对本方证人进行询问，主要目的是支持本方的诉讼主张与待证事实。二是对方反询问。针对主询问中证人陈述的纰漏，对方对该证人进行质疑、质询，这是交叉询问的关键环节，也是其精髓所在。反询问的目的是攻击对方的主张，降低对方证人证言的可信性，削弱对方证人证言的证明力，或者引起法官或陪审员对证人证言和待证事实的合理怀疑。三是举证方再主询问。反询问结束后，举证方可以再次询问，目的是对反询问中出现的问题、质疑进行解释说明或者补充修正，以维护和恢复证言的证明力，抵消反询问引发的不利影响。为保证庭审效率，通常将再主询问的内容限定在主询问和反询问的事项范围之内，经过法庭许可的则不受此限。四是对方再反询问。再主询问完毕后，对方可以针对证人在再主询问时陈述的事项进行再反询问。①

（一）讯问被告人的顺序

根据我国《刑事诉讼法》第 191 条、最高人民法院《关于适用〈中华人民共和国刑事诉讼法〉的解释》第 242 条的规定，讯问被告人的顺序是先由公诉人发问，然后是辩护人发问；如果有被害人或者附带民事诉讼原告人，因被害人和附带民事诉讼原告人属于控方的角色，在公诉人发问之后进行发问。具体发问顺序为：公诉人——被害人及其法定代理人、诉讼代理人——附带民事诉讼原告人及其法定代理人、诉讼代理人——被告人的法定代理人、辩护人。

虽然我国刑事诉讼法规定由公诉人首先讯问被告人，似乎是主询问，但是由于被告人对于公诉人而言，理论上属于对方证人，实际上并非主询问，特别是对于非认罪认罚的案件而言，公诉人通过直接发问的方式根本无法实现讯问目的。所以，在讯问技巧上，公诉人应当灵活使用直接讯问和交叉讯问的方式。

值得注意的是，最高人民法院《关于适用〈中华人民共和国刑事诉讼法〉的解释》第 241 条规定了在审判长主持下，被告人、被害人可以就起诉书指控的犯罪事实分别陈述，然后才进入讯问被告人环节。但不能将

---

① 参见裴显鼎等：《美国交叉询问制度的考察报告》，载《刑事审判参考》总第 108 集。

这里的被告人就起诉书指控的犯罪事实陈述理解为审判长先行讯问。上述规定是为了让审判长了解被告人是否认罪认罚，为后续的发问顺序安排做铺垫。因为“被告人是否认罪，对法庭审理程序有重要影响。因此，公诉人宣读起诉书后，审判长应当询问被告人对起诉书指控的犯罪事实是否有异议，听取被告人的供述和辩解。对于被告人当庭认罪的案件，应当核实被告人认罪的自愿性和真实性，并听取其供述和辩解。如果被告人在该环节自愿真诚认罪，法庭可以相应地简化审理程序。法庭核实被告人是否认罪后，在审判长的主持下，公诉人可以就起诉书指控的犯罪事实讯问被告人”①。

（二）询问证人的顺序

这里的证人是广义上的证人，包括被害人、鉴定人等。《刑事诉讼法》第194条仅规定“公诉人、当事人和辩护人、诉讼代理人经审判长许可，可以对证人、鉴定人发问”，没有规定具体的发问顺序。但是最高人民法院《关于适用〈中华人民共和国刑事诉讼法〉的解释》第259条规定了具体的顺序规则：证人出庭后，一般先向法庭陈述证言；其后，经审判长许可，由申请通知证人出庭的一方发问，发问完毕后，对方也可以发问。法庭依职权通知证人出庭的，发问顺序由审判长根据案件情况确定。《人民法院办理刑事案件第一审普通程序法庭调查规程（试行）》第19条规定，证人出庭后，先由对本诉讼主张有利的控辩一方发问；发问完毕后，经审判长准许，对方也可以发问。控辩双方发问完毕后，可以归纳本方对证人证言的意见，控辩双方如有新的问题，经审判长准许，可以再行发问。审判人员认为必要时，可以询问证人。经审判长准许，被告人可以向证人发问。上述规定，总体上符合举证方主询问、对方反询问的一般规则。但是如果把“证人出庭后，（一般）先向法庭陈述证言”解释为证人首先向法庭全面陈述证言内容，则不仅会削弱主询问和反询问的效果及功能，也不符合交叉询问的基本原理，更不符合司法实践。对于绝大多数第一次作为刑事案件证人出席法庭的人来说，让他们进入法庭之后直接向法庭陈述证言，他们几乎不知道从何说起。所以，

① 戴长林、刘静坤：《〈人民法院办理刑事案件第一审普通程序法庭调查规程（试行）〉理解与适用》，载《人民法院报》2018年1月17日，第6版。

司法实践中并非让证人先向法庭全面陈述证言，而是先由举证方进行主询问。因此，上述两个文件中的“证人出庭后，（一般）先向法庭陈述证言”应当解释为证人先向法庭陈述自己是否知道案件情况，这实际上是解决《刑事诉讼法》第 62 条规定的证人资格问题，即“凡是知道案件情况的人，都有作证的义务”，至于具体知道哪些情况则由后面的主询问和反询问查明。

二、询问内容规则

（一）禁止询问无关问题规则

交叉询问的内容必须集中于控辩双方的争议焦点问题，避免因询问与案件无关的事实而误导证人、影响诉讼效率。在美国，交叉询问必须集中在两方争议焦点下进行，避免恣意、漫无目的地进行。美国司法实践中，律师在交叉询问时，常会使用不着边际的钓鱼式调查（fishing expedition）询问技巧从中寻找有利线索，导致交叉询问虚耗而无效率。[①]对于控辩双方认为对方发问内容与本案无关而提出异议的，法官应当判明情况并予以支持或者驳回。如果法官认为控辩双方的提问与案件无关、重复，可以予以提示或者制止。我国《刑事诉讼法》第 194 条明确规定：“审判长认为发问的内容与案件无关的时候，应当制止。”最高人民法院《关于适用〈中华人民共和国刑事诉讼法〉的解释》第 261 条规定：“向证人发问应当遵循以下规则：（一）发问的内容应当与本案事实有关……”

（二）禁止重复规则

明显不必要的重复发问会影响诉讼效率，因此，一般禁止重复发问。但是对于重要问题的一次重复，有时又是必要的，因此，这里禁止的主要是明显不必要的重复性发问。最高人民法院《关于适用〈中华人民共和国刑事诉讼法〉的解释》第 247 条规定，对方提出异议，认为有关证据明显重复、不必要，法庭经审查异议成立的，可以不予准许。

---

① 参见陈健民：《美国刑事诉讼中交叉询问的规则与技巧》，载《法学》2004 年第 4 期。

（三）禁止损害人格尊严及泄露隐私规则

证人享有相应的权利和义务，任何一方在发问过程中不得损害证人的人格尊严、不得泄露证人的个人隐私。对于发问内容涉及损害证人的人格尊严或泄露证人隐私的，另一方可以提出反对，证人可以拒绝回答，合议庭应当制止。最高人民法院《关于适用〈中华人民共和国刑事诉讼法〉的解释》第 261 条、《人民法院办理刑事案件第一审普通程序法庭调查规程（试行）》第 20 条对此都进行了规定。

（四）禁止意见证据发问规则

禁止意见证据发问规则来源于意见证据规则。意见证据规则源自英美法系，发端于 17 世纪的英国，在美国得到了更为广泛的适用及发展。按照中世纪的古老法则，普通证人讲述的应该是其所闻所见的事实，即"我说我所闻，我言我所见"。柯克（Coke）在 1622 年指出："证人不应该用他'认为'或者'自己相信'这样的字眼。"正是基于此，意见证据规则要求法官排除普通证人就争议事实给出的相关意见，即证人只能就其感觉、感知的事实给出具体的陈述，但不能给出自己基于这些感觉、感知的事实得出的推论、看法、猜测或观点等。到 19 世纪中期逐步演变成如同"圣经"般的规则，即"证人必须讲述'事实'，而非'推论、结论或者意见'"[①]，但是专家证人除外。专家证人拥有专门知识或经验，而该专门知识或经验恰恰是事实认定者所缺乏的，是构建某一事实不可或缺的。由此，意见证据规则允许专家证人作证时给出推论、观点。[②] 可见，意见证据规则对普通证人和专家证人采取了区别对待的原则。禁止意见证据规则的法理基础有两方面，一方面是保障证人证言的真实客观性，有利于发现真相；另一方面是"使用推理并作出决定"，是事实裁判者依法享有的职权。

由于法律事实的认定离不开推理，事实与意见之间的区分充其量只

① ［美］约翰·W. 斯特龙主编：《麦考密克论证据》（第五版），汤维建等译，中国政法大学出版社 2004 年版，第 26 页。

② 参见李学军：《意见证据规则要义——以美国为视角》，载《证据科学》2012 年第 5 期。

是一个程度问题。任何可信的证言，不管多么详细具体以及“真实”，从某种程度上说都是推论的结果，观察和记忆也是这样的。“他驾车行驶在公路的左侧”可能被认为是“事实”，“他小心谨慎地开着车”可能被认为是“意见”。[①] 所以，即使是普通证人的意见证据禁止也有例外。《美国联邦证据规则》第701条规定：“如果证人不是以一个专家的身份作证，那么证人作证时的意见或推论形式的证言仅限于下列意见或推论：（a）合理基于该证人的知觉，并且（b）有助于清晰理解证人证言或对争议事实作出判定，以及（c）不是基于科学、技术或其他属于规则第702条范围的专业知识。”第702条的内容是：“专家证人证言的内容必须符合以下三个条件才具有可采性：一是证言基于充分的事实或数据，二是证言是可靠原理与方法的结果，三是该证言是证人忠实地将该原理与方法运用于案件事实的结果。”[②]

最高人民法院《关于适用〈中华人民共和国刑事诉讼法〉的解释》第88条规定：“证人的猜测性、评论性、推断性的证言，不得作为证据使用，但根据一般生活经验判断符合事实的除外。”该规定一方面禁止证人猜测性、评论性、推断性证言，另一方面将根据一般生活经验判断符合事实的意见作为例外。之所以设定这样的例外，是因为事实与意见仅一纸之隔，难以区分，比如证人说“那个人大概50岁”，这到底属于事实陈述还是推断意见，似乎难以说得清楚。当然，也有一些明显属于推断性意见，例如证人说“我认为他当时是明知的”。因此，对于普通证人的意见证据例外采用有两个限定条件：一是符合一般生活经验判断，二是符合客观事实。一般而言，普通证人关于身份、数量、价值、重量、尺寸、时间、距离、速度、外形、年龄、力量、热度、冷度、愤怒、恐惧、兴奋、迷醉等事实的意见，在符合生活经验和客观事实的情况下，可以作为意见证据的例外。

交叉询问的目的和功能在于发现真相，如果发问者要求证人对某个事件、情节发表意见或者评论，会带入个人情感、偏见，这不仅不利于

---

① 参见［美］约翰·W.斯特龙主编：《麦考密克论证据》（第五版），汤维建等译，中国政法大学出版社2004年版，第27页。

② Allen, Kuhns, Swift and Schwartz, *Evidence: Text, Problems, and Cases*, 4th edition, Aspen Publishers, New York City, 2006, p. 611.

发现真相，而且容易误导裁判。因此，发问人不得要求证人回答明显属于评论性、推测性、假设性的问题，通常表现为“你认为……”“你觉得……”“你感觉……”“假如……”“假设……”“如果……”。

三、询问方式规则

（一）禁止威胁规则

威胁属于证据取得的禁止方式之一，以威胁的方式发问，不仅有损程序正义，也不利于实体真相的查明。无论是询问证人还是讯问被告人，均不得以损害被发问者及其近亲属合法权益、利益相威胁。最高人民法院《关于适用〈中华人民共和国刑事诉讼法〉的解释》第 261 条、《人民法院办理刑事案件第一审普通程序法庭调查规程（试行）》第 20 条均对禁止威胁规则作出了规定。

（二）禁止诱导规则

我国刑事诉讼法并没有规定禁止诱导规则，虽然相关司法解释对禁止诱导有规定，但司法解释之间存在着一定的矛盾。最高人民法院《关于适用〈中华人民共和国刑事诉讼法〉的解释》第 261 条规定向证人发问不得以诱导方式发问，《人民法院办理刑事案件第一审普通程序法庭调查规程（试行）》第 20 条也有类似规定，都是比较笼统地规定禁止诱导，没有对诱导类型及内涵进行界定。《人民检察院刑事诉讼规则》第 402 条规定：“讯问被告人、询问证人不得采取可能影响陈述或者证言客观真实的诱导性发问以及其他不当发问方式。辩护人向被告人或者证人进行诱导性发问以及其他不当发问可能影响陈述或者证言的客观真实的，公诉人可以要求审判长制止或者要求对该项陈述或者证言不予采纳。”该规定对禁止诱导的类型进行了界定，即只有可能影响陈述或者证言客观真实的诱导性发问才是被禁止的。可见，《人民检察院刑事诉讼规则》并非完全限制诱导性发问，而是对可能影响证据真实性的发问予以禁止。[①]要全面了解禁止诱导规则就需要对禁止诱导进行原理性探讨。

---

① 参见最高人民检察院公诉厅编、彭东主编：《国家公诉人出庭指南》，法律出版社 2013 年版，第 81 页。

1. 什么是诱导性发问？诱导性发问的英文是“leading question”。根据《布莱克法律词典》的解释，诱导性发问系指示证人如何回答或将问题的答案嵌入问话的询问方式，也就是发问一方并不通过提出开放性问题的方式对被询问人进行询问，而是使用诱导性或暗示性的询问语言，从而有目的地让被询问人作出发问者预期的回答。即诱导性询问的问题中包含了答案，被询问人可以用“是”或者“不是”来回答。

事实上，将“leading question”翻译为诱导性发问是不当的。“leading”具有引导、引领之意，翻译为“引导性发问”更加妥当。但是由于这种带有误导性的翻译在我国立法、理论与实践中已经成为约定俗成的用语，本书沿用该翻译。交叉询问有两个基本目的，一是引出有利证言，二是引导破坏性的交叉询问。[①] 交叉询问的功能决定不得不使用诱导性发问方式。

2. 何种情况下禁止诱导？关于诱导性发问的基本规则是主询问（直接询问）禁止诱导，反询问（狭义的交叉询问）不禁止诱导。这背后的原理是实体真实，有利于发现真实的诱导是被允许的，不利于发现真实甚至可能误导真实发现的诱导是被禁止的。直接询问是询问人对本方证人的发问，由于是本方证人（友性证人），因此配合度较高，没有抵触或回避心理，通过直接发问，证人作连贯性陈述，更容易呈现事情的来龙去脉，有利于发现真实；但是反询问（交叉询问）的对象是对方证人（敌性证人），证人对发问者具有抵触和回避心理，不会轻易配合回答，这种情况下，通过诱导性发问有利于让证人回答，也有利于揭穿谎言，进而发现真实。反询问本来就带有一定的攻击性，从某种意义上来说，反询问不得不诱导。值得注意的是，这种证人与控辩双方的关系也会发生动态变化。如果在发问过程中，证人的立场发生变化，站到对方立场上，表现出对主询问人的敌意，不愿意作证或者采取不合作的态度，这时适用诱导性发问的危险消失，就可以进行诱导性发问。反之，在交叉询问过程中，证人如果因为偏见而倾向于反询问方的利益，就应该禁止使用诱导性问题。[②] 笔者将这种情况称为诱导性发问的动态变化规则。这

---

① 参见［美］托马斯·A. 马沃特:《庭审制胜》（第七版），郭烁译，中国人民大学出版社 2012 年版，第 218 页。

② 参见［美］约翰·W. 斯特龙主编:《麦考密克论证据》（第五版），汤维建等译，中国政法大学出版社 2004 年版，第 16 页。

种动态变化规则背后的原理依然在于发现真实。

3. 禁止诱导的例外情形。即使在直接询问中，禁止诱导还有一些例外情况，针对基础性事实允许使用诱导性发问，例如证人的姓名、职业以及非实体性争议的事实；针对唤醒证人记忆允许使用诱导性发问，这种情况下的引导有利于查明真相。可见，是否禁止诱导的关键在于是否有利于查明真相。交互诘问之基本原则在于有效并合理地发现真实，使证人具真实性、纯洁性之证言不受到错误、不正当之引诱。[①] 浙江省发布的《刑事庭审证人询问规则（试行）》遵循了交叉询问原理，规定具有下列情形之一的，不属于诱导：（1）在实质性询问之前，涉及需要明确证人的身份、经历等准备性事项的；（2）涉及诉讼各方没有争议，且已经明确的事项的；（3）询问主要意图是反驳证人的不实证词、质疑该证人证言真实性的；（4）证人记忆不清时，为唤起其记忆而确有必要的。我国台湾地区规定下列七种情形的诱导是允许的：（1）未为实体事项之诘问前，有关证人、鉴定人之身份、学历、经历、与其交游所关之必要准备事项；（2）当事人无争执之事项；（3）关于证人、鉴定人记忆不清之事项，为唤起其记忆所必要者；（4）证人、鉴定人对诘问者显示敌意或反感者；（5）证人、鉴定人故为规避之事项；（6）证人、鉴定人为与先前不符之陈述时，其先前之陈述；（7）其他经法院、审判长或受命法官许可为诱导诘问之事项。

4. 如何判断诱导性发问？实践中，一个发问是否具有诱导性通常会存在争议，法官当场作出决断也存在一定的难度。一个问题可能因为其形式被认为是诱导性的，但是仅仅通过问题的形式这一个方面通常很难判断它是否具有诱导性，需要联系该问题的内容与上下文之间的关系综合判断，也就是通过上下文从实质上判断发问者是否具有诱导被询问者作出倾向性回答的发问。比如，一个选择性的问题，其中一个选项是具体而明确的，另一个选项是模糊不清的，这种发问可以很显然地看出发问者是希望得到第一个选项的答案。比如“这个声音听起来像是一个女人在恐惧中发出的尖叫还是别的什么声音”，这个问题显然是希望被询问者选择前一个选项；

① 参见黄朝义：《论交互诘问实施现况——以访视台湾嘉义地方法院之实务运作为中心》，载《法官协会杂志》2004 年第 2 期。

反之，如果问“水是热的还是凉的”，就不具有诱导性。[①]

四、控辩双方主导规则

现代刑事诉讼的基本架构是“等腰三角形”，控辩双方位于三角形的两边平等“武装”，法官居于三角形的顶点居中裁判。交叉询问的基本功能在于，法官听取控辩双方的发问，兼听则明，查明真相。就庭审发问而言，法官是引导者和主持者，控辩双方是发问的主导者和推进者。如果法官积极发问，而控辩双方消极沉默，则无法实现通过发问查明真相的目的。控辩双方通过言词辩论方式，积极主动地向法官论证己方的诉讼主张。对于程序性事项，例如主询问一方提出诱导性问题的，只要对方不提出异议，法庭通常不会主动干涉。这要求控辩双方必须始终关注对方的举证和辩论，一旦发现对方违反法律规定或者法定程序，就应当及时提出异议，否则就会被视为放弃异议权。当然，法官也并不是超然的“看客”，既要主持庭审，认真听取控辩双方的论辩，以便依法对控辩双方的异议作出处理，防止陪审团接触不应当接触的信息，也要浏览书记员同步记录的法庭笔录，确保庭审依法规范进行。[②]

五、法官补充发问规则

无论是在大陆法系还是英美法系国家，法官都享有传唤和询问证人的权力。即便如此，法官必须避免过度使用其询问的权力，他不能演变成辩护人或者检察官的角色。[③] 如前所述，法庭交叉询问是由控辩双方主导进行的，法官听取双方的发问，居中裁判。法官在交叉询问过程的主要职责是听审并引导、主持发问、对异议作出裁判。原则上，法官不能先行对证人进行发问。无论是英美法系还是大陆法系国家，法官都是庭审的中立裁判者。如果把控辩双方比喻为运动员的话，法官就是裁判员。如果法官在庭审询问中问的问题太多，就会从裁判员变为运动员，必然

---

① 参见［美］约翰·W. 斯特龙主编：《麦考密克论证据》（第五版），汤维建等译，中国政法大学出版社2004年版，第16页。

② 参见裴显鼎等：《美国交叉询问制度的考察报告》，载《刑事审判参考》总第108集。

③ 参见［美］约翰·W. 斯特龙主编：《麦考密克论证据》（第五版），汤维建等译，中国政法大学出版社2004年版，第18页。

会导致客观上帮助某一方的效果，从而有失公正。所以法官的提问一般都很小心，只是提问一些事实弄得不清楚、中性的问题，法官的提问效果不应令任何一方觉得他在偏袒其中一方，或者产生不公平。①

我国刑事诉讼法关于讯问和询问的规定，都是先规定控辩双方的发问，然后再用单独一款规定审判长可以进行发问，也就是控辩双方主导发问，审判长的发问只是在必要时的补充发问，这就是法官补充发问规则。《刑事诉讼法》第 191 条第 1 款规定了公诉人对被告人的讯问，第 2 款规定了被害人、附带民事诉讼原告人和辩护人、诉讼代理人的发问，第 3 款才规定了审判人员可以讯问被告人。《刑事诉讼法》第 194 条关于证人发问的规定也是如此，第 1 款规定公诉人、当事人和辩护人、诉讼代理人经审判长许可，可以对证人、鉴定人发问，第 2 款才规定审判人员可以询问证人、鉴定人。如前所述，最高人民法院《关于适用〈中华人民共和国刑事诉讼法〉的解释》第 259 条关于证人出庭后一般先向法庭陈述证言的规定，是解决《刑事诉讼法》第 62 条规定的证人资格问题，并非是对询问、讯问的另行规定。事实上，即使没有法律的明确规定，法官补充发问规则也应当遵守，英美法系如此，大陆法系的很多法律虽没有具体规定，但却是严格奉行、人人遵守的，因为正义是最高目标和原则，法庭必须执行正义，且正义执行的过程必须有目共睹。② 也就是正义必须实现，且必须以看得见的方式实现，如果法官积极主动提问，会偏离居中裁判角色，令其中一方感到不安、不公，进而违背正义原则。

六、用语规则

（一）称呼用语规则

法庭发问过程中，对独任审判员应称“审判员”，对合议庭组成人员应当分别称“审判长”“审判员”“人民陪审员”或统称“合议庭”。向法庭提出请求、异议时应当称“审判长”；当某阶段活动完毕或公诉意见

---

① 参见张耀良：《交叉询问的方法与技巧》，中国政法大学出版社 2018 年版，第 92 页。

② 参见张耀良：《交叉询问的方法与技巧》，中国政法大学出版社 2018 年版，第 93 页。

发表完毕时应当称“审判长、审判员（人民陪审员）”。在讯问中，对被告人应当称“被告人 ×××”，也可以根据具体情况称“你”。公诉人可以自称为“公诉人”或者“本公诉人”；公诉人称辩护人应称“辩护人”，一名被告人委托两名辩护人的应当称“第一辩护人”“第二辩护人”，多名被告人分别委托多名辩护人的应当称“被告人 ××× 的辩护人”“被告人 ××× 的第 × 辩护人”。辩护人可以自称“辩护人”或者“本辩护人”，辩护人称公诉人应称“公诉人”，有多名公诉人的，按照自靠近审判席始末的顺序称“第一公诉人、第二公诉人……”。发问完毕时应当使用结束语“审判长，发问完毕”“审判长，询问暂且到此”“审判长，讯问暂且到此”。实践中存在发问后没有使用结束语，导致审判长无从知晓是否发问完毕等尴尬情形。

（二）发问用语规则

无论是直接询问还是交叉询问，本质上都是一种对话。言词原则决定了使用“鲜活生动的生活语言”。被发问者一般并非专业法律人士，要使用被发问者听得懂的用语，尽量用日常用语代替法律专业用语。①

法庭用语规则无法穷尽，基本规则就是要符合诉讼原理。比如被告人问辩护人：“我们是一伙的吗？”辩护人回答：“是的。”第二辩护人补充道：“是的，我们是来帮助你的。”这显然是不符合诉讼原理的，辩护人当然要基于被告人的利益进行辩护，但不是犯罪的“同伙”，辩护人同样也有辅助法官查明事实的义务。即使是在英美法系，也是如此。特别是在发问环节，要向法官展示探寻真相的努力，而不能成为被告人的“同伙”或“帮凶”。 再比如，公诉人在讯问被告人时说出“被告人你是有罪的，本院才会对你提起公诉”“被告人，你的行为已经构成 ×× 罪，现在请你向法庭供述一下你的罪行”“不管你如何解释，你都已经构成 ×× 罪”等用语，都是不符合无罪推定原则的，因为在法院判决之前，被告人只是涉嫌犯罪，不宜使用类似“已经构成犯罪”“供述你的罪行”等用语。

① 参见［日］田口守一：《刑事诉讼法》，张凌、于秀峰译，中国政法大学出版社 2010 年版，第 236 页。

第二节 异议及其一般规则

当发问者违反相应的发问规则时，另一方可以提出“异议”（又称“反对”，objection）。异议的目的是“阻止提交或者评议那些不具有可采性的信息”，异议也是“给法官一个信号，即律师就证据和程序规则存在分歧”。[①] 异议使用的基本规则是不能不提出异议，也不能盲目提出异议。

一、异议的内涵及功能

（一）异议的内涵

异议规则是刑事诉讼中重要的制度。异议又称诉讼异议、反对、抗议，是一种特殊的诉讼行为。《布莱克法律词典》对“异议”的解释是：“一种针对已经或即将发生于法庭之上的事项，为寻求法律立即作出裁断而提出的反对意见”。在当事人主义诉讼模式中，异议最常用于证人证言的提问或回答中，也可以用于实物证据。异议可分为“对不当提问形式的异议”和“对答复之可采性异议”两种类型，前者意在控制提问方式和盘问者的行为，后者意在排除非法证据。[②] 本书讨论的异议是针对证人询问而言的。

异议由异议声明和异议裁断两个诉讼行为组成。异议声明是控辩双方中的任何一方依照法定的程式表达出对审判中程序性事项的反对意见；异议裁断是法官依照法定程式对异议声明作出裁决和判断。异议声明与异议裁断密切相关，相辅相成。法官应当当庭对异议声明作出裁决，裁决结果有支持、驳回和要求声明者进一步详述或辩论。[③]

我国刑事诉讼法及司法解释对异议规则的内容有相关规定。《刑事诉讼法》第 194 条规定：“公诉人、当事人和辩护人、诉讼代理人经审判长许可，可以对证人、鉴定人发问。审判长认为发问的内容与案件无关

① 参见［美］史蒂文·鲁贝特：《现代诉辩策略与技巧》，王进喜等译，中国人民公安大学出版社 2004 年版，第 154—155 页。

② 参见［美］罗纳德·J. 艾伦等：《证据法：文本、问题和案例》（第三版），张保生、王进喜、赵滢译，高等教育出版社 2006 年版，第 125 页。

③ 参见［美］罗纳德·J. 艾伦等：《证据法：文本、问题和案例》（第三版），张保生、王进喜、赵滢译，高等教育出版社 2006 年版，第 124 页。

的时候，应当制止。”这里的“应当制止”包含了控辩双方向法庭提出异议，由审判长裁决是否制止。司法解释对“制止”有进一步解释，《人民检察院刑事诉讼规则》第402条第2款规定：“辩护人向被告人或者证人进行诱导性发问以及其他不当发问可能影响陈述或者证言的客观真实的，公诉人可以要求审判长制止或者要求对该项陈述或者证言不予采纳。”最高人民法院《关于适用〈中华人民共和国刑事诉讼法〉的解释》第262条规定：“控辩双方的讯问、发问方式不当或者内容与本案无关的，对方可以提出异议，申请审判长制止，审判长应当判明情况予以支持或者驳回；对方未提出异议的，审判长也可以根据情况予以制止。”该规定明确使用了“提出异议”。最高人民检察院《公诉人出庭行为规范（试行）》中也明确使用“反对”一词。

（二）异议的功能

1. 异议的首要功能依然在于促进真相发现。因为对方的发问方式或内容不当，可能会对真相发现造成不利影响。为防止误导事实，才会提出异议。

2. 异议的功能还在于激活程序性裁决。诉讼行为的效力分为取效行为和与效行为。取效行为是指诉讼行为的目标在于引发另外一个诉讼行为，其作用为通过影响另外一个诉讼主体的行为（尤其是法院判决）来形成程序。与效行为是以直接形成特定诉讼结果为目的的诉讼行为。[①] 异议的功能主要在于取效诉讼行为，而非与效诉讼行为，也就是说控辩任何一方的异议权行使目标不是在于达成特定的诉讼结果，而是激活法院的程序性裁决。

3. 异议还能维护当事人合法权利。当对方的发问侮辱、威胁到证人时，或者侵害证人的合法权益时，提出反对可以维护当事人权益，促进公平正义。

4. 异议还可以打乱对方发问阵脚。有的策略性异议主要是为了打乱对方交叉询问的节奏和阵脚。

5. 异议还能为己方证人争取思考时间。当己方证人在对方的连续追问之下难以招架，甚至出现表述不当等紧急情况时，提出异议便能够为

---

① 参见林钰雄：《刑事诉讼法》（上册），元照出版公司2013年版，第251页。

己方证人争取调整和思考的时间。

二、异议的范围

违反前述询问内容和方式规则的，原则上都属于异议的范围，包括禁止询问无关问题规则、禁止重复规则、禁止损害人格尊严及泄露隐私规则、禁止威胁规则、禁止诱导规则、禁止意见证据规则等。根据《人民法院办理刑事案件第一审普通程序法庭调查规程（试行）》第20条的规定，违反下列情形的属于反对的范围：（1）发问内容应当与案件事实有关；（2）不得采用诱导方式发问；（3）不得威胁或者误导证人；（4）不得损害证人人格尊严；（5）不得泄露证人个人隐私。

实践中，以下发问也属于异议的范围：（1）明显与本案无关；（2）对假设性事项或无证据支持之事实发问；（3）明显重复发问；（4）要求证人陈述个人意见或推测、评论；（5）对证人未亲身经历事项或鉴定人未行鉴定事项发问；（6）问题太宽泛或者不明确也可能成为异议的对象。

有学者将异议分为形式异议和实质异议。前者是针对发问形式违反相关规则而提出的异议；后者是针对发问实质内容违反相关规则而提出的异议。两种异议的常见情况列举如下：[①]

形式异议		实质异议	
问题类型	释义	问题类型	释义
诱导性问题	问题暗示或包含了答案，在直接询问中会引发异议	传闻	证人对他或其他人在过去所说的话作证或被要求就此作证
复合问题	两个以上的问题一并提出，无法一问一答	不相关	问题与本案无关联
模糊问题	问题无法理解、不完整、模棱两可	不公平的成见	会对一方产生不公平成见的问题
争辩性问题	要求证人进行归纳、推论或给出结论，意见性发问	不恰当的品性证据	一个人过去的劣行不能用来证明他干过类似的事

① 参见［美］史蒂文·鲁贝特：《现代诉辩策略与技巧》，王进喜等译，中国人民公安大学出版社2004年版，第171—177页。

续表

形式异议		实质异议	
问题类型	释义	问题类型	释义
叙述	需要长篇大论才能回答的问题，例如“告诉我们你在×月×日所干的每一件事”	缺乏亲身认知	让证人回答缺乏亲身认知的问题
已问已答	重复发问	不恰当的外行意见	外行证人（非专家证人）不得就其意见、结论或者推断作证
假设证据中没有的事实	假设性发问	臆测或者推测	不得要求证人臆测或者猜测，以假设形式开始的诸如“如果……”等问题
答非所问	回答与问题无关	提议和解	提议妥协或者和解不能采纳来证明或否定责任，在和解谈判中所作的陈述是不可采的

三、异议使用规则

（一）有利于本方立场规则

对于公诉人而言，异议的根本目的在于防止对指控造成不利影响；对于辩护人而言，异议的根本目的在于防止对辩护意见和辩护立场产生不利影响。异议的价值在于防止真正不利的证据被采纳，所以请牢记这句格言——“不要反对对你无害的任何东西”[①]。除非你有理由确信对方提问后得到的回答会损害你的案件，否则最好不要提出异议。提出异议前要问问自己：法官支持了异议，真的会有所不同吗？请将异议留到你有理由确定将受到损害之时。反复地提出不恰当的异议（回答不会损害你的案件）可能会导致法官驳回某项恰当的异议（回答将伤害你的案件）。[②] 当然，如果是为了打乱对方发问节奏的策略性异议，该提出时应当及时提出。

① ［美］史蒂文·鲁贝特:《现代诉辩策略与技巧》，王进喜等译，中国人民公安大学出版社 2004 年版，第 156 页。

② 参见［美］托马斯·A. 马沃特:《庭审制胜》（第七版），郭烁译，中国人民大学出版社 2012 年版，第 373 页。

（二）拒绝“恶意死磕性异议”规则

“死磕”是指和某人或某事作对到底的一种现象，用于表现不达目的誓不罢休的决心。一般认为，“死磕派律师”是指那些在具有影响性的案件上（多为刑事案件）与司法机关“死磕到底”的律师，他们多在庭外利用新媒体发表意见，吸引公众关注，给办案部门施加舆论压力，以期达到自己的诉讼目的。因这些律师在辩护过程中表现出和司法机关作对到底、不达目的不罢休的样态，故借用“死磕”一词称其为“死磕派律师”。笔者认为，“死磕”一词本身是中性，庭审的对抗性需要较真，专业性对抗、较真的“死磕”有利于刑事诉讼法治化，但“闹庭”式的“恶意死磕”值得反思。律师作为法律共同体，是专门的法律职业者，“死磕”必须具有技术性，要用娴熟的庭审技巧与对方“死磕”。[①] 背离异议目的和功能，通过不间断地连续异议“闹庭”，让对方无法张口、让庭审无法进行下去的“恶意死磕性异议”，对于交叉询问制度、证人出庭改革只会造成伤害。

即使是有理有据的异议，也不宜重复、连续、不间断地提出，以免因过度提出异议而影响庭审效率。“值得注意的是，并不是每个有效的异议都有必要作出。如果对方可以通过改换措辞重新发问，或者是信息最终无害于你的案件，那么，异议并无多大必要。”[②]

（三）简要说理规则

异议是对违反发问规则、违反证据规则行为的一种抗议，应当具有法律和法理依据，做到有理有据。“异议应当陈述其法律依据，法律依据应当简要陈述，而不需作更多的论述。”[③] 异议理由应当简明扼要，不能长篇大论，声明异议者提出异议时应当简要说明理由，被异议者也要简要说明理由以回应异议。《日本刑事诉讼规则》第 205 条规定，控辩双

---

① 参见许身健：《交叉询问：发现真相的最佳机制》，载《检察日报》2013 年 10 月 30 日，第 7 版。

② ［美］史蒂文·鲁贝特：《现代诉辩策略与技巧》，王进喜等译，中国人民公安大学出版社 2005 年版，第 156 页。

③ ［美］托马斯·A. 马沃特：《庭审制胜》（第七版），郭烁译，中国人民大学出版社 2012 年版，第 375 页。

方在声明异议时，应当分别针对所异议的行为、处分、决定“简要说明理由”，如果声明缺乏理由，将予以驳回。最高人民法院《人民法院办理刑事案件第一审普通程序法庭调查规程（试行）》第21条规定：“控辩一方发问方式不当或者内容与案件事实无关，违反有关发问规则的，对方可以提出异议。对方当庭提出异议的，发问方应当说明发问理由，审判长判明情况予以支持或者驳回；对方未当庭提出异议的，审判长也可以根据情况予以制止。”浙江省高级人民法院《刑事庭审证人询问规则（试行）》第6条也规定：“控辩一方询问方式不当或者内容与案件事实无关，违反有关询问规则的，对方可以提出异议，并说明理由。对方当庭提出异议的，询问方应当说明询问理由，审判长判明情况予以支持或者驳回，并说明理由；对方未当庭提出异议的，审判长也可以根据情况予以制止并说明理由。”我国台湾地区也有类似规定，异议之前提须由当事人之一方，对他方个别、具体之诘问行为立即为之，并且须附简要之理由，如有两种以上异议之事由时，由当事人一并提出或仅提出其中之一作为理由亦无不可。故如当事人之一方并非对他方之个别、具体之诘问行为提出异议，仅泛称“全部均异议”云云，该异议即属不合法之异议，审判长即应裁定该异议不成立；如当事人之一方固系对于他方个别、具体之诘问行为提出异议，然并未附理由，由于异议未附理由，无从使他方当事人及法院了解何以提出异议之原因，对于认定该诘问行为是否妥当或合法即无所依附，此时审判长应要求该异议之当事人阐明须附理由，该异议之当事人仍不愿表明理由，或表明之理由为法律所允许之诘问事由，或者有迟误时机、意图延滞诉讼或其他不合法之情形时，此时审判长亦应裁定该异议不成立，以迅速进行审判程序。[①]

（四）同步异议规则

当一方的发问违反法律法规的时候，另一方应当同步提出异议声明。如果没有提出异议声明则视为放弃。《日本刑事诉讼规则》第205条规定，庭上异议以立即声明为原则，延迟声明的异议，法院原则上予以驳

① 参见黄朝义：《论交互诘问实施现况——以访视台湾嘉义地方法院之实务运作为中心》，载《法官协会杂志》2004年第2期。

回，除非该延迟声明所针对之事实极其重要以至于对其加以裁断是适当的。这是对异议声明的理性化约束，既是为了审判方能够及时有效处置程序性争议，也是为了避免控辩双方滥用异议权，同时也是基于诉讼经济原则的考量。[①]

四、异议用语规则

异议的基本用语规则是“反对 + 违反规则”，“违反规则”就是异议的理由和根据。用一两句话简要说明对方发问所违反何规则即可，例如“反对，这是诱导性发问”“反对，辩护人在诱导证人”“反对，公诉人在威胁被告人”“反对，这是假设性发问”“反对，这是意见证据发问”“反对，这个问题与案件无关”……对于异议的理由和根据不要作长篇论述，长篇论述式的异议被形象地称为“演说性异议”，“演说性异议被认为是在浪费时间和精力”。[②]

关于异议的用语“反对”一词，虽然我国刑事诉讼法没有规定，但最高人民检察院《公诉人出庭行为规范（试行）》明确规定，公诉人提请审判长制止的方式可以是“反对。审判长，刚才……（例：辩护人向被告人提问是诱导性的）”或“审判长……（例：被告人当庭使用污言秽语，有损法庭庄严的形象，应予制止）”。

另外，异议的提请对象是法官、合议庭，而不是对方律师或公诉人。因此，可以在提出异议时加上“审判长”，即“审判长，反对，辩护人在诱导发问”“审判长，反对，公诉人在假设性发问”……不要直接称呼对方律师或辩护人，更不要未经法庭允许便与对方就异议正当与否进行辩论，如“公诉人，你怎么能诱导发问呢”“请辩护人不要威胁证人”，异议应当交由法官裁决。

---

① 参见万旭：《刑事审判中的异议制度初论》，中国政法大学出版社 2022 年版，第 65—66 页。

② 参见［美］史蒂文·鲁贝特：《现代诉辩策略与技巧》，王进喜等译，中国人民公安大学出版社 2005 年版，第 158 页。

3 第三章 直接询问的策略与技巧

总体来说，直接询问的技术要求要低于交叉询问，而且我国的检察官及律师对直接询问更为熟悉。但是这并不是说直接询问不重要，事实上，从构建事实和铺陈观点的角度来说，直接询问的重要性甚至高于交叉询问。直接询问也有一些基本的策略和技巧。

第一节 直接询问的策略

直接询问的重要性甚至高于交叉询问，对于控方来说更是如此。直接询问是构建案件基本事实的契机。由于直接询问是针对己方证人（友性证人），配合默契，可以通过该证人的配合性陈述，构建你所需要的完整的案件事实。可以说，直接询问是诉讼的“中心环节”，是“诉讼的支点”，其他环节都是围绕它而运转，由其派生而来。反询问的存在仅仅是为了对直接询问提出质疑或者作出反驳。[①] 如前所述，公诉人对被告人的讯问尽管在顺序上是先于辩护人的发问，似乎是主询问、直接询问，但是实际上由于被告人对于公诉人而言并非“己方证人”，实质上并非直接询问而是交叉询问。

---

① 参见［美］史蒂文·鲁贝特:《现代诉辩策略与技巧》，王进喜等译，中国人民公安大学出版社2005年版，第25页。

一、自由陈述原则

直接询问的最大特点是针对己方证人，在高度配合的状态下，证人相对自由完整地陈述证言，直接询问首要策略便是坚持自由陈述原则。由于直接询问的目的是通过己方证人的配合，陈述一个完整的事实，服务于自己的指控事实或辩护观点，这一点完全不同于交叉询问，直接询问并非削弱证人的可信性，更非刁难和诘问。因此，直接询问的基本策略是让被问话者进行自由陈述。对己方证人进行直接询问，就是从己方证人口中引出一个合成的故事。[①]

实践中，公诉人的发问提纲长期流传下的习惯是开头第一个问题问“你在侦查阶段的供述是否属实”或“你在侦查阶段的证言是否属实”。针对友性证人的直接询问，这样是可以的，但是针对被告人、对方证人，这样的发问是极不明智的。很多案件，公诉人已经非常明确地预测到被告人或对方证人会回答“不属实”。那这样的发问有何意义？除了让自己更加被动，毫无意义。其实，这个问题等于是替辩护人发问的。例如，在一起案件中，被告人及辩护人在庭前会议中提出供述不属实，受到逼供、诱供。庭审中，公诉人对被告人讯问的第一个问题竟然是：“你在侦查阶段和监委调查阶段的供述是否属实？”被告人回答：“不属实。”然后公诉人就接着问其他问题了。接着轮到辩护人发言，辩护人成功继承了公诉人的发问成果，抛出的第一个问题就是：“你刚才回答公诉人提问的时候，你在侦查阶段和监委调查阶段的说法并不实，为什么不属实？”可见，公诉人的第一个问题几乎将自己变成了辩护人的“队友”。

二、锁定无争议的事实

直接询问的发问对象是己方证人，并在发问顺序上具有优先性，因此，要充分利用直接询问的这个优势，将控辩双方无争议的事实通过发问固定下来。值得注意的是，在发问过程中，要提示法庭将无争议、控辩双方达成共识的事实记录下来，以此锁定无争议的事实。这些无争议的事实经常为证明你的案件的某要件所必需。

---

① 参见［美］约翰·W.斯特龙主编：《麦考密克论证据》（第五版），汤维建等译，中国政法大学出版社2004年版，第13页。

锁定这些无争议的事实的重要意义不仅在于锁定指控的犯罪事实，更重要的意义在于为下一步的交叉询问奠定基础。事实上，很多交叉询问的陷阱设置都是让证人先作肯定性回答，然后步步为营，让证人落入陷阱之中。让证人先作肯定性回答，就是从双方无争议事实入手的。

三、为争议事实争取主动权

在直接询问中，对无争议的事实达成共识，率先锁定，同时对于有争议的事实，也要充分利用直接询问的机会争取主动权，为后面双方激烈的交叉询问创造更多有利条件。“直接询问的真正艺术很大程度上就在于证明有关事实的确定性。”①

直接询问最大的优势在于发问先行权，谁掌握了先发问权，谁就可以先通过友性证人的配合在争议问题上率先说服法官，并通过直接询问的铺垫为下一轮的交叉询问争取主动权，为对方的交叉询问率先设置障碍。

四、提高证人的可信度

对方交叉询问的目的是要削弱证人的可信度，那么相对应的直接询问，就要努力塑造己方证人的可信赖形象。通过直接询问向法庭展示己方证人的可靠性，提高可信度。因为“证人的可信性总是处于争议之中。因此，每一次直接询问，不管其最终目的如何，都必须同时关注证人本人的证言的可信性问题。因此，绝大多数直接询问都开始于证人的某些背景信息……即使证人的可信性不会受到质疑，此类询问仍然有助于使其人性化，并进而增加其证言的可信性”②。例如，公诉人申请侦查人员出庭作证，在直接询问中，公诉人最好从他的学历专业背景、执业经历、获得荣誉等问起，比如这个警察是政法院校毕业、从警 3 年以上、获得过规范执法荣誉等。这有助于增强其可信性。同样，如果是辩护人申请某位专家证人出庭，可以问他的学历、专业、鉴定过哪些案件、出过什

---

① ［美］史蒂文·鲁贝特：《现代诉辩策略与技巧》，王进喜等译，中国人民公安大学出版社 2005 年版，第 25 页。

② ［美］史蒂文·鲁贝特：《现代诉辩策略与技巧》，王进喜等译，中国人民公安大学出版社 2005 年版，第 26 页。

么专著、发表过什么文章、在业界有怎样的影响力和权威性等。

第二节 直接询问的技巧

一、开放式的提问方式

如前所述，直接询问的基本策略是让被问话者自由陈述，因此，直接询问中，首要的技术性问题是，能否只用几个问题就使证人说出具体的事实，或者用一个一般性问题就能有效地让证人说出更多的事实。[①]开放式提问是与交叉询问中的封闭式提问相对的概念，开放式提问通常使用的用语是“谁”“什么”“什么时候”“什么地点”“如何”“怎么样”“哪里”等。比如，问证人案发当天在哪里，如果是交叉询问，则设置封闭性问题如“案发当天你在家里吗”；但如果是直接询问，则应该设置开放式问题如“案发当天你在哪里”。

需要特别指出的是，这种开放式提问不包括那种需要长篇大论才能回答的抽象性提问，也不包括那种证人不知从何说起的空洞性提问。比如，“你把你看到的一切说一说”“请你将你了解的情况说一说”。这种抽象性、空洞性的提问，又被称为“叙述式”提问。例如：“在此之后你干了什么？”这属于直接询问中的开放式提问，是可行的。但是“告诉我那天你所做的一切”就属于叙述式提问，属于异议的对象。[②]

二、按照时间或事件逻辑顺序提问

按照时间顺序是最简单和最常见的提问顺序，对于案情相对简单的案件是合适的，但对于案情复杂的案件，按照事件的逻辑顺序提问更优。“从最初的事情开始提问，之后是中间，再到最后，这样证人更容易接

---

① 参见［美］约翰·W. 斯特龙主编:《麦考密克论证据》(第五版)，汤维建等译，中国政法大学出版社 2004 年版，第 13 页。

② 参见［美］史蒂文·鲁贝特:《现代诉辩策略与技巧》，王进喜等译，中国人民公安大学出版社 2005 年版，第 28 页。

受。”[①]在设计直接询问的问题提纲时，按照一定的逻辑顺序排列问题，比如将事件分为三个阶段（层次），每个阶段（层次）设计多个小问题。常见的逻辑层次有：（1）按照时间顺序；（2）按照事件发生的阶段；（3）按照犯罪构成；（4）从外围到核心；（5）多罪名和多事实的，按照罪名和事实逐项分层。值得注意的是，这种按照一定逻辑顺序的设问，仅适用于直接询问，这样有利于“合成一个完整的故事”，但是对于反询问就要打破这种常规逻辑（见后文详述）。

三、善用过渡语“转层次”

直接询问由于证人的配合程度高，因此设计层次分明的询问提纲，按照层次逐步推进。在直接询问过程中，询问人要善于运用提示性、过渡性的语言进行“转层次”，将证人从一个层次引导到另一个层次，从一个领域引导到另一个领域。如果是多罪名的案件，每个罪名的发问之间具有层次性。比如，被告人同时被指控贪污罪、受贿罪和滥用职权罪，一般使用这样的过渡词：“关于贪污罪……”“关于受贿罪……”。

2014年11月29日，笔者参加了由北京大学法学院和美国耶鲁大学中国法中心联合举办的“中美非法证据排除模拟法庭”。虽然是模拟庭审，但是案例是真实的案例，参与模拟的人员由哥伦比亚特区高等法院法官、州地区法院原法官等组成，模拟场景真实。模拟庭审中就非法证据排除问题对侦查人员询问，值得借鉴。基本案情：犯罪嫌疑人X指使另一名犯罪嫌疑人Y将被害人枪杀，警方将犯罪嫌疑人X抓获，两名警察对X进行讯问，第一次讯问犯罪嫌疑人没有供述；第二次讯问中承认指使他人“教训教训”被害人；第三次讯问则承认指使Y“除掉”被害人。现有证据中有一份犯罪嫌疑人放弃沉默权的承诺书、一张犯罪嫌疑人臂部软组织瘀伤照片。主要围绕是否存在威胁取供、对犯罪嫌疑人殴打逼供两点而展开。控方检察官的主询问分为三个层次，每个层次之间有过渡语，证人能清晰地知道检察官的发问逻辑：

第一层次主要围绕证人的职业经历、品格证据进行发问：年龄？从

① ［英］伊恩·莫利、王馨仝：《说服法庭——讼辩高手进阶指南》，法律出版社2022年版，第249页。

事什么工作？从事该项工作多长时间？在哪个组、负责调查什么类型的案件？以前在哪个组？何时分到现在这个组？在你的从警经历中有无受到过处罚、纪律处分、投诉？受到过什么样的表彰？

第二层次主要围绕证人参与侦查行为进行发问：出庭通知什么时候收到的？今天来作证前你有无和一同办案的同事商量讨论？有无参与这个案件的侦查？何时加入进来？作了多少次讯问？犯罪嫌疑人是否放弃沉默权？有无签署弃权书？

第三层次主要围绕聚焦有无刑讯逼供进行发问：讯问室有几个人？有无带枪？进讯问室几点？有无录像？讯问过程中有无出示沉默权弃权书？他是如何供述的？有无用什么把戏或诡计进行讯问？有无说要带他的妻子和儿子来？他当时表情有无变化？在讯问室你有无打他？有无电击他？有无戴头套？你的同事有无这样的行为？①

四、围绕论点设问

直接询问是一次难得的构建案件事实和陈述观点的机会，因此设问应当紧紧围绕本方的论点进行。基本的方法是，在庭前准备过程中，罗列出证人所能提供的对证明你的案件事实和立场观点所必需的事实。初期尽可能罗列得全面，再结合事前接触证人和阅卷的情况淘汰一些不利于本方立场和观点的问题。

五、关注细节

细节有利于增强证言的真实性和说服力。在直接询问阶段，将关键细节展示出来，能够起到“先声夺人”的效果。真实的经历和事实，必然是有细节的，而虚构的谎言很难编织严丝合缝的细节。任何谎言都经不起细节的检验。在直接询问中先将细节呈现出来，将对方反询问通过细节攻击的空间最大限度压缩。因为反询问中的细节同样是重要的工具，反询问也会试图通过发问引导出细节问题为随后的提问做铺垫，说明证人证言内在的矛盾之处，指出证言与证据之间的矛盾之处，引导证人作

① 2014年11月29日，北京大学法学院和美国耶鲁大学中国法中心联合举办的“中美非法证据排除模拟法庭”在南京举行。上述内容是笔者在会议现场综合记录整理的，没有一问一答式进行详细列举。

出不可信的主张，或者制造出证人无法否决的结论。教科书会告诉律师们，在反询问的每个过程中，最好都是优先考虑细节问题。不管你的目标如何，在整个询问的意图暴露之前，证人一般会先承认一些琐碎、渐进的单个事实，一旦你对证人已经进行了质疑、逼问或者详细询问，回头再询问证人来获取使你的质疑有效成立所必需的细节，将是件很困难的事。因此，要将细节性问题放在前面优先考虑。[①] 从防御的角度来说，在直接询问中就要将细节重视起来。

细节是揭穿谎言的最好武器，任何谎言都不可能天衣无缝，在庭审中庄重而紧张的氛围之下，谎言很难把细节说得圆满而毫无破绽。要善于抓住并运用细节进行攻防。有这样一个案例：被告人辩称自己受到刑讯逼供，称公安人员先把他带到院子里的一个小房子里进行殴打，然后又带到另一栋楼的讯问室做笔录，并称打得分不清白天还是黑夜。从这个辩解中，公诉人应该迅速抓住一个细节，那就是既然是从院子里的一个小房子带到另一栋楼的讯问室，这个过程中必然要经过一个相对开放的空间，而不是一个密封的室内空间，公诉人应当通过设计问题把经过院子这个相对开放的空间的细节事实，让被告人自己确认下来。然后向法庭总结，既然经过院子这个相对开放的空间，能够看到天空，不可能分不清白天和黑夜。如果其辩称因为自己被打晕了，所以分不清白天和黑夜，那么公诉人可以通过这个细节向法庭总结：既然被打得分不清白天和黑夜，为什么能分清院子里的小房间和一栋楼的讯问室。[②] 这样其谎言就不攻自破了。

六、尽量堵住对方下一轮交叉询问的“槽点”

直接询问后就面临着对方的交叉询问，对方交叉询问的矛头所向正是本方的直接询问，所以在直接询问的设问中尽可能减少给对方的机会，尽量堵住对方下一轮交叉询问的“槽点”。“魔鬼辩护人”莫利向我们呈

① 参见［美］史蒂文·鲁贝特:《现代诉辩策略与技巧》，王进喜等译，中国人民公安大学出版社2004年版，第63页。

② 这些矛盾之处通过发问暴露出来，但不要急于让被告人解释，而是总结给法官听。参见本书第四章第三节。

现了直接询问的完美版本：[①] 你要确定的论点是证人清楚地看见了盗贼，并且能够指认他，而且不存在指证错误的可能性。

问：这是哪天的事？

答：2月5日。

问：当时几点？

答：下午6点。

问：有光吗？

答：那里有路灯。

问：有自然光吗？

答：那时是黄昏。

问：天是有多黑？

答：没那么黑，但正变得越来越黑。

问：你能看见东西吗？

答：能。

问：为什么能？

答：因为那里有路灯，而且天还没有那么黑。

问：你看到了那个人离路灯有多远？

答：10英尺。

问：你为什么说有10英尺？

答：因为我距离感很好。

问：街灯是什么颜色？

答：橙色。

问：你视力如何？

答：我戴着眼镜。

问：戴着眼镜你的视力如何？

答：非常非常好。

问：你看那个人多久了？

答：10秒。

---

① 参见［英］伊恩·莫利、王馨仝：《说服法庭——讼辩高手进阶指南》，法律出版社2022年版，第145—147页。

问：你怎么知道是10秒？

答：我记得那是相当长的一段时间。

问：相当长的时间是多长？

答：至少10秒。

问：为什么是10秒？

答：因为10秒足够看清他的一切并记住他。

问：你能看到他身体的哪个部位？

答：整个。

问：你能看到他的上半身吗？

答：是的。

问：你看到他上半身的哪部分？

答：他的胸部、手臂和脸。

问：他的脸你能看清吗？

答：都能看清。

问：他当时正朝着哪个方向看？

答：他正面对着我。

问：你看到他脸上的什么？

答：眼睛、鼻子、嘴、头发。

问：路灯对你看东西有什么影响吗？

答：让我能看得更清楚，看清楚他的脸。

问：他脸上有多少部分可以被街灯照亮？

答：全部。

问：那么请你描述一下他的鼻子。

答：他的鼻子又长又细。

通过上述这段直接询问，说明证人看清楚了被告人，设问层层推进，逻辑严密，反询问几乎没有机会制造麻烦。

七、非诱导性发问

直接询问原则上禁止诱导性发问。直接询问的基本原理就是让证人自己讲述故事并反映重要证据。“直接询问的焦点应该是证人。你的问题的作用，仅应当是在证人作证时，引导证人从一个领域转向另一个领域，并将证言分解成为易理解的片段（digsetible capsules）。”[①] 如果在直接询问中过度使用诱导性发问，可能不利于树立己方证人的可信性形象。因为针对己方证人的直接询问使用诱导式发问，会让法官认为如果不诱导、如果不把答案包含在问题里，证人可能不会作出这样的回答。心理学研究表明，自发性陈述更准确，因为它较少受他人暗示的影响。[②] 当然，如前所述，直接询问中禁止诱导也是有例外的，针对基础性事实允许使用诱导性发问，如证人的姓名、职业以及非实体性争议的事实；针对唤醒证人记忆的诱导性发问，这种情况下的引导有利于查明真相。

八、及时向法庭总结

通过直接询问己方证人，相互配合，相对完整地论证立场和观点，为了进一步说服合议庭，在每一个证人直接询问完毕后最好将直接询问的“战果”总结给法庭听。有学者指出：“每个直接询问都应以总结你的理论或者主题的定论事实结尾。定论事实须具备以下条件：（1）绝对具有可采性。（2）带有合理的戏剧性。（3）简洁并且令人印象深刻。（4）无可置疑。”[③]

九、让证人解释

与交叉询问中不给证人留有解释机会的策略截然相反，直接询问过程中，当己方证人说出一些显得相互矛盾、不清晰、可能导致误解等表述时，要通过发问让证人解释。这是由直接询问的原理在于通过自由陈述重构案件事实和立场所决定的。直接询问的目的是让法官对事件有一个清晰的理解，所以任何疑惑都应当及时被澄清。[④]

直接询问中让证人解释分为两种情况，一是在第一轮主询问过程

---

① ［美］托马斯·A. 马沃特：《庭审制胜》（第七版），郭烁译，中国人民大学出版社 2012 年版，第 98 页。

② 参见［美］约翰·W. 斯特龙主编：《麦考密克论证据》（第五版），汤维建等译，中国政法大学出版社 2004 年版，第 14 页。

③ ［美］史蒂文·鲁贝特：《现代诉辩策略与技巧》，王进喜等译，中国人民公安大学出版社 2005 年版，第 38—39 页。

④ 参见［美］托马斯·A. 马沃特：《庭审制胜》（第七版），郭烁译，中国人民大学出版社 2012 年版，第 99 页。

中，在出现一些矛盾、不清晰甚至误解的表述时，要通过发问让证人解释，以免误导庭审。这种情况下，要注意用语技巧，防止因使用意见性发问而引起对方提出异议。比如，证人前面说案发时间是5月下旬，后来又说案发时间是4月底，这时不应当直白地说“证人×××，你刚才说是5月下旬，现在又说是4月底，这个矛盾请你解释一下”，而应当委婉地说“证人×××，你刚才回答时说案发时间是5月下旬，现在说是4月底，你还记得到底是几月份吗”。二是在对方的交叉询问过程中，己方证人的回答暴露出矛盾，由于对方采取的是封闭式发问、引导性发问，极力避免给证人解释的机会，因此，在下一轮的主询问中，发问人应当抓住机会重新给予证人解释的空间。这时，同样需要注意发问技巧。有律师认为可以对被告人说“刚才你回答××问题时公诉人不让你多作解释，但这个问题对定罪量刑有重要的影响，你现在可以向法庭作出解释”。[①] 但是这样自白的发问方式，带诱导性和意见性发问色彩，很容易遭到公诉人的反对。正确的做法是将解释的机会隐藏在不违反发问规则的问题之中。比如，可以这样发问：“关于××问题，你的回答前后不一致，请你再仔细回忆一下当时××到底是什么情况？”这里其实使用了记忆诱导的方式给证人提供解释的机会，而记忆性诱导是符合发问规则的。这就是技巧的魅力。

十、防御性直接询问

防御性直接询问又称“自曝弱点”式直接询问，是指为了缓解不利或者有害事实在反询问中的影响，直接询问时发问者最好主动地披露出来。其目的是，通过证人主动展示对己不利的事实，可以回避这些不利信息的锋芒。也就是在对方交叉询问成功利用你的弱点之前，通过自动披露弱点而“拔掉这根刺”。这样既保护公诉人或辩护人的可信度，也保护了证人的可信度。但是这一策略也具有极大的风险，如果使用不当就会适得其反，非必要时最好还是将弱点藏而不露。[②]

① 参见《刑辩三人谈》编写组编著：《刑辩三人谈：刑辩业务核心技能》，法律出版社2021年版，第231页。

② 参见［美］托马斯·A. 马沃特：《庭审制胜》（第七版），郭烁译，中国人民大学出版社2012年版，第99页。

运用该技巧应当把握以下原则：一是你确定对方已经知道这个弱点，并且确定对方将准备就这个弱点进行攻击。这可以通过庭前会议、审查起诉阶段交流意见、审阅卷宗等得知。二是不要在直接询问的开始和结尾时进行，而是隐藏在发问的中间阶段，使其不引人注目。[①]原理在于“首要效应”和“近期效应”，也就是人们往往记住首先听到和最后听到的东西。最好是以积极的角度开始直接询问，随后披露不利的信息，并在最后以另一个积极的论点结束。美国学者举了个形象的例子，比如在一个案件中，被告人案发前饮酒了，这是一个对辩方不利的事实，也肯定会成为对方交叉询问进攻的点。辩方的直接询问应当介绍原告背景、描述场景、指出原告下班后喝了两杯啤酒，但是表明他的驾驶能力并未受到影响，然后再描述车祸是如何发生的。[②]三是尽可能将不利事实对于本方的案件事实和立场的负面影响降低甚至是消除，有这样的把握时才使用这个技巧，如果没有这样的把握就要慎重使用。比如前述车祸的案例，辩方试图将喝酒对事故责任的影响降低到最小。要做到这个不利的问题能抛出去还能收得回来。例如，一个案件，有多份笔录只有一名侦查人员签字，涉及单人讯问这一违反刑事诉讼法规定的问题。公诉人显然能够预测到侦查人员出庭作证，这是个不可回避的问题，辩护人交叉询问可能会抓住这个问题不放。公诉人应利用先进行直接询问的优势，在发问的中间阶段主动披露这一问题，但是要通过发问说明当时单人提审具有客观原因，比如当晚抓获多名犯罪嫌疑人，两人一组审讯不现实，同时还要说明虽然单人讯问但是充分保障了被告人的各项权利，讯问过程都是合法的，并且进行了录音录像。通过直接询问把这些细节呈现出来，最后总结这个单人讯问只是瑕疵证据，并且通过直接询问已经合理解释和说明，不影响证据能力。

① 参见［美］史蒂文·鲁贝特：《现代诉辩策略与技巧》，王进喜等译，中国人民公安大学出版社2004年版，第38页。

② 参见［美］托马斯·A. 马沃特：《庭审制胜》（第七版），郭烁译，中国人民大学出版社2012年版，第100页。

第四章 交叉询问的策略与技巧

实践中，交叉询问存在的问题，一方面是缺乏原理的指导而出现很多违背基本原理的发问；另一方面是缺乏技能训练，不善于发问。常见的问题有以下方面:（1）询问提纲没有层次;（2）问一个问题就被问话者知道你想问的下一个问题以及你想要的答案;（3）两句话就问不下去;（4）总想通过后面的举证来为消极应对交叉询问进行补救;（5）问题不明确，即问别人无法回答的问题;（6）问了被问话者需要用长篇大论才能回答的问题;（7）缺少目光交流（低头看询问提纲照本宣科）;（8）缺少气场;（9）遇翻供、翻证而不冷静或慌乱、愤怒;（10）动辄以认罪态度不好加重量刑相威胁;（11）不知道、不会、不善于运用异议规则;（12）反应迟钝，不善于快速跟进和变化，贻误时机;（13）问出漏洞和矛盾，急于让被问话者解释;（14）开庭不带卷宗，辩护人表现为没有携带之前复印的卷宗，公诉人表现为卷宗在法官手边，没有做到“人在卷在，卷不在则庭不开”;（15）担心辩论前置，不善于处理发问、质证答辩与辩论的关系。

第一节 交叉询问的基本策略

交叉询问的基本策略，是在交叉询问中要坚持的基本原则，也是交叉询问的“基本盘”和应当坚守的底线。在交叉询问过程中，任何技巧的运用都要围绕这些基本策略。

一、展示证据，建立场景、构建事实

如前所述，讯问和询问是法庭调查的重要组成部分，交叉询问就是举证、质证，是为了论证“案件理论”，讲好“案件故事”。对于控方来说，交叉询问是为了强化指控和展示证据，建立场景、构建事实；对于辩方来说，是为了摧毁指控的事实，重构本方所主张的案件理论、本方主张的场景和事实。这个基本策略要求我们在交叉询问过程中，不能为使用技巧而使用技巧，更不是“炫技”。

二、揭示矛盾、暴露矛盾、削弱可信度，揭穿谎言

交叉询问就是通过控辩双方的交互发言验证证言的可信度。面对敌性证人的不配合甚至编造谎言，通过交叉询问将证言的矛盾之处揭示出来、暴露出来，将这些矛盾之处“撕开”给法官看，从而削弱其证言的可信性甚至是揭穿其谎言。任何谎言都不可能天衣无缝，在连续的带有攻击性的交叉询问、连续追问之下，会用一个谎言圆另一个谎言，这样必然要暴露出马脚。

比如蔡某破坏生产经营案，被告人基于报复而砍伐邻居家的葡萄树。庭审中，辩护人申请一位证人出庭作证，该证人系被告人蔡某的邻居，该证人称案发期间看到被告人在家门口做家务，没有作案时间。公诉人在反询问时，通过连续多个问题追问，揭穿其谎言。

问：你跟被告人蔡某什么关系？

答：隔壁邻居。

问：你刚才在接受辩护人询问时说被告人案发当天在家做家务，那你看到他做什么家务活？

答：就是家里的一些杂活。

问：是在屋里还是屋外的杂活？

答：都有。

问：你经常去他们家串门吗？

答：不怎么经常。

问：你那天都在干啥？

答：我也是在家里忙家务活。

问：那你怎么知道他一整天都在屋里屋外干家务活，特别是屋里你怎么知道？

答：嗯，这个嘛，这个……是隔壁邻居嘛。

交叉询问到此，证人证言的可信度已经基本丧失。被告人在屋内干家务活，作为邻居没有串门的情况下，不可能知道被告人是否在屋内以及在屋内具体做什么事。这样的证人回答，说明该证人为了偏袒被告人很可能在说谎。为了将其谎言进一步揭穿，公诉人继续进行反询问。

问：你看到他当时穿什么颜色的衣服？

答：白色吧。

问：是衬衫还是外套？还是其他什么样式？

答：应该是衬衫吧。

本案案发时间在 4 月，案发当年 4 月的南京气候不可能穿衬衫，证人所说的衣服特征与案发时的季节和气候明显矛盾。通过这样的矛盾揭示和暴露，证言的可信度就被摧毁，证明力也就不复存在了。即便不是每一句都能直接实现这一目的，也是为此目标做铺垫、做准备。

三、控制被询问人

交叉询问的对象是对方（敌意）证人，被询问人不可能完全配合发问者，正是因为其不会配合，才要通过问题设计牢牢控制住证人。要始终把对话的主动权抓在自己手中，发问者要通过问题设计为证人划定回答的范围和内容界限。控制被询问者主要靠设计问题来实现。不能采取令人厌恶的方式急于控制证人，例如反复多次要求证人“请只用‘是’还是‘不是’来回答我的问题”。事实上，你必须控制证人，但是你这么做的时候要不显山露水。[①]

再比如下面这个案例：吴某某供述称受贿数额中有 50 万元属于及时退还，应当从犯罪数额中予以扣除，理由是 2007 年上半年行贿人张某某和滕某某夫妻俩过生日吴某某分别送了两块手表，这手表加起来有 50 多

① 参见［美］史蒂文·F. 莫罗、詹姆斯·R. 费格利罗主编：《对方证人——芝加哥著名刑辩律师论交叉询问与人生的经验教训》，吴宏耀、云聃译，中国人民大学出版社 2013 年版，第 109 页。

万元。

针对该辩解，公诉人开展了以下交叉讯问：

问：你共计收受滕某某多少贿赂款？

答：不是起诉书指控的270万元，而是220万元，因为50万元我已经退还了。

这个问题中的270万元是起诉书中已经确定的，其此前辩解50万元也是确定的，所以这个问题的回答范围已经划定好了，只是让被告人亲口确认这50万元的辩解，为后面的发问做铺垫。

问：你之前供述说2017年退的，是吗？

答：是的。

问：你之前说是2017年上半年，是吗？

答：是的。

问：退给他的理由是生日礼物吗？

答：因为我不想要这个钱，刚好他们过生日，我就花了50多万元买了两块手表当礼物。

问：是他们过生日分别退给他们夫妻的吗？

答：是的。

问：是以生日礼物的名义退的吗？

答：是的。

上述问题设计都是封闭性的，根据被告人自己此前的辩解进行了设计，被告人回答的内容基本上已经被限定，被告人被公诉人牢牢控制。

问：是他们生日当天还是前后？

答：应该是生日前几天吧。

最后一个问题具有开放性，但是这个开放性的问题其实是一个陷阱。公诉人接着向法庭总结说明，本案的证据显示滕某某的生日是11月12日，其妻子张某某的生日是11月1日，而被告人刚才在交叉询问中非常肯定地回答是上半年，这显然是矛盾的，这充分说明，被告人在说谎。整个交叉询问过程，被告人被牢牢控制直至陷入自相矛盾的境地。

四、发问的目的是说服合议庭

交叉询问的目的是说服法官相信对方证言的不可信，证明己方观点的正确性，是给法官看的，而不是给当事人、辩护人、旁听人员看的。明白这一点，就能防止“表演式”发问。富有成效的交叉询问源自明确设定的目标，这一目标设定提供了一些看得见、摸得着的东西，并可以在总结陈述（辩论）阶段服务于本方当事人的利益。实践中，很多人在进行交叉询问的时候会忘记自己的真正目的。“在他们看来，交叉询问仅仅是个舞台。借助交叉询问活动，他们得以有机会展示他们的声音多么富有魅力，卖弄卖弄眼神就能在陪审团中引起共鸣或者把陪审团逗乐儿。最终，此类表演或许可以用莎士比亚歌剧《麦克白》中的一段话来形容：‘人生乃愚人讲的故事，充满了喧哗和骚动，却一无所知’。”① 明确交叉询问的目的是说服法庭，就能避免在对方证人不配合时、态度不好时而恼羞成怒，也能避免在被询问人拒不承认时而死缠烂打，丧失风度。没有无目的的交叉询问。正如我们所看到的，这种目的可能是：第一，引出新的案件，以证实直接询问或者本案涉及的某些问题；第二，通过调查证人证言的细节以及暗含的意思，验证证人所讲述的事实，希望借此发现矛盾之处或者不可能之处；第三，引出事实，比如审判前所作的矛盾陈述、偏见，以及有罪的事实来弹劾敌意性证人或其他不利证人。②

第二节　交叉询问技巧之“十要”

有句名言：“律师的声誉，生于反询问，死于反询问。”这句话对于控辩双方都是适用的。交叉询问是庭审中最具技术含量的工作。根据前述基本原理，结合本人的出庭公诉经验，并借鉴世界各国的合理因素，笔者将交叉询问的基本技巧概括为“十要”“十不要”，先来看“十要”。

---

① ［美］史蒂文·F. 莫罗、詹姆斯·R. 费格利罗主编：《对方证人——芝加哥著名刑辩律师论交叉询问与人生的经验教训》，吴宏耀、云聃译，中国人民大学出版社 2013 年版，第 78 页。

② 参见［美］约翰·W. 斯特龙主编：《麦考密克论证据》（第五版），汤维建等译，中国政法大学出版社 2004 年版，第 59 页。

一、要庭前询问拟出庭的证人并做必要辅导

庭前对拟出庭人员进行询问，做必要的心理辅导是至关重要的。大多数的普通人都没有出庭作证的经验，很多情况下，这个证人是一生中第一次出庭，在庭审中因为紧张、恐惧而说错话，是比较常见的；在专业法律人带有高度技巧的追问之下，掉入陷阱，口不择言，也比比皆是。澳大利亚 Jill Hunter 教授特别引用了心理学家 Ekman 的研究成果，证明了提前对证人的心理训练可以很大程度上增强有罪嫌疑人的法庭表现从而影响事实认定者对其证言的信赖程度，同时也证明了没有经过训练的证人很容易因为法庭上的紧张表现影响事实认定者对其证言的信任度。[①]“在证人即将走上证人席的最后一刻，传唤该证人的律师必须要再次会见每一个证人，以确认他准备宣誓所作的是什么证词，并重新恢复他的记忆，若有必要，还可以警告他可能会出现的交叉询问”，在“非正式庭审准备中的一个实质性步骤就是会见那些对本案相关事实具有第一手知情材料的潜在的证人”，律师有权获得会见证人的机会，公诉人不得压制其会见的权利，显而易见，控方也有相似的权利。[②]

在英美法系，庭前接触证人甚至会做一些“培训”。这种证人培训主要是适应性训练，而不能针对案件事实。大陆法系曾经认为一旦庭前接触证人会降低证人的可信度进而反对为证人出庭做准备，但是时至今日，欧洲国家已经不再禁止与证人的接触。[③]我国《刑事诉讼法》第 62 条规定，凡是知道案件情况的人，都有作证的义务。检察机关具有客观义务，检察机关对有作证义务的证人可以进行调查取证，因此，公诉人在审判阶段询问证人具有法律依据。同样，辩护人在审判阶段也有权询问证人，根据我国《刑事诉讼法》第 43 条规定，辩护律师经证人或者其他有关单位和个人同意，可以向他们收集与本案有关的材料，也可以申请人民检察院、人民法院收集、调取证据；辩护律师经人民检察院或者人民法院

---

① See P Ekman, *Telling Lies*: *Clues to Deceit in the Marketplace*, *Politics and Marriage*. New York, WW Norton & Co, p.87–92 (1991).

② 参见［美］约翰·W. 斯特龙主编:《麦考密克论证据》(第五版)，汤维建等译，中国政法大学出版社 2004 年版，第 5 页。

③ 参见［美］米尔建·R. 达马斯卡:《漂移的证据法》，李学军等译，中国政法大学出版社 2003 年版，第 107 页。

许可，并且经被害人或者其近亲属、被害人提供的证人同意，可以向他们收集与本案有关的材料。可见，根据我国刑事诉讼法的规定，庭前控辩双方均可向拟出庭的证人进行调查核实，可以对拟出庭的证人就角色定位、诉讼流程、法庭布局、权利义务及作伪证的法律后果等进行告知和辅导。有律师指出，庭前发问准备的重要内容之一是对被告人的辅导，告知庭审争议焦点、提醒被告人在回答每个问题前稍微停顿一下、正面回答问题、不要和交叉询问人争吵、不要避讳说“记不清”和“不知道”。①

庭前对证人的接触和辅导要把握限度，基本原则和边界是不得误导真相。其理论基础在于，证人、当事人有权求助于律师，以使其证言准确并且令人信服。证人可能会遗忘、表达模糊，甚至意识不到他所叙述的或者遗忘了的事实的重要性。庭前辅导的核心和边界在于确保证人充分展示事实真相。律师使用虚假的问题促使证人添加没有发生的事实，甚至变相让证人代替律师作证或者伪造证据的做法，不管多么隐蔽，都是违反职业道德的。② 庭前询问证人的具体方法需要进行类型化的分析：

一是庭前做过证言的证人和庭前没有做过证言的证人。（1）目标。询问庭前做过证言的证人，目标是把握有无翻证的可能以及如何翻证或出现新的证言；询问庭前没有做过证言的证人的目标，是把握证言的内容与待证事实和其他证据的关系。（2）方法。针对庭前做过证言的证人，基本方法是先告知权利和伪证的法律后果，重点是问他庭前证言是否属实，有无变化，变化的理由及原因。告知权利和伪证的法律后果要避免简单宣读法律条文，而应结合证人的文化程度、宗教信仰、文化传统、当地的风俗等，以证人听得懂、易于接受的生活语言进行告知。研究表明，不论教育程度的高低，只有极少数人能真正理解司法官说的内容。人们通常根本记不住这些空洞的告知，即便是宣誓，效果也并不明显。即使对那些例行公事的告知，也应该按照自己的措辞方式反复强调，而不要让人听起来像是一些空洞的法律套话。针对不同的人准备不同的

① 参见《刑辩三人谈》编写组编著：《刑辩三人谈：刑辩业务核心技能》，法律出版社 2021 年版，第 172—173 页。

② 参见［美］史蒂文·鲁贝特：《现代诉辩策略与技巧》，王进喜等译，中国人民公安大学出版社 2004 年版，第 50—53 页。

告知模式。[1]针对庭前未做过证言的证人，基本方法是先告知权利和作伪证的法律后果，重点是让证人如实连贯陈述，不要轻易打断。通过该证人的连贯自由的陈述，把握其所了解到的与案件有关的全部事实。这与庭审中的交叉询问截然不同。为保障中立性，要充分告知证人权利义务，让证人客观陈述其了解的案情，不诱导、不威胁，制作笔录，必要时录音录像，防止被指不正当核证。

二是己方证人和对方证人。（1）目标。对于己方证人而言，庭前询问的目标是在确保真实性的基础上稳定庭前证言，防止被对方询问时掉入陷阱。对于对方证人而言，庭前询问的目标是了解其证言内容可能不利于本方观点和立场的方面，为设计庭审策略提供基础素材。（2）方法。针对己方证人，第一步是角色定位的心理辅导，向证人释明其证人的法律身份及其权利义务，防止法庭上在对方追问甚至严厉逼问之下惊慌失措，防止证人在激烈的交叉询问中把自己当成被告人。第二步是释明庭审争议焦点，沟通了解真实情况，重点针对焦点问题了解真实情况，确保证言的真实性。第二步是告知本方将要问的问题。可以适度告知本方可能发问的问题的范围，以让证人有个心理准备。有律师认为，可以告知辩护人将问哪些问题，可以把要问的问题全部列出来，但不要告知答案。[2]笔者认为，控辩双方可以告知本方发问的范围，但是不能教证人、被告人如何答案。第四步是预测对方可能提出的问题。有律师认为，告知被告人公诉人将会问哪些问题，是合乎律师执业规范的，但应要求他实事求是地回答。[3]笔者认为，可以预测对方发问，同样不能教证人、被告人答案。第五步是向证人强调法庭上回答问题的基本原则。一方面要实事求是，如实回答，不说假话，假话是经不起交叉询问的检验的。对于交叉询问来说，“世界上最难对付的证人就是说真话的证人。为什么？真相是推不倒的，如果遇到一个说的都是真话的证人，而据你的专业经验判断他说的的确是真话，但是他的证供版本跟你的被告人给你的版本

---

① 参见［德］阿克赛尔·文德勒、赫尔穆特·霍夫曼：《审判中询问的技巧与策略》，丁强、高莉译，中国政法大学出版社 2012 年版，第 31—32 页。

② 参见《刑辩三人谈》编写组编著：《刑辩三人谈：刑辩业务核心技能》，法律出版社 2021 年版，第 172—173 页。

③ 参见《刑辩三人谈》编写组编著：《刑辩三人谈：刑辩业务核心技能》，法律出版社 2021 年版，第 173 页。

却完全不同，恐怕你只能认命”①。换言之，应对对方交叉询问的最好办法就是说真话。但是另一方面也不能把所知道的真话和盘托出，应简洁回答，问什么答什么，违反发问规则的问题可以拒绝回答，有些问题不想回答的如果法官允许可以不回答。没有被询问的问题不要自作主张主动真话作答。这或许可以用一个不太贴切的俗语来概括——“假话全不说，真话不说全”。针对对方证人，基本方法是充分告知刑事案件严肃性及作伪证的严重法律后果，要把握分寸，要基于客观中立的立场，让证人客观陈述其了解的案情，不诱导、不威胁。防止被指责威胁等，制作笔录并录音录像。

二、要宏观有层次、微观破常规

交叉询问具有高度的专业性和技术性，庭前要对发问进行规划和设计，制作高质量的交叉询问提纲。制作交叉询问提纲就像写论文，先确定立论点，从这个立论点出发，列明你想要的答案，从这个答案出发来设计问题。

首先，交叉询问提纲在宏观上要有层次性。要根据案件的具体情况和交叉询问该证人的目标，将问题分为几个大的方面。这几个大的方面在逻辑上设定一定的层次关系，层次分明，逻辑清晰，这就是宏观有层次。这种宏观的层次，确保在激烈的庭审交叉询问中，始终知道自己的立场和观点，始终知道自己的询问所要实现的目的和目标，防止询问偏离焦点，离题跑题。没有无目的的交叉询问。第一个问题甚至前两三个问题通常从似乎无关紧要的问题入手，让证人放下戒备和警惕。按照对被询问人的影响由弱变强的顺序。② 比如一个盗窃案，被告人声称受到侦查人员的刑讯逼供，辩方申请侦查人员出庭作证，拟从以下三个层次进行发问：第一层次是侦查人员职业经历及专业素养等品格证据；第二层次是侦查人员抓获被告人的具体经过；第三层次是讯问的过程中有无刑讯逼供。这三个层次的设计是比较合理的。

① 张耀良：《交叉询问的方法与技巧》，中国政法大学出版社 2018 年版，第 136 页。

② 参见［德］阿克赛尔·文德勒、赫尔穆特·霍夫曼：《审判中询问的技巧与策略》，丁强、高莉译，中国政法大学出版社 2012 年版，第 2 页。

其次，在每一个层次之下又需要精心设计一系列小问题，这些小问题之间的逻辑顺序要打破常规，犹如散文，做到“散而不乱”“形散而神不散”。原因很简单，当你按照常规思路和顺序发问的时候，对方证人能够轻而易举地知道发问人的问话意图，这样证人很容易编造谎言或者避重就轻，就无法实现询问目的。询问的时候，需要隐蔽你的真实意图，佯装你想要某个答案，而你的真实目的其实是想要相反的答案。比如前述关于侦查人员出庭的询问提纲，前两个层次是用来做铺垫的，重点是第三层次，第三层次中微观问题的设计如果按照常规逻辑，就是“你有无刑讯逼供”“你刑讯逼供的时间、地点”“你是如何刑讯逼供的”，当你问第一个问题的时候，被询问者会回答说“我没有刑讯逼供”，那接下来的询问根本无法进行下去。

三、要善于运用跳跃式发问

跳跃式发问的经典定义是：“如果证人说谎，就用连续的几个问题从该证人的陈述的一点跳到另一点，不让他有时间和机会做衔接性的陈述：向后、向前、再向前、从中间返回到开始，如此进行下去。”[①] 跳跃式发问的基本原理在于，在询问过程中，突然带他回到叙述的中段，很快又跳到开头，一下子又跳到结尾。如果证人是以机械式的方法死记硬背回答，而非凭回想，一定经不起这个方法的考验。正如前文所述，控辩双方申请的证人出庭都可能对证人进行了一定程度的接触或辅导。有的证人可能会事先想好答案并背诵。事实上，这样的情况经常出现。笔者在一次全市组织的百庭考核中作为评委旁听了一个案件的庭审，公诉人申请鉴定人出庭，该鉴定人对公诉人提出的所有问题的回答就如同背诵稿件。当辩护人交叉询问时，还是靠背诵答案，但是总是出现答非所问的情况。

威尔曼对跳跃式发问也有一段精彩的描述：把他的注意力引导到与其主要陈述完全无关的事情上，他对这些内容迥异的询问全然没有准备，会把想象力抽过来回答问题，再次分散他的思考到他主要陈述的其他部

① 参见［美］约翰·W. 斯特龙主编：《麦考密克论证据》（第五版），汤维建等译，中国政法大学出版社 2004 年版，第 60 页。

分，然后突然趁他的心思还在其他主题上时，回到你之前曾经吸引他注意力之处，重新问他相同的问题，他要再度寻回他的想象力而很可能回答出与第一次不同的答案，这样他便落入你的陷阱之中，他无法跟上你问题的速度去杜撰答案，没有同时正确记住他先前的回答，他不可能让所有的答案都一致而没有漏洞，他很快就会混淆，从那时起他就在你的掌控之中了。[①]

对于拒不配合的对方证人，交叉询问的利器是善于使用跳跃式发问，坚决摒弃单刀直入的发问。单刀直入的问话容易让被问话者一眼看穿你的目的，无法达到询问效果，要通过跳跃式发问在迂回中获得你需要的答案。比如下面这个案例：

某年8月的一天晚上，高某某（毒品甲基苯丙胺检测阳性）与彭某约定，向彭某出售毒品冰毒10克。8月2日晚上12时许，彭某来到高某某的住处××市××区某座楼下，并打电话告诉高某某其已经在楼下。高某某让其朋友即被告人闫某（毒品甲基苯丙胺检测阳性）将装在"红南京"香烟盒中的毒品冰毒约10克到楼下交给彭某，彭某从闫某手中拿到毒品后，给了闫某人民币3000元。后闫某上楼将3000元交给了高某某。检察机关指控被告人闫某帮助高某某共同实施贩卖毒品，系贩卖毒品罪的从犯。被告人闫某拒绝承认贩卖毒品罪，坚称不知道香烟盒中装的是毒品。

如果单刀直入进行询问，其结局应该是这样的：

问：你知道送到楼下的东西是毒品吗？

答：不知道。

问：你怎么可能不知道？

答：我就是不知道。

问：这么明显的东西一看就知道是毒品，你又是吸毒人员，你一定知道是毒品！

答：我真不知道。

这样单刀直入的发问毫无意义。正确的做法应当是从闫某与高某某

① 参见［美］弗兰西斯·威尔曼：《交叉询问的艺术》，周幸、陈意文译，黄笑生校，红旗出版社1999年版，第51页。

及彭某的关系、物品的包装和重量、有无收钱、钱的金额、闫某本人是否吸毒、见面的时间及场所等众多微观的小问题入手，并且打破这些小问题的常规发问顺序进行跳跃式发问，从一点跳到另一点，向后、向前、再向前、从中间返回到开始。

问：你和楼上的高某某是什么关系？

答：初中同学。

关于跟高某某的关系，问到这里可以暂停了，不用再就关系问题进行追问以防止被警觉，立即跳跃到其他问题上。

问：你下楼送东西时大概是几点钟？

从刚才的人物关系跳跃到下楼的时间，被问话者不会觉得这是一个攻击性的问题，他会漫不经心地回答，而且这个时间有监控录像，他无法否认。注意这里用词一定要用“送东西”，千万不能用“送毒品”这种被问话者极其回避和抗拒的词语。

答：大概凌晨12点多。

问：当时楼下人很多吗？

答：不多，就看到彭某，好像没有其他人。

这个问题问到此处就可以暂停了，重新回到关于与高某某的关系问题。

问：你刚才说跟高某某是同学关系，你们关系好吗？经常在一起玩吗？

答：是的。

问：你跟楼下的彭某什么关系？

答：以前不认识，当天是第一次见面。

关于人物关系问题就可以到此为止了，已经实现了这样的目的，即闫某跟楼上的贩卖毒品的共犯高某某关系亲密，而跟楼下的购买毒品者彭某是陌生人关系。

问：高某某让你下楼干什么？

答：他让我送一盒香烟给那个人。

问：那个人是彭某？

答：是的。

关于香烟盒的问题不能再追问了，应该跳跃到其他问题上，稍后再杀“回马枪”。

问：高某某当时在干什么？

答：他在洗澡，彭某来电话，所以让我送给彭某。

问：你把香烟给彭某了吗？

答：给了呀。

问：他给你什么了吗？

答：给我一叠钱让带给高某某。

这个问题只能问到这里了，再追问下去就很容易被闫某发现询问目的。再跳转到其他问题上，如果在当时激烈紧张的氛围中实在不知道跳跃到哪里，那就随便问一个问题。

问：你平时抽烟吗？

答：抽。

问：你刚才说拿下楼的“红南京”香烟盒，是开过封还是没有开过封的？

答：好像是开过的，上面没有透明塑料。

这个问题也只能先到此，再跳跃到其他问题上。

问：你刚才说彭某给了一叠钱让你带给高某某，面值是100元的吗？

答：是的。

问：大概多少钱？

答：我没有具体数。

问：大概多少？

答：两三千吧。

这个问题也只能到这里了，不能再追问下去了，可以再次跳回到香烟盒问题上了。

问：你刚才说拿了一盒香烟给彭某，香烟什么牌子？

答：“红南京”。

问：你抽过“红南京”吗？

答：南京人基本上都抽过，我抽过。

问：多少钱一包？

答：有十块，有十八的。

再跳跃到钱的问题上。

问：彭某给你的钱，你怎么处理的？

答：那肯定给高某某呀，我跟高某某是兄弟，我不可能把这个钱截胡。

再跳到香烟盒。

问：你给彭某某的香烟，你有无打开看？

答：没有，我才没有那么好奇呢，好奇会害死猫。

问：跟你以前买过的“红南京”重量相比怎么样？

答：差不多吧。

问：你吸毒吗？

答：吸，你们不都有尿检报告了嘛。

在结束这段交叉询问时，应当向法庭总结如下：

通过刚才闫某的当庭回答，我们可以明确以下事实，请法庭予以记录：闫某跟楼上的高某某关系很好，具有高度的彼此信任关系，跟楼下的彭某是陌生人，在深夜凌晨12点，带着一个“红南京”香烟盒，如果是香烟的话只要不到20元的价格，如果是黄金珠宝重量就不会如闫某所言是普通香烟的重量，一手交货给彭某，一手带回来3000元。作为一个吸毒人员，在这样的特殊关系中，在这样一个深夜，带着这样一个东西，又带回来如此多的现金，这一切不是巧合，而就是毒品交易的常见类型，真相只有一个，那就是闫某至少明知香烟盒中装的可能是毒品！

整个交叉询问过程中，始终没有直接问过闫某是否明知是毒品，但是每一个问题都是在试图证明其明知是毒品。众多的问题之间反复跳跃，在跳跃中通过闫某自己的回答证明了一系列事实，这些事实综合起来就证明了其明知是毒品。

四、要设置封闭性问题形成“概念围栏”

交叉询问与直接询问的最大不同在于，前者是对上一轮对方的直接询问的诘问和质疑，后者是通过被询问人的叙述陈述一个故事。因此，交叉询问“要让证人的回答成为一种选言命题而不是叙事表达。这不仅可以降低证人的可靠性，而且，可以赋予交叉询问律师自己讲故事的机会”[①]。交叉询问的问题设计要做到一问一答，一个问题只包含一个事实；要让被问话人习惯于回答“是”或者“不是”，控制住回答范围，限制被询问者思考谎言的机会和自由发挥的空间。封闭性问题要实现的目的就是关掉所有的门，关掉证人可以逃跑的所有的门。[②] 这叫“概念围栏”，就是在证人周围建造一个“围栏”，把“围栏”的三面搭建好，就可以用最后的命题来关上剩下的那一扇门。“概念围栏”的每一面可以由不同种类的问题组成，比如，第一面是由证人本人的先前自认或者行为组成，第二面由不容置疑的事实组成，第三面以生活常理为基础。任何一面的长度，或者在多大程度上可以依赖这三种信息，要视具体案件的不同来决定。就每一个具体的证人而言，这个“围栏”的三面应该形成一个包围圈，证人在圈内无路可逃。[③]

问题设计要具体，要让被询问者能够立即回答，不能太宽泛、太宏观。不要问为何、如何等宏观问题。例如陈某杀妻案，邻居证人刘某在对门听到陈某夫妻争吵及打斗的声音，后来又看到救护车将死者送到医院。庭审中证人刘某出庭作证，发问者问：“你把案发当天听到和看到的情况向法庭说清楚？”这种问话就是不合格的发问，问题太宏观，证人不知从何说起。太宽泛或者不明确的问题，是可以被异议的。[④] 如果你想一口气得到一个用好几句话才能回答的问题，方法就是把你的问题切割成小问题，像切香肠一样。例如：“你看到被告人时，他穿着是怎样的？”这个问题应当被切割成以下几个更具体、更具有封闭性的问题：“他穿的上衣什么颜色？是西装还是衬衫？下身穿什么颜色的裤子？是长裤还是短裤？”

五、要控制节奏，连续快速跟进追问

庭前充分的准备，熟悉案情，吃透证据，做到对整个案件“了然于

① ［美］史蒂文·F. 莫罗、詹姆斯·R. 费格利罗主编：《对方证人——芝加哥著名刑辩律师论交叉询问与人生的经验教训》，吴宏耀、云翀译，中国人民大学出版社 2013 年版，第 109 页。

② 参见［美］爱德华·T. 赖特：《法庭胜诉之策》，卫跃宁等译，中国人民公安大学出版社 2004 年版，第 197 页。

③ 参见［美］史蒂文·鲁贝特：《现代诉辩策略与技巧》，王进喜等译，中国人民公安大学出版社 2004 年版，第 73—74 页。

④ 参见［美］约翰·W. 斯特龙主编：《麦考密克论证据》（第五版），汤维建等译，中国政法大学出版社 2004 年版，第 17 页。

胸”，这当然是重要的。严格来说这是基本要求，并非什么技巧和策略。“准备工作意义重大但又什么也不能保证（Preparation means everything and guarantees nothing）。没有任何事情能够取代深度挖掘资料并认真做好准备的地位。但是这么做并不能保证你已定稿取得成功。要学会随时对资料进行重组、善于即兴发挥并及时改变策略——这也同等重要。”[①]在交叉询问的实战中，必须才思敏捷，控制节奏，发现机会连续快速跟进追问。必须倾听主询问和交叉询问的每一个回答，必须像丛林里的野猫一样，在碰到某个打开了“一扇意想不到的门”的回答时，抓住机会，放弃为另一种回答所准备的问题。[②]

发问者始终要牢记：脱口而出的往往才是真话，而谎言是需要精心编造的。发问者目标就是不让被询问者有时间和精力去精心编造谎言，被问话者脱口而出的谎言，经不起连续跟进追问。正如我国台湾地区检察官张熙怀所言：“一个好的反询问，应该达到让没有说出实情的敌性证人语无伦次，满身大汗，狼狈不堪。”[③]

快速跟进发问过程中突然发问者“断片”，不知道下一个问题该问什么好，这时怎么办？有两种方法：一种方法是重复之前问过的问题，另一种方法是随便问一个无关紧要的问题。通过这些问题的“填补缝隙”，让你的发问节奏感紧张起来，让被问话者没有时间和机会喘息。

六、要扔掉“小提纲”，见机行事、见招拆招

交叉询问是激烈的，往往呈现出暴风骤雨式的场面。发问者一方面要知道自己提出的问题属于宏观上的哪一个层次，但又不能完全依赖于询问提纲，特别是每一个层次下列明具体问题的“小提纲”，在交叉询问过程中要扔掉，防止照本宣科。交叉询问提纲的作用主要是在庭前规划

① ［美］史蒂文·F. 莫罗、詹姆斯·R. 费格利罗主编：《对方证人——芝加哥著名刑辩律师论交叉询问与人生的经验教训》，吴宏耀、云聃译，中国人民大学出版社 2013 年版，第 247 页。

② 参见［美］史蒂文·F. 莫罗、詹姆斯·R. 费格利罗主编：《对方证人——芝加哥著名刑辩律师论交叉询问与人生的经验教训》，吴宏耀、云聃译，中国人民大学出版社 2013 年版，第 234 页。

③ 张熙怀：《交叉询问的技艺》，江苏省扬州市、镇江市、泰州市律师协会刑事辩护委员会刑事辩护菁英律师交叉询问技艺研习班印刷，2018 年 8 月 18—19 日，第 11 页。

问题设计和整理发问思路，而非用于庭审交叉询问的“讲稿”。事先设计的最为关键的问题需要寻找最合适的时机抛出，但是这种合适的时机，不会按照你设想的情境出现，而是在盘问过程中突然出现的，这时你必须抓住时机，见机行事。比如，当证人还在为占得上风而沾沾自喜时，你就像在问一个最不经意的问题一样提出重要的问题，在证人还来不及意识到之前，真实的答案就出口了。[①] 发问者需要把目光和精神聚焦于被询问人，扔掉提纲，见机行事，见招拆招。提纲只是庭审准备的辅助手段，是研究问题、罗列问题、完善问题、重新整理问题的工具而已，庭审中抛弃这些具体问题的“小提纲”，留下主题形式的大提纲就足够了。使用大提纲的目的也仅仅在于提醒你在反询问时必须阐述的观点，以确保你不会在无意间有所遗忘。但不要把你的大提纲当成讲稿，而是应当把它看成一系列线索或者提示。[②]

实践中，很多人在交叉询问过程中埋头读稿，甚至都不抬头望着被问话者，这样的发问算不上是交叉询问。在掌握交叉询问的基本原理和基本技巧的情况下，放心大胆地扔掉提纲，临场发挥。有学者甚至告诫说：“交叉询问者仍不愿意放弃他的演讲稿时，他就应该考虑其他职业了。”[③]

七、要巧妙看待诱导性发问

如前所述，按照国际通行的惯例，主询问原则上不得诱导性发问（有例外情形），反询问可以而且某种程度上必须进行诱导性发问。我国刑事诉讼法及司法解释并没有作这样的区分，而是概括性地规定禁止诱导性发问。诱导性发问有三种类型：一是虚伪诱导，即诱导证人提供违背事实或其记忆的陈述；二是错误诱导，即通过诱导使证人产生错觉并使之提供违背事实或其记忆的陈述；三是记忆诱导，即通过诱导使证人恢复对某些事实的回忆。显然，第三种诱导性发问是有助于法庭查明真

① 参见［美］弗兰西斯·威尔曼：《交叉询问的艺术》，周幸、陈意文译，黄笑生校，红旗出版社 1999 年版，第 24 页。

② 参见［美］史蒂文·鲁贝特：《现代诉辩策略与技巧》，王进喜等译，中国人民公安大学出版社 2004 年版，第 69 页。

③ ［美］史蒂文·F. 莫罗、詹姆斯·R. 费格利罗主编：《对方证人——芝加哥著名刑辩律师论交叉询问与人生的经验教训》，吴宏耀、云聊译，中国人民大学出版社 2013 年版，第 234 页。

相的。事实上，反询问无可避免地使用诱导性的发问，这是由反询问的本质属性所决定的。交叉询问原本就是使用诱导性询问的方式进行。当交叉询问人使用带有诱导性的、措辞严密的问题时，实际上是想要通过这种经过伪装的问题证实笔录上记载的证言并强迫证人作出确认。之所以这样，是因为证人通常或多或少不愿意合作。①

因此，尽管我国刑事诉讼法不加区分地禁止诱导性发问，但是实践中反询问诱导性发问是广泛存在的。正因如此，《人民检察院刑事诉讼规则》并非完全限制诱导性发问，而仅是对可能影响证据真实性的发问予以禁止。关键在于巧妙运用规则，在合适的时间、合适的环节、合适的状况下合理运用诱导性发问。“要了解规则，但不要让它限制了你的手脚（Know the rules，but don’t let them limit you）。尽管规制——无论是正式规则还是潜在规则提供了指引并确立了基本界限，但是，如果存在非常合理的理由，就要敢于推翻或打破它。创新与发展就是这么来的。”② 理论上，反询问不得不使用诱导，而现实法律上又规定不得诱导发问，这给巧妙使用留下了空间。简单地说，如果引导性问题不能问的话，庭审作供根本没有意义，庭审将发挥不了作用，找不出事实的真相。③

基本技巧是：（1）对自己有利时，可以使用，对方不提出反对可以有限度使用，这里的有限度就是根据前述理论上允许诱导的几种情形。（2）当对方使用诱导发问，可能对己方证人造成压力时或误导法官时及时提出反对。例如，一个关于高利转贷的案例，辩护人问：“你没有营利的目的是不是？”被告人答：“是的，没有。”这显然是应当提出反对的诱导性发问。（3）当对方发问违反理论上不应该诱导时提出反对。（4）需要给己方证人争取喘息时间以及需要打乱对方发问阵脚时提出反对。

---

① 参见［美］约翰·W. 斯特龙主编：《麦考密克论证据》（第五版），汤维建等译，中国政法大学出版社 2004 年版，第 47 页。

② ［美］史蒂文·F. 莫罗、詹姆斯·R. 费格利罗主编：《对方证人——芝加哥著名刑辩律师论交叉询问与人生的经验教训》，吴宏耀、云翀译，中国人民大学出版社 2013 年版，第 247 页。

③ 参见张耀良：《交叉询问的方法与技巧》，中国政法大学出版社 2018 年版，第 15 页。

八、要合理使用异议规则

当前的司法实践中，无论是公诉人还是辩护人，对于异议规则都是相当陌生的。一方面，控辩双方不太习惯于行使异议权，甚至忘记行使异议权。大量的庭审中尽管违反发问规则的情况比比皆是，但是控辩双方自始至终没有提出异议。即使在检察官培训模拟庭审中，控辩双方全程无人使用异议规则的现象也比比皆是。例如，一次员额检察官培训班的庭审模拟中，公诉人交叉询问证人时出现这样的情形：

问：你认为同案犯高某某有没有可能故意陷害呢？

答：那我不知道。

问：如果他陷害呢？

答：我不认为他会陷害我。

问：你为什么不认为他会陷害你？

答：我不认为。

仅仅 3 个发问，就出现 2 个意见性发问，1 个假设性发问，但是辩方竟然始终没有提出异议。

另一方面，法官缺乏对异议声明当庭作出决断的能力。实践中，很多法官在控辩双方提出异议声明时，采取“和稀泥”“打太极”的策略，极少会要求书记员将被发问者的回答从笔录中删除。

激烈的庭审对抗，机会稍纵即逝，把握异议时机就要求对对方问答的一言一行全神贯注。在激烈的审判中，经常要以极快的速度准确地决定是否对某些证据提出异议，直接询问或者反询问的问题持续的时间应不少于 10 秒，一个长问题不能超过 10 秒，在如此短暂的时间内，必须识别、表述并评判所有可能的异议，这要求高度集中精神，不能有丝毫懈怠。必须全神贯注地听取每个问题和每个答案，以免某些明显不能接受的证据溜进记录，影响法官的心证。[①] 通常情况下，只要异议明显有必要作出就应立即提出异议。如果异议打断了未问完的问题，或者他所预期的证言可能不会出现则提出异议为时过早。为了把握好时机，异议既

① 参见［美］史蒂文·鲁贝特：《现代诉辩策略与技巧》，王进喜等译，中国人民公安大学出版社 2004 年版，第 156 页。

不能太早，也不能太迟。[①] 如果被问话者的回答的不可采性尚不明确，异议就为时过早；只要答案显露出其不可采性就果断提出异议。例如，庭审中，在公诉人发问过程，对被告人使用了大量的意见性发问，辩护人没有提出异议。在公诉人发问完毕，辩护人发问时指出："在辩护人发问之前，辩护人提醒法庭和公诉人，在问被告人的时候，不要总是问为什么，不要总是误导被告人。"这显然已经错失异议良机，这句试图补救的话，除了显示其庭审水平较差外，毫无意义。再比如，一个案件庭审中，辩护人对被告人发问："根据你刚才回答公诉人的问题，我概括一下，就是你根本不知道也不清楚，他们到底怎么合作开公司的，他们有无行受贿，也就是说你不知道，只是提供一张卡而已。"这里实际上是辩护人在替被告人回答，并且将被告人的回答按照自己的理解概括为"不明知"，提示和诱导被告人的回答。但是公诉人竟然没有提出异议，这导致法庭会认为被告人确实不明知。

只有知道原理和功能，才能知道如何使用异议规则（参见本书第三章第二节）。如前所述，异议的功能包括：（1）促进真相发现，防止误导事实；（2）激活程序性裁决；（3）维护当事人合法权利，促进公平正义；（4）打乱对方发问阵脚；（5）为己方证人争取思考时间。其中第四项和第五项属于策略性异议。这里重点阐述策略性异议。基于庭审策略的考量提出异议，在特定情况下具有必要性，也具有合理性。策略性异议只要具有一定的合理的理由和根据，即使没有被法官采纳，也能起到打乱对方发问节奏、为己方证人争取喘息时间的效果。

关于打乱对方节奏。这是个有争议的话题，但是使用得当不失为一种策略。在对方根据事前设计好的方案层层推进交叉询问的过程中，提出异议必然会影响甚至打乱对方询问的流畅和节奏。虽然仅仅是为了扰乱你的对手而提出一项缺乏根据的异议，多少有些不道德，但提出一项有证据依据的异议，即使其难免会扰乱你对手的表现，这样做肯定也是合适的。[②] 特别是当对方过度使用询问技巧，眼看己方证人就掉入陷阱而

---

① 参见［美］史蒂文·鲁贝特：《现代诉辩策略与技巧》，王进喜等译，中国人民公安大学出版社 2004 年版，第 158 页。

② 参见［美］托马斯·A. 马沃特：《庭审制胜》（第七版），郭烁译，中国人民大学出版社 2012 年版，第 374 页。

作出可能误导事实、不客观的证言时，策略性异议具有正当性。

关于为己方证人争取喘息的时间。一个好的交叉询问是使对方证人语无伦次、狼狈不堪。但是这个语无伦次、狼狈不堪证人的律师在关键时刻提出异议，有助于为其争取喘息的时间。以辛普森案件警察出庭作证为例，辛普森的辩护律师询问出庭作证的警察福尔曼：

问：在描述别人时，你用过“黑鬼”一词吗？

答：没有。

问：近十年来，你用过这个词吗？

答：没有。

问：所以任何人来到本庭，证明你用过这个词，他们准是说谎，是吗？

答：是说谎。

此时，福尔曼已经被步步紧逼的交叉询问压得喘不过气。此时如果公诉人能够以辩护人发问与本案无关为由提出异议，能够为福尔曼争取喘息机会。但是公诉人没有提出异议。辩护人随即出示媒体披露福尔曼从业 19 年至少 6 次被投诉威胁、殴打黑人嫌疑犯，哈特·麦金尼女士提供的 13 小时录音中其管黑人叫“黑鬼”41 处。

此时的福尔曼几乎已经崩溃，公诉人如果能抓住机会以与本案无关为由提出异议，还能为福尔曼争取“一线生机”。事实上，辩护律师团队打的是“种族歧视牌”，但是福尔曼是否一定会将这种思想带入严肃的刑事命案的侦查中？何况本案的犯罪嫌疑人是世界闻名的橄榄球明星。因此，公诉人以与本案无关为由提出异议是有理由的，而且福尔曼从公诉人的“与办案无关”的提示语中，应该能够察觉到，这个发问是个种族歧视陷阱，他完全可以承认确实对黑人称呼过“黑鬼”，但声明在本案中没有因为种族歧视而对辛普森栽赃陷害。这一切都没有发生，公诉人并没有及时使用策略性异议。

辩护人继续追问：你前面讲的没用过“黑鬼”，确实吗？

答：我想坚持我第五修正案的权利。

此时，福尔曼已经彻底崩溃，出现了戏剧性的一幕。福尔曼竟然忘记了自己是以警察证人身份出庭，忘记了自己是证人在法庭接受交叉询问，竟然把自己当成了被告人，主张行使美国宪法第五修正案的被告人的沉默权。接下来的回答更是让人大跌眼镜。

问：你是否篡改过警方记录？

答：我想坚持我第五修正案的权利。

问：你是否在本案中栽赃过或制造过任何证据？

答：我想坚持我第五修正案的权利。

这样的回答，难免让陪审团认为是福尔曼一手制造了“假案”栽赃陷害给“无辜者”辛普森。此案既是辩护人交叉询问高超技艺的范例，更是公诉人没有及时行使异议权的反面教材。

总之，有些问题不能不反对，有时也不能过度反对，要把握好反对的理由与反对的时机。比如下面这个辩护律师询问胡某某案。

辩护人（以下简称“辩”）：你是哪一年出生的？

胡：1962年。

辩：上过学吗？

胡：上过。

辩：文化程度？

胡：小学、初中都上过。

公诉人：反对。刚才他哪年出生早就说过了，辩护人不要一上来就问重复的问题。

此时反对过早了，辩方询问这些基本情况属于合理的发问。

辩：审判长，我解释一下。我是问了一个重复的问题，我就是想确认一下。他是不是就在“文化大革命”期间上的学。因为从他的出生年份来看，等到他上学的时候就该“文化大革命”了。另外，他刚才在签证人保证书的时候宣读了保证书的内容，但是他其中有一个字念错了，所以我们对他的文化程度表示怀疑。如果字都不认识，那这个保证书宣读了对你还有没有约束力呢？所以，我们要问一下这个问题。

审判长：请辩护人发问尽量不要重复。

辩：上过大学吗？

胡：上过。

辩：在哪里上的？

胡：在家乡。

辩：江西财大是吗？

胡：是的。

辩：最高学历是什么？

胡：硕士。

辩：硕士在哪里读的？

胡：也是在财大。

辩：是脱产的吗？

胡：兼职的。

辩：走读的对吗？

胡：对。

辩：你是共产党员吗？

此时，公诉人应该及时提出反对。这个政治性话题可以“与本案无关”为由提出反对。

胡：不是。

辩：你曾经申请加入过中国共产党吗？

胡：没有。

辩：有无加入过任何党派？

胡：无党派。

公诉人：反对。这个与案件无关。

辩：你有宗教信仰吗？

胡：没有。

辩：你什么都不信？

胡：也不等于什么都不信。我相信社会主义，相信共产党。

公诉人：发问阶段应围绕案件事实来问，不应纠缠于证人有无信仰。

此时公诉人才反应过来，但此时提出异议为时已晚，错过了最好时机。

辩：为什么作出不同证言？

胡：我已经说了是因为签了保证书，我这次来是为了把事实说清楚。

辩：你上次也签了，为何说了与事实相违背的事情呢？

胡：（沉默不语）

辩：“人无信不立”，你听说过吗？

胡：这个……（沉默不语）

辩：证人要向法庭如实作证，你不是共产党员，又无任何宗教信仰，就凭着证人保证书，我们怎么相信你说的是真的？

九、要合理使用关键性证据

如前所述，交叉询问在原理上属于举证、质证，在交叉询问过程中出示物证、书证，是符合原理的。实践中，在交叉询问过程中合理使用核心、关键性证据能够起到一招制胜的效果。《人民法院办理刑事案件第一审普通程序法庭调查规程（试行）》第25条第2款明确规定："为核实证据来源、证据真实性等问题，或者唤起证人记忆，经审判长准许，控辩双方可以在询问证人时向其出示物证、书证等证据。"可见，在我国的法庭发问环节，出示书证、物证等证据也具有法规依据。实践中常见的错误是，发问人在发问过程中，发现了证人的谎言与自己掌握的关键书证、物证等证据相互矛盾，甚至是能够用掌握的这一关键证据直接揭穿谎言时，急于直接抛出该核心证据对证人进行"打脸"，并质问："你如何解释？"这样做的结果就是给被询问人提供进一步解释的机会，将这一关键证据的效用完全抵消。

这些关键性证据就类似"战略核武器"，不到最后时刻不要轻易拿出来。正确的方法：让他作否定回答并假装失望——继续问并一次一次得到同样的否定回答——提问事先精心设计的一系列看似不直接针对想要事实的问题但包含想要反驳的事实——每一次发问都离掌握的证据载明的事实越来越近但又不让被问话者发觉——直到最后关键性证据被展示出来。到此询问戛然而止，不给被询问人任何解释的机会，直接向法庭总结发问成果。弗兰西斯·威尔曼在《交叉询问的艺术》中也强调：如果你手中握有证人写的信，信中有部分说辞跟刚才他作证的证词之间有矛盾之处，应当避免这样的错误，即拿信给证人确认，并将那一段念给证人听，然后问他："你怎么解释？"在你读信的时候，证人就会整理思绪，为预料中的下一个问题准备好答案，而这封信的"杀伤力"便会消弭于无形。①

---

① 参见［美］弗兰西斯·威尔曼：《交叉询问的艺术》，周幸、陈意文译，黄笑生校，红旗出版社1999年版，第119页。

再来看辛普森案：

问：在描述别人时，你用过“黑鬼”一词吗？

答：没有。

问：近十年来，你用过这个词吗？

答：没有。

问：所以任何人来到本庭，证明你用过这个词，他们准是说谎，是吗？

答：是说谎。

辩护人连续三次让证人进行否定性回答，每一次发问都离辩护人所掌握的两项核心证据——证人从业19年至少6次被投诉威胁殴打黑人嫌疑犯、13小时录音管黑人叫“黑鬼”41处——越来越近，然后再引爆这两个“核武器”般的关键证据。试想，如果辩护人从开始就把两个证据出示，然后问证人：“你如何解释？”那福尔曼一定不会说自己没用过“黑鬼”一词，而会去解释为什么当年会被投诉、为什么录音中出现41处“黑鬼”，会将这两个关键证据的“杀伤力”降为零。

十、要善于见好就收并做必要小结

事实与意见的关系，事实是通过被问话者说出来的，意见是由问话者总结出来的。事实与意见相互融合，意见来自律师或检察官，事实来自证人，律师或检察官只能从事实中取得足够的信息来构筑自己的意见。证人陈述事实，律师或检察官发表意见。事实是描述性的，意见是说明性的；事实是细节，意见才是论证。通过发问所获得的事实只要能满足你之后要发表的意见就够了。[①] 这就是见好就收并做必要小结的原理所在，也是事实与意见关系的原理所决定的。

首先，对于公诉人和辩护人而言，如果通过交叉询问已经获得一项前后矛盾的事实，被询问人的回答已经不能自圆其说，展示矛盾，揭示谎言的目的已经实现，此时要“见好就收”，最后一层“窗户纸”不宜在此时此境戳破。“追问‘画蛇添足’式多余问题的人将会遭受多么大

① 参见［英］伊恩·莫利、王馨仝：《说服法庭——讼辩高手进阶指南》，法律出版社2022年版，第147—149页。

的灾难。完美是一种理念，因此，是难以实现的。为出色完成工作而奋斗，而不是去追求完美。要知道何时见好就收。”[①] 实践中，经常出现公诉人、辩护人在交叉询问收到成效时，被激动冲昏头脑，忍不住再追问一句“你如何解释”，试图戳破最后一层窗户纸，而导致前功尽弃。例如，在高某某贩卖毒品案中，公诉人通过连续“跳跃式”发问，闫某的回答前言不搭后语，从他回答的内容中已经可以推定其明知是毒品，此时就应该停止发问，不能再追问一句：“你刚才的回答……实际上已经表明你是知道的。再最后一次问你，你到底知不知道是毒品？”这样画蛇添足的追问不仅给他一个推翻此前证言的机会，而且还给他提供一个为前述证言矛盾之处进行解释的机会，使得前面交叉询问的成果化为乌有。正确的做法应该是在询问结束时向合议庭进行询问小结，并在后面法庭辩论中进一步论述和阐明。要始终牢记麦考密克的警告：“交叉询问的影响力取决于结尾时留下的总体印象，而不在于交叉询问人对证人的辩论交锋取得了多少技术得分点。”[②]

其次，在交叉询问过程中，通过打破常规逻辑、“跳跃式”发问等技巧实现了询问目的，但是法官也被这种眼花缭乱的发问绕晕了。这种情况下，要通过向法庭总结，将询问的战果展示给法官看，以此说服法官。向法庭小结，别忘了提醒法庭注意记录。

第三节 交叉询问技巧之“十不要”

一、不要威胁、利诱证人

在法庭上不能公然威胁或利诱证人（这里的证人是广义的，是指被问话者，包括证人、被害人、被告人、侦查人员、鉴定人等，以下同）。

① ［美］史蒂文·F. 莫罗、詹姆斯·R. 费格利罗主编：《对方证人——芝加哥著名刑辩律师论交叉询问与人生的经验教训》，吴宏耀、云翀译，中国人民大学出版社 2013 年版，第 248 页。

② ［美］约翰·W. 斯特龙主编：《麦考密克论证据》（第五版），汤维建等译，中国政法大学出版社 2004 年版，第 61 页。

20世纪80年代流传下来的讯问提纲中有一句："被告人×××，今天在这里对你进行公开庭审，公诉人依据《中华人民共和国刑事诉讼法》×××规定，现就本案对你进行讯问，你要如实回答。你的回答将影响你的定罪量刑，你听清楚了吗？"其实这里的"你的回答将影响你的定罪量刑"并不合适，已经过时了，不符合审判中心主义的要求。在法庭上，被告人自我辩解、自我辩护是其权利，这样的回答有威胁之嫌。在交叉讯问过程中，被告人不配合，公诉人经常还会说："请注意你的态度，你这样不认罪，将会从重处罚。"这也具有威胁之嫌。在认罪认罚从宽制度实施以后，又出现一种新的"威胁"方式："我们指控的量刑建议是7年有期徒刑。你今天拒不配合。公诉人再次告诉你，认罪认罚可以从宽，你如果认罪认罚，我们可以把原来的量刑建议下调，如果你还是像刚才的态度，我们要把量刑建议上调，你听清楚没有。"实践中，对于被告人突然翻供，很多公诉人会产生愤怒情绪，进而出现一些不恰当的威胁言行，有的甚至拍桌子。除了上述具有威胁色彩的发问外，还有一些具有利诱色彩的发问。例如，"只要你认这笔犯罪事实，公诉人就建议法庭对你从轻处理""×××你把受伤过程讲清楚了，法庭肯定会支持你的诉求"等。实践中，也会出现威胁并利诱的情形。例如，一起受贿案，公诉人讯问被告人时，被告人提出起诉书指控不属实，当庭翻供。公诉人训斥道："被告人，你不要狡辩，狡辩只能加重对你的处罚。如果态度好，可以从轻处罚。如果狡辩，你要受到严惩！你说，到底原来的笔录是不是属实？"[①]事实上，辩解是被告人在法庭上的权利，虽然翻供不会获得因坦白或认罪认罚而从宽的处遇，但是不可能成为从重处罚的理由。实践中，辩护人也存在威胁或利诱证人的情形。

交叉询问是一项技术性工作，威胁和利诱都是技术性薄弱的表现。交叉询问的目的是要揭示矛盾、暴露矛盾，威胁和利诱被问话者并不有助于揭示矛盾、暴露矛盾的目的实现。"对证人进行逼迫、吼叫，做手势进行恫吓，甚至威胁、欺侮或者诱骗证人都是不允许的。"[②]

---

① 徐宗新：《刑事辩护实务操作技能与执业风险防范》，法律出版社2014年版，第189页。

② ［美］史蒂文·鲁贝特：《现代诉辩策略与技巧》，王进喜等译，中国人民公安大学出版社2004年版，第57页。

二、不要指望后面的举证来挽回询问不利的局面

实践中，由于交叉询问的技术能力不足，几个发问之后就“问不下去了”，动辄称“将在后面的举证阶段，通过举证证明……”。例如下面这段公诉人讯问被告人的场景：

公诉人：你是否明知？

被告人：不明知。

公诉人：你怎么会不明知呢？

被告人：我就是不明知。

公诉人：审判长，鉴于被告人拒不配合，公诉人将在后面的举证阶段，通过出示证据来证明其明知。

一方面，这种单刀直入针对被告人的发问方式，想让被告人配合是一种奢望，不可能实现交叉询问目的；另一方面，向法庭强调将在后面的举证阶段证明被告人的主观明知，违背基本的诉讼原理。其一，根据交叉询问的原理，交叉询问本身就是举证，指望后面的举证来挽回询问不利局面，违反交叉询问的功能原理。询问不力就是举证不力，指望后面的举证行为本身就是一种消极举证行为。其二，不利于法官心证。在询问过程中消极应对，给法官形成不利于本方观点和立场的心证，这种心证一旦形成就难以扭转，指望后面的举证来改变法官已经形成的心证既不经济也不现实。正确的做法是积极通过交叉询问技术来揭示矛盾。

三、不要与证人争执且不要回答证人的反问

法庭交叉询问是平等对抗、平等武装的底线要求。每个人可能都有好斗的本性，但在庭审中请控制好态度。如果律师有温和的个性，说话坦诚，表现得像是最认真的真相寻求者，对证人态度谦和，在任何情况下都展现公正的精神，借此创造对他有利的氛围，就会不知不觉地强烈影响裁决。[①] 如果问话者从一开始就对被问话者充满敌意，一开口就出言不逊、咄咄逼人，被问话者就会充满警惕、戒备，这种情况下很难获取问话者想要的答案。相反，态度和善、有礼，证人很容易松懈对盘问者

① 参见［美］弗兰西斯·威尔曼：《交叉询问的艺术》，周幸、陈意文译，黄笑生校，红旗出版社 1999 年版，第 14—15 页。

的警惕，在不经意间就会将证言的不可信之处、矛盾之处暴露出来。一位英国著名律师詹姆士·史卡列（James Scarleet）在询问对方证人方面享有出类拔萃的声誉，“他以绅士派的从容、文雅的礼节、基督教徒的吻合与爱心进行工作，对试图欺骗的证人的证词或他发现有嫌疑的人，造成极大的杀伤力”。① 展现你的同情心，这是人与人之间的对话，无论对待对方证人还是己方证人都是如此。莫利愤怒地指出“有些糟透了的律师对证人的态度令人震惊”，莫利还警告说，“如果你不得不攻击某个证人，试着仁慈，而不是严苛，严苛的态度一定要少用”，“你的工作通常是找出真相，而不是把别人搞得灰头土脸，能为你赢得尊重的不是得理不饶人，更不是绝对正确，而是你的和善”。②

实践中，经常会出现被问话者反过来问公诉人或律师，被告人或证人在发言中会说“我想请问公诉人……”“我倒是想问问辩护人……”。有的公诉人或律师抑制不住情绪而进行回答或争执，这是极不明智的。“不要回答证人的话或被卷入反驳中，除非有绝对的把握，这是你的安全守则。”③ 例如一个毒品案件庭审中公诉人与证人的对话：

问：你刚才说你拿了一小包毒品，大概多重？

答：我不知道。

问：你估计有多重？

答：我估不出来。

问：你怎么估不出来呢？

答：那你估一个我看看。

问：我能估出来，比如这本书，我能估出来是 200 克。

答：那你牛！

上述发问毫无意义，特别是当被告人反问公诉人“那你估一个我看看”，公诉人居然真的去估算一本书的重量。即便是公诉人准确估算了一本书的重量，除了徒增尴尬外，对交叉询问目标和本方立场毫无意义。

---

① 参见［美］弗兰西斯·威尔曼：《交叉询问的艺术》，周幸、陈意文译，黄笑生校，红旗出版社 1999 年版，第 12 页。

② 参见［英］伊恩·莫利、王馨仝：《说服法庭——讼辩高手进阶指南》，法律出版社 2022 年版，第 215 页。

③［美］弗兰西斯·威尔曼：《交叉询问的艺术》，周幸、陈意文译，黄笑生校，红旗出版社 1999 年版，第 24 页。

记住，不要回答证人的问题。再比如下面这段公诉人与被告人的对话：

公诉人：你在侦查阶段第五次讯问为什么承认？

被告人：他们诱导我问的，就像你刚才问我那样。

公诉人：你什么意思？

被告人：你也有诱导我啊！

公诉人：请注意你的说话方式！

被告人：你不仅诱导我，现在还威胁我！

公诉人：这个由审判长决定。

被告人：审判长你说呢？

有些证人在庭前的多次笔录中已经翻证，或者当庭翻证，如果通过几个（不超过三个）问题的追问无法让其“改口”回到此前的证言，就不宜过于纠缠，甚至激怒被询问人。对于这种情况，庭审交叉询问的重点不是要让该证人回到最初的证言，而是通过交叉询问展示翻证的原因和理由，并揭示这种原因和理由是否符合常理和经验法则；通过交叉询问展示翻证的内容与之前证言内容的不一致之处，并揭示这种不一致是否合理。

四、不要给证人解释的机会

“当你快要击败对手时，千万要保持冷静。”如果你让证人有机会辩白或解释，那么受伤的一定会是你，而不是他们。这是交叉询问的金科玉律。[①] 当发问者通过交叉询问揭示矛盾、暴露矛盾时，千万不要急于让被问话者解释矛盾之处，否则就等于拱手相送已经通过发问获得的战果。例如下面这段公诉人与被告人的对话：

问：你刚才在回答公诉人讯问时说，当时吸毒之后就昏昏沉沉想睡觉，而你刚才在回答辩护人发问时却回答说到处走动，很亢奋，这不是相互矛盾吗？你如何解释？

答：我刚才没说完，你不让我说。我意思是想睡觉，但是我就走走，然后就亢奋了，到处走。这不是很正常的事情吗？

按理说，被告人回答公诉人的提问和回答律师的提问相互矛盾，这

---

① 参见［美］弗兰西斯·威尔曼：《交叉询问的艺术》，周幸、陈意文译，黄笑生校，红旗出版社1999年版，第66页。

说明被告人在避重就轻甚至是在说谎。应当将这个矛盾在讯问结束时总结给法庭听，而不是让被告人去解释。

再比如，下面这段公诉人与对方证人的对话：

问：你觉得正常人会夜里十二点出门给人送一包香烟？你为什么不问问高某某为什么让你半夜干这个事呢？

答：我干嘛要问这个？

问：为什么深更半夜送一包烟给人家，给人家之后还拿了一叠钱上来，你难道不觉得很奇怪吗？

答：他们之间可能说好什么，我也不知道，我也不需要知道，人家的隐私，我干嘛像个长舌妇一样打听人家隐私，说不定人家是情人关系。

问：你觉得你这种说法能说得过去吗？

上述发问中，公诉人频繁使用“为什么”，这本身就是交叉询问极不专业的表现，特别是证人的回答暴露出矛盾之后，三番五次地让证人解释原因，这是交叉询问的大忌。问出矛盾之处，最失败也是当前公诉人最喜欢干的一件事就是——让证人解释。这样证人就会想一个办法去解释这个矛盾。这样前面所有的交叉询问将毁于一旦、前功尽弃。铁一般的规则是不要让被问话者解释，不给证人解释的机会。“绝对不要让证人解释，永远不要问证人‘为什么’。”①

五、不要问自己不知道答案的问题

交叉询问从某种意义上来说，属于“明知故问”。庭审交叉询问目的主要不是通过发问了解案卷中从未涉及的事实和情节，而是实现反驳和质疑的目的。“反询问绝不是你获取新信息的时机。绝不要仅仅因为希望找到答案而对证人进行提问，相反，反询问必须用来证明或者巩固你已经查明的事实。”② 你所提出问题的答案，至少是你所希望的答案，在设计这些问题的时候就已经存在于你的脑海中，通过庭审询问确认某种事实，或者通过反驳、质疑说服法庭接受你所希望的、你所认为的事实。因此，

---

① ［英］伊恩·莫利、王馨仝：《说服法庭——讼辩高手进阶指南》，法律出版社2022年版，第272页。

② ［美］史蒂文·鲁贝特：《现代诉辩策略与技巧》，王进喜等译，中国人民公安大学出版社2004年版，第60页。

不要问自己不知道答案的问题，以防止失去对被询问人的控制。“如果你对他将会给你的答案不肯定的话，即你心里没有一个底的话，最好不要问，因为这是冒险的，存在风险。风险在哪里？你不知道问题的答案，如果证人对你的问题给了一个你不知道的答案，而那有可能是你最不想听到的答案的时候，往后你发问可能会陷于非常非常被动的境地。”①

这与庭前的询问截然不同。如果真的需要向证人了解你不知道的事实和情节，那么就应该在庭前询问中进行。为了确保能真正做到“明知故问”，就需要尽可能扩大“明知”的内容和范围。这就需要庭前做大量的调查工作，包括前述庭前接触证人，收集和掌握更多信息。“对于交叉询问，有一句格言适用于每一个案件：准备。尽可能了解每一个重要证人的每一件事情。尽可能地将他们的背景挖掘得深入一些。”②

六、不要问评价性、意见性问题

根据交叉询问的发现真实功能原理，评价性的、意见性的回答可能背离事实真相，它只是证人自己的猜想，而非其所见、所闻，因此，不要问这样的问题，这是传闻证据法则的必然要求。是否属于评价性、意见性发问不能仅仅从形式上判断，而应该结合发现真实功能原理从实质上判断。比如，问：“根据你的判断，你觉得她明知吗？”这显然是意见性发问。但是如果证人尽管使用“我认为”“我想大概”“我记得”这样的表述，其实质内容是在唤起回忆当时的情形，则不属于意见性回答。③证人可以使用“我认为”“我觉得”“我想”，但是发问者不要使用“你认为”“你觉得”“你怎么看”“为什么”“为何”这样的提问方式。这样提问的后果：一是证人据此回答意见性证据不得作为定案依据；二是给证人提供一个解释的机会，证人可能会借此机会寻求更多的借口来圆某一个谎言；三是这种提问方式范围过宽而导致设问不明确，证人无法回答，

---

① 张耀良：《交叉询问的方法与技巧》，中国政法大学出版社2018年版，第12—13页。

② ［美］史蒂文·F.莫罗、詹姆斯·R.费格利罗主编：《对方证人——芝加哥著名刑辩律师论交叉询问与人生的经验教训》，吴宏耀、云翀译，中国人民大学出版社2013年版，第247页。

③ 参见［美］约翰·W.斯特龙主编：《麦考密克论证据》（第五版），汤维建等译，中国政法大学出版社2004年版，第25页。

或者漫无边际地回答，发问人失去控制。例如，在著名的劳荣枝案件中，检察官与被告人劳荣枝的一段对话：

问：你为什么要事事向法子英汇报？

答：你可以去问法子英！

法子英已经被判处死刑并执行死刑。这个回答一方面反映出劳荣枝的拒不配合的态度，另一方面也反映出检察官发问方式不专业。或许在劳荣枝看来，这个问题不明确，无法回答。

问：你说被法子英控制，为何还一起去这么多地方游玩？

答：我当时心情像行尸走肉，是被他安排，我还想去华盛顿呢，我能去得了吗？

可以看出，通过前面的交叉询问，被告人说被法子英控制，但事实上又去了很多地方游玩，这显然是矛盾的。检察官应该将这个矛盾总结概括给法庭听，而不是让被告人去解释。

七、不要问开放性的问题

开放性问题是留给直接询问（主询问）用的，而非留给交叉询问（反询问）用的。宽泛的提问会给证人打开一扇大门，即为证人提供一个圆谎或寻找新辩解、新理由的机会之门。你所设计的问题范围越大，对方证人作出否定回答的空间也就越大。“你对此如何解释”或者“它是如何发生的”“请把经过说一说”“做了什么”这些问题通常是不明智的。明智的做法是把大问题切割成多个小问题。例如下面这段对话：

问：你到了他家里后干了什么？

答：我们先是聊天，聊了最近各自的工作、生活，还有孩子，然后我们看了一会儿电视，当时那个电视剧……看了电视，我们又喝茶，喝茶之后……

这样的问题，如果不及时打断，证人几乎可以讲三天三夜。原因就在于提问过于开放。比如：“你们是怎么认识的？”这样的问题同样是过于开放，而是应该切割为若干个小问题：“你什么时间认识他的？”“在哪认识的？”“谁介绍你们认识？”再比如，在著名的劳荣枝案件中，检察官与劳荣枝有这样一段对话：

问：你们（指与法子英）去这些地方干什么？

答：去看看祖国的大好河山！

这个提问很不专业，太过宽泛，宽泛得几乎不知从何说起。正因为这样不专业的提问，给了劳荣枝以这种戏谑的口气怼检察官的机会。

八、不要问过于专业的问题

交叉询问也是一种语言沟通，法庭语言本质上是鲜活的生活语言，要用生动鲜活的生活语言进行沟通。绝大多数证人都是普通证人，对于很多专业性问题无法理解，也就无从回答。即使专家证人，也只是对某一领域的专业问题精通，比如计算机专业未必精通法律，医学专家不一定懂刑法，侦查人员懂法律但却未必懂医学。因此，交叉询问中不要用过于专业的语言表述、术语进行发问，要善于用通俗的语言表述专业的问题。比如这段公诉人与被告人的对话：

问：你一直辩解说你不是故意的，而是过失，什么是过失？

答：不知道。

问：那什么是故意？

答：不知道。

问：故意与过失的差别是什么？

答：你是专业的法律人，这个问题应该由你向法庭回答。

一个专业的法律人也未必能把故意与过失的区别说清楚，更何况是一个普通证人。这样的发问是极不明智的。

对于一些白领犯罪，如果被告人是某一领域的专业人员，而公诉人对这一领域较为陌生，对于专业问题的发问一定要慎之又慎。例如在快播案中，被告人王某是计算机网络领域的专业人士，公诉人问王某："用百度搜索关键字'淫秽 + 快播'，搜索结果得出超过 4200 万，可见快播在传播淫秽视频方面的巨大影响。"王某回答："这个没有任何意义，您可以用百度搜索关键字'淫秽 +QQ'看有多少结果。"公诉人几乎哑口无言。

九、不要过早暴露你的意图

交叉询问是针对敌性证人的带有诘难性质的发问，发问人的目标是削弱证人证言的可信性，试图揭示和暴露证言的矛盾性，被询问人作为敌性证人不会轻易配合，这种先天的对立关系决定了双方会相互防备、斗智斗勇。发问人过早暴露询问意图，证人不会轻易“上钩”，发问人就无法实现询问意图。因此，交叉询问不要过早暴露询问意图，而应当先从边缘问题切入，看似漫不经心，实则层层铺垫、步步为营。比如，辩护人试图证明侦查人员存在刑讯逼供，如果前两个问题就已经暴露了这一目标，证人必然会小心翼翼，处处设防。反之，如果从侦查人员的学历、专业、工作业绩、抓获被告人的时间、首次讯问的地方等外围问题入手，层层推进，才有利于实现询问目标。一般而言，第一个问题以及前三个问题从似乎无关紧要的问题入手，让证人放下戒备和警惕，甚至建立比较友善的关系，然后在不经意间将核心问题逐步展示出来。

十、不要重复或强化对自己有利或不利的问题

庭审是一种有缺憾的艺术，庭审中紧张而激烈的交叉询问，机会稍纵即逝，瞬息万变，问出去的问题就是泼出去的水，无法回收，不可重来。因此，即使做了非常充分的准备，也依然可能问出糟糕的问题，或者得到不利于己方的回答。出现这种情况，在后续的询问中要尽量避免重复上述问题。每一次重复都是在强化法官对己方立场、观点的怀疑。例如，在一个案件中，公诉人在前面讯问过程中问：“你们知道自己公司的技术被网民利用实施违法行为，也明知很难监管，为什么你们还不转型？”被告人回答：“那公司就开不下去了，就算用户不用我们的技术，也会用其他公司的技术。”显然公诉人的这个问题并不明智，这个问题无异于问：“明知公司生产的菜刀会被用于暴力犯罪，为什么公司不转型生产面包？”这里面蕴含的是中立帮助行为问题，其实这个案件并非真正的中立帮助行为，但是公诉人的这个问题给人的印象似乎是把这个案件定性为中立帮助行为，这属于不利于控方的问题。但是匪夷所思的是，在后面的交叉询问中，公诉人旧事重提，又问被告人：“你们明知有用户利用软件实施违法行为，为什么不转型？”此时辩护人忍无可忍地插话回应道：“公诉人一直在很激动地问公司为啥不转型，这与常识相悖！技术本身是中性的，是没有标签的。我们手机天天都能收到诈骗信息，为什么移动、电信这些公司不转型？还有百度、网易也有类似情况，为什么不关停、不转型？！”公诉人再次重复了对己方十分不利的问题，被

辩护人抓住给予致命一击，再次陷入被动。

即使是对己方有利的问题和回答，也要尽量避免重复发问，因为每重复一次，就是相当于给被询问人提供了一次翻证和解释说明的机会。“以免证人回过神儿来，给你一个最终的解释。”[①] 如果在偶然间获得极为有利的回答，缺乏经验的询问者一定会重复这个问题，试图强化听者对这段证词的印象，而不会保留到结辩的时候。正确的做法是记下来并若无其事地跳到其他问题。[②]

① ［美］史蒂文·F. 莫罗、詹姆斯·R. 费格利罗主编:《对方证人——芝加哥著名刑辩律师论交叉询问与人生的经验教训》，吴宏耀、云翀译，中国人民大学出版社 2013 年版，第 68 页。

② 参见［美］弗兰西斯·威尔曼:《交叉询问的艺术》，周幸、陈意文译，黄笑生校，红旗出版社 1999 年版，第 22 页。

5

第五章

询问专家证人

交叉询问的基本原理、一般的策略和技巧都适用于专家证人，但是由于专家证人是以自身的专业知识和专业意见出庭作证，具有一定的特殊性，下面针对专家证人的特殊性阐述询问专家证人的策略和技巧。

第一节　询问专家证人的基本原理

一、鉴定意见的性质

鉴定意见是专业人士对专业问题作出的专业判断。它是以书面文件的形式记录的专家意见，是专业人士提供的一种主观判断材料。也正因如此，有学者认为，鉴定意见可以归入言词证据的范围。[1]但是，鉴定意见与证人证言、鉴定人与证人仍然存在一定的差别。他们之间的差别除了鉴定人有专门的知识和经验之外，更为重要的在于“鉴定人是在犯罪发生以后才被任命的，而且他对案件的了解全部来源于其执行任务的过程。因此鉴定人通常可以替换，而证人对过去事件的了解是独一无二的，因此不可替换”。[2]我国刑事诉讼法将鉴定意见作为一种独立的证据类型。鉴定根据其所鉴定的对象和鉴材的不同，主要分为法医类鉴定、物证类

① 参见陈瑞华:《刑事证据法学》，北京大学出版社 2012 年版，第 94 页。

② ［德］托马斯·魏根特:《德国刑事诉讼程序》，岳礼玲、温小洁译，中国政法大学出版社 2004 年版，第 178 页。

鉴定、声像资料鉴定。法医类鉴定又可以分为法医病理鉴定、法医临床鉴定、法医精神鉴定、法医物证鉴定、法医毒物鉴定；物证类鉴定可以分为文书鉴定、痕迹鉴定和微量鉴定；声像资料鉴定则包括对录音带、录像带、光盘、图片等载体上记录的声音、图像信息的真实性、完整性及其所反映的情况过程所进行的鉴别，或者对于记录的声音、图像中的语言、人体、物体所作出的种类或同一性认定。[①]

2012 年《刑事诉讼法》修改之前，使用的是“鉴定结论”一词，修改后改为“鉴定意见”。这一修改更加科学地表达了这一种类证据的本质特征。因为“结论”具有唯一性，而“意见”则仅仅属于一种证据材料，不能当然地作为认定事实的“结论”，而是需要对其证据能力和证明力进行全面的审查判断。因此，鉴定意见的证据能力不是绝对的。“绝大多数鉴定人是凭着技能和良心完成任务的。在很多情况下，他们的工作会使真相大白。但是他们也会出错，而他们的错误将带来严重后果。法官和陪审员一样，总是信赖地采纳鉴定人结论，认为那纯粹是技术问题，而不去注意检查鉴定人的工作。然而，鉴定错了，裁判就会发生错误，这是肯定无疑的。”[②]

鉴定意见也好，检测报告也好，本质上都是专业人士对专业问题的意见和判断。正如法律问题一样，针对同一个问题，不同的法学专家有不同的观点和判断。实践中，针对同一个问题，不同专家的意见不同，甚至针对同一个问题多个鉴定意见不一致的情况也屡见不鲜。无论是在医学领域，还是笔迹鉴定、文物鉴定等，鉴定人、专家证人出庭的情况越来越多。面对这一趋势，出庭公诉人和辩护人必须有充分的准备，做到以下四重转变。

一是从“理所当然”到“可被质疑”。首先需要在理念和观念层面对司法鉴定重新认识，实现从“理所当然”到“可被质疑”的转变。“结论”具有唯一性，而“意见”则仅仅属于一种证据材料，并不具有绝对的可采性，需要在庭前就对其证明力和证据能力进行全面的审查判断。鉴定所得出的“结论”必然会受到鉴定人的能力水平、鉴定过程、鉴定

① 参见陈瑞华:《刑事证据法学》，北京大学出版社 2012 年版，第 112—113 页。
② ［法］勒内·弗洛里奥:《错案》，赵淑美、张洪竹译，法律出版社 2013 年版，第 137 页。

依据、检材来源等多个因素的影响，一个不经意的动作或失误，都可能导致“结论”缺乏科学性，它们不是理所当然的正确，而是处于随时可被质疑的状态。

二是从单一结论到多种意见并存。鉴定意见是鉴定人就案件中的专门问题所作的科学鉴别意见，反映了鉴定人对特定专门问题的主观判断。既然是“意见”就可能存在认识分歧，这与“结论”的单一性和唯一性不同。鉴定意见的科学性、真实性和权威性，在很大程度上不取决于鉴定意见本身，而依赖于鉴定人的主体属性、鉴定过程和判断能力。如果说证人证言经常因为证人认识、记忆、表达的失误而出现问题的话，那么，鉴定意见也往往会由于鉴定人的资格、鉴定水平和职业操守等原因而发生错误。科学知识、科学技术本身也具有局限性和相对性，现代科技并没有达到解决一切问题的地步。事实上，很多领域科学本身就存在诸多缺陷，比如法医精神鉴定的主观性、可变性都很大，针对同一个被鉴定人，精神病鉴定得出不同结论的情况屡见不鲜。因为人的精神世界和内心世界是最难探知的，现代科学远未充分认知这一领域。由司法机关委托作出的鉴定意见随时可能会与由被告方申请重新鉴定的意见、申请专家证人出庭作证的意见并存。在多种鉴定意见并存的情况下，就需要裁判者审查判断，最终采纳其中一个相对合理的意见。当然，在我国目前鉴定人员准入资格、专家证人准入资格很不完善的情况下，需要注意一些所谓的专家证人缺乏职业伦理，仅仅为了经济利益而作出误导性意见。

三是从单向宣读到交叉质证。传统观念认为，“鉴定结论”作为一种科学证据，具有绝对的可采性，法庭质证仅有公诉人出示宣读即可，无论是辩护人还是法官一般不会提出质疑。因此，鉴定人出庭接受控辩双方的交叉询问的情况比较少见，专家证人出庭对“鉴定结论”提出质疑的情形更是罕见。正因为如此，对鉴定意见的审查判断就不能仅仅通过当庭宣读的方式来进行，而应建立针对鉴定人的交叉询问程序，并借此来审查鉴定意见的证明力和证据能力，这与证人出庭作证的情形没有本质的不同。鉴定人在诉讼地位上与证人相同，在法庭上需要接受质证和交叉询问。随着以审判为中心诉讼制度改革的推进，鉴定人出庭、专家证人出庭将越来越多。

四是从法律知识到科学知识。刑事案件往往不是法律科学知识的孤岛，而是与其他科学领域存在千丝万缕的联系。几乎所有的司法鉴定都涉及法律以外的科学知识。传统观念认为“鉴定结论”无可置疑，因此办案人员即便对鉴定涉及的科学知识一无所知也不影响案件办理，但是在“鉴定结论”已经修改为“鉴定意见”的情况下，鉴定意见需要在庭审中接受质证，控辩双方可能会从鉴定人资质及水平、检材来源、鉴定依据、鉴定过程等方面进行辩论。如果不充分知悉和了解鉴定所涉领域的科学知识，在庭审中必然陷入被动。比如复旦大学投毒杀人案争议焦点之一就是，被害人死亡原因是二甲基亚硝胺中毒还是暴发性乙肝。二审开庭期间，辩护人申请“有专门知识的人”胡某某出庭，胡某某认为被害人黄洋系暴发性乙型病毒性肝炎致急性肝坏死，最终因多器官功能衰竭死亡。面对这样的案件，公诉人（包括二审检察人员）必须对二甲基亚硝胺这一化学领域和暴发性乙肝这一医学领域的知识有所了解。值得注意的是，本案的诉讼代理人对于被害人摄入毒物量的分析值得公诉人学习。辩护人提出饮水机中二甲基亚硝胺浓度很低，并结合侦查实验通过计算得出被害人黄洋喝下的二甲基亚硝胺为 0.366 克不足以致死的意见。针对该辩护意见，诉讼代理人根据饮水机专利申请文件详细说明了饮水机水槽的工作原理，分析认为被告人林森浩推开水桶倒入二甲基亚硝胺的动作，会使饮水机水阀打开，进而使水桶内的水注入水槽内；水桶复位后，由于水槽内的水已经超量，水阀必然处于关闭状态，水槽内的水不可能从水槽内向饮水桶内回流，因此，辩方计算二甲基亚硝胺浓度的方法不符合物理常识，据此推论出的二甲基亚硝胺的摄入量是错误的。

二、询问专家证人的基本原理

专家证人与普通证人的差别在于，普通证人根据自己对案件事实的所见所闻向法庭提供第一手信息，专家证人并不掌握案件事实的第一手信息，而是根据案件事实基于自身的专业知识和技能推导出结论。根据这个基本原理，决定了交叉询问专家证人的基本策略不是跟专家在专业知识上一较高下，而是在案件事实上比长短。

根据我国《刑事诉讼法》第 197 条的规定，公诉人、当事人和辩护人、诉讼代理人可以申请法庭通知有专门知识的人出庭，就鉴定人作出的鉴定意见提出意见。有专门知识的人出庭，适用鉴定人的有关规定。最高人民法院《关于适用〈中华人民共和国刑事诉讼法〉的解释》第250条规定，公诉人、当事人及其辩护人、诉讼代理人申请法庭通知有专门知识的人出庭，就鉴定意见提出意见的，应当说明理由。法庭认为有必要的，应当通知有专门知识的人出庭。申请有专门知识的人出庭，不得超过二人。有多种类鉴定意见的，可以相应增加人数。

关于适用对象。专家证言适用于某一科学领域、行业以及专业性较强的问题，如笔迹鉴定、法医鉴定、精神病鉴定等。但是法学专家就法律适用的专家意见不属于专家证人的范畴。例如，辩护人邀请几名刑法学者对案件的法律适用进行讨论，出具"专家意见书"，这不属于专家证人的范畴，也不属于证据。

关于专家证人的资格。专家证人应当对涉案相关领域拥有充分的知识和技能，这是发现真实功能原理所决定的。具有这样的专业知识和技能，其所作出的推论才能够帮助事实审理者发现真实，因此，问题不在于该证人在这一领域中是否比其他的专家更有资格，而是该证人是否比陪审员和法官更有能力从事实中作出推论。[①]

关于专家推理过程的科学性和可靠性。无论是专家出具的鉴定意见，还是当庭的证据，其推理的过程必须具有科学性和可靠性。鉴定的过程和方法是否符合相关专业的规范要求？鉴定方法是否存在技术标准？是国家标准还是行业标准？是专业领域标准还是司法鉴定标准？比如，精神病鉴定就没有司法鉴定标准，而是一个精神障碍的医学诊断标准。根据最高人民法院《关于适用〈中华人民共和国刑事诉讼法〉的解释》第98条的规定，鉴定程序违反规定的，鉴定过程和方法不符合相关专业的规范要求的，不得作为定案根据。违反鉴定程序、鉴定过程和方法不符合专业要求会导致鉴定意见不真实、不科学，违反真实性规则。

① 参见［美］约翰·W. 斯特龙主编：《麦考密克论证据》（第五版），汤维建等译，中国政法大学出版社2004年版，第31—32页。

第二节 询问专家证人的策略与技巧

一、查阅专业领域资料

术业有专攻，每个人的知识面都具有局限性。法律人是法律专家，但对其他领域的专业知识往往是陌生的，而刑事案件往往不是法律知识的孤岛，而是与其他科学领域存在千丝万缕的联系，比如伤害、杀人类案件与法医学、痕迹学、化学、力学等知识密切相关；经济类犯罪往往与会计学、金融学、统计学等密切相关；食药品及环境类犯罪与药理学、环境学、营养学等密切相关。对于有些案件，如果控辩双方不能庭前充分知悉和了解其他相关领域的科学知识，在庭审中必然陷入被动，甚至无法将案件事实表述清楚。每个学科都存在值得信赖的学术论文和出版物，它们汇集了大量交叉询问和弹劾时所需要的信息，很少被用到，但是在几乎每个案件中都应该得到应用。[①] 控辩双方的出庭人员应当学会使用“中国知网”等类似的学术文献库，在庭前查阅案件涉及的专业领域知识，特别是专家证人出庭所针对专业领域争议问题。

二、了解拟出庭专家的专业背景

知己知彼方能百战百胜，询问专家之前必须对专家有所了解。有学者建议需要了解的问题包括：（1）他们在哪里受的教育；（2）他们发表了什么作品；（3）他们在什么理事会或委员会担任职务；（4）他们是否担任同行刊物评审；（5）他们向什么刊物撰稿；（6）他们研究关注的是哪个领域；（7）他们以往在何时、何地、为谁出庭作证；（8）他们确切的专业知识领域是什么。[②] 如果这位专家证人出过什么书、发表过什么文章，你最好找来翻一翻。

下面这个经典案例，能说明了解出庭专家的重要性：一位有着丰富

① 参见［美］弗兰西斯·威尔曼：《交叉询问的艺术》，周幸、陈意文译，黄笑生校，红旗出版社 1999 年版，第 139 页。

② 参见［美］爱德华·T. 赖特：《法庭胜诉之策》，卫跃宁等译，中国人民公安大学出版社 2004 年版，第 209 页。

出庭经验的美国医生，名叫蓝尼，该医生对被害人进行了多次治疗和检查，作为专家证人出庭证明被害人的瘫痪与脊椎受到的轻伤之间的因果关系。戴维斯大法官先问一些初步的问题，转头请医生对陪审团解释事件的始末，蓝尼医生滔滔不绝地说了快一个钟头，事无巨细地描述了病人在医疗期间如何受苦，几乎用夸张的方式描述这个病的每一个阶段，证明它的因果关系。但市政府的医学证人一致认为，被害人的瘫痪不可能由脊椎的轻伤所导致。下面是律师与医生的交叉询问对话：

问：请您告诉我们，有哪个权威医学家赞同您的说法，认为本案中这些症状完全归因于同一个疾病？

答：是的，艾瑞克森医生同意我的诊断。

问：恕我冒昧，谁是艾瑞克森医生？

答：哦，威尔曼先生，艾瑞克森医生或许是英国最有名的外科医生吧（听众窃笑辩护律师）。

问：他写过什么书呢？

答：他写过一部书叫作《艾瑞克森论脊椎》，它是关于这个问题有史以来最杰出的著作（听众笑得更大声了）。

问：这本书是什么时候出版的呢？

答：大概10年前。

问：既然您是这么忙碌，您又是怎么有空去查阅这些权威的著作以印证他们和你的诊断一致呢？

答：威尔曼先生，老实告诉你，我常听人提起您，我猜想您会问我这么愚蠢的问题，我今天早晨用过早餐之后，从我的图书室里拿出了艾瑞克森医生的这本书，发现他的理论和我在本案中的诊断完全一致（听众哄堂大笑）。

问：（律师拿出他自己带来的那本艾瑞克森医生的书，缓慢而谨慎地走向证人）可不可以麻烦您告诉我们书中哪一段话支持您对本案的观点？

答：啊，我没办法，这本书很厚的。

问：（律师继续高举了这本书）但是您不是说您早知道我会问这么愚蠢的问题，所以在今天早晨早餐之后特地查阅过这本书吗？

蓝尼医生更加尴尬拒绝回答。[1]

三、不要试图在专业问题上与专家一较高下

如前所述，专家证人的意见是建立在事实基础上的推论。这些事实和数据构成专家意见的基础，所以交叉询问人可以质疑这种不存在的或者相反的事实是否对他的意见产生影响，以及如果确实存在影响，那么是如何影响的。同时，还可以通过询问诸如何种情况的变化会影响其意见等问题来审查专家证人推理的过程和公正性。[2] 试图通过交叉询问在专业上和专家证人一较长短，这是很愚蠢的事。在他的专业领域里和他进行冗长的法庭盘问，后果通常会不堪设想，最好不要轻易尝试。要尽量避免在专业层次上进行盘问。[3] 除非，你做过调查，确定这个专家在该领域并不专业。你的发问应当侧重案件事实，也就是与专家证人出庭要解决的问题有关的案件事实上。因为大部分专家证人对案件事实的了解显然没有公诉人或辩护人多，以己之长攻子之短。最终要实现的目标是，专家证人虽然是专业的，但是其对本案的证言是缺乏证明力的，甚至能够证明本案事实给他提供的信息是误导的，进而专业意见也是不科学的。

事实上，有些鉴定的技术含量并不高且容易出错。比如，审计报告、会计鉴定计算错误、漏项的情况屡屡发生。抓住其中一个疏漏进攻，就可能推翻专家意见。还有很多专业鉴定、专家意见的判断都是基于案件事实获取的信息，再结合专业知识进行判断。比如，法医鉴定中因果关系，主要是基于案件事实结合医疗专业知识进行判断。如果他们所依赖的事实信息本身是片面的、有缺陷的，那么专家意见、鉴定意见一定也是片面的、有缺陷的。比如，鉴定依据的是被告人的供述，但是这个被告人的供述没有其他证据印证，那么这个鉴定意见、专家意见就是不可靠的。这种情况也经常发生在价格鉴定中，比如，在一个盗窃案件，对赃物的价格进行了鉴定，但是这个赃物已经灭失，也没有购买凭证，价

---

① 参见［美］弗兰西斯·威尔曼：《交叉询问的艺术》，周幸、陈意文译，黄笑生校，红旗出版社 1999 年版，第 72—73 页。

② 参见［美］约翰·W. 斯特龙主编：《麦考密克论证据》（第五版），汤维建等译，中国政法大学出版社 2004 年版，第 34 页。

③ 参见［美］弗兰西斯·威尔曼：《交叉询问的艺术》，周幸、陈意文译，黄笑生校，红旗出版社 1999 年版，第 80 页。

格鉴定机构根据被害人陈述的该物品的型号、品牌和购买时间进行价格鉴定，但是被害人陈述的型号、品牌和购买时间并没有其他证据印证，这些关于型号、品牌和购买时间的事实本身是不能成立的。既然如此，这个价格鉴定就存在问题。对于这样的价格鉴定，只需要问鉴定人以下几个问题：

问：您对涉案物品价格鉴定采取的什么方法？

答：市场法。

问：市场法鉴定是需要知道涉案物品的型号、价格、购买时间等信息吗？

答：是的，只有这样才能比较同类商品在市场上的价格以及折旧率。

问：本案中的物品是什么品牌和型号、什么时间购买？

答：是华为某型号手机，2018 年 5 月购买。

问：你怎么知道的？

答：委托单位提供了案卷材料，材料中被害人陈述的。

问：除了被害人陈述提到品牌和型号、购买时间这些信息，您还通过其他材料了解到这些信息吗？

答：没有，只有被害人的陈述材料。

四、以子之矛攻子之盾

有的出庭的专家证人，明显能看出他有偏向性，特别是那些经常作为辅助专家证人出庭，并且收费颇高的专家。实践中，有一些在业界为人熟知的专家，经常与某些律师事务所、某些大律师长期合作以专家证人身份出庭。对于这样的专家，不排除对于某些专业问题的判断会带有利益偏见。因为有些专业问题本身有一定的争议，具有向“左”或向“右”解释的空间。最好的方法就是提前研究这位专家以往出庭说过哪些内容、出具过哪些专家意见、写过哪些书或哪些文章，从中找出跟本案相关的观点。在庭审中如果能找出相互矛盾的地方，以子之矛攻子之盾，能取得意想不到的效果。

有一个美国律师针对一位病理学家出庭的交叉询问就采取了这样的策略。案情大概是这样的：一位 32 岁智力低下的男性自闭症患者，在一个停车场内，因为举止古怪，有几个人打电话叫了警察。警察到场后迅速将其脸朝下打翻在地，并将其双手翻过来戴上手铐，将他的两条腿也捆起来，然后坐在他身上。10分钟之后这个人死了。尸体检验报告的结论是这个人的死亡原因是体位性窒息，这也是控方的主张。被告人警察的辩护律师传唤了一位全美著名的病理学家，出版过多本病理学著作，并且在十几起警察羁押期间致人死亡的案件中出庭作证。在这一起案件当中，这位病理学专家认为本案的死者并非死于体位性窒息，而是因为兴奋过度式精神紊乱。他认为被害人在抗拒逮捕过程中，因高度兴奋精神紊乱之后，由于受迷走神经反应的影响，心跳停止而丧命。在交叉询问中，控方先是问他在警察羁押期间致人死亡的十多起案件当中作过专家证人，让这名专家先确认这件事情。

问：对于警察羁押期间，因兴奋过度式精神紊乱这一问题，您是这方面的专家，并就此写过许多著作？

答：是的。

问：您曾经说过整个体位性窒息理论就是一种神话，换句话说，在警察羁押期间致人死亡的情况下，根本不存在体位性窒息之说。这是您的观点对吗？

答：是的。

问：您曾经写过一本名叫《病理学家图解》的书，是吗？

答：是的。

问：在这本书的第159页有一章内容叫体位性窒息，是吗？

答：是的，但是，那是……那是关于机械性窒息的，而不是体位性窒息。

问：但是您使用的术语却是被您视为神话的体位性窒息（同时在大屏幕上放映这段话）。

答：是的。

问：在这一章的最后一段，您非常明确地表示，如果一个人，一个很重的人，坐在另一个人胸口上，一段时间就可以致对方毙命，是吗？

答：是的……但那是一种……①

---

① 参见［美］弗兰西斯·威尔曼：《交叉询问的艺术》，周幸、陈意文译，黄笑生校，红旗出版社1999年版，第121—122页。

对于专家证人因为报酬的驱动而可能产生偏见的情况下，可以采取针对报酬问题进行发问，问题包括但不限于以下方面：(1)专家证人在该案中由于提供服务应得的报酬；(2)多次被一方当事人雇佣；(3)为同一个当事人或同一个律师及律师事务所提供专家证言。[①]

① 参见[美]约翰·W. 斯特龙主编：《麦考密克论证据》(第五版)，汤维建等译，中国政法大学出版社2004年版，第35页。

下篇

法庭辩论

6 第六章 法庭辩论的基本原理

法庭辩论不同于一般的辩论，也不同于演讲，作为一种法律概念，其背后具有法理基础，这些法理基础就是法庭辩论的基本原理。法庭辩论的一切技巧和策略，都不能违背基本原理，违背基本原理的技巧不是真正的技巧，而是误导。

第一节　辩论主义的内涵

辩论主义又称辩论原则，是指根据当事人的主张、提出的证据、陈述的意见等进行审判的诉讼原则。辩论主义与本书上篇的言词原则统称口头辩论主义、言词辩论原则。[①] 广义的言词辩论原则包括两个方面的含义：一是参加审判的各方应以言词陈述的方式从事审理、攻击、防御等各种诉讼行为，所有没有在法庭审判过程中以言词或口头的方式进行的诉讼行为，均应视同没有发生或不存在，而不具有程序上的效力；二是在法庭上提出任何证据材料均应以言词陈述的方式进行，诉讼各方对证据的调查应以口头方式进行，如以口头方式询问证人、鉴定人、被害人，以口头方式对实物证据发表意见等，任何未在法庭上以言词方式提出和

① 参见［日］田口守一：《刑事诉讼法》，张凌、于秀峰译，中国政法大学出版社2010年版，第196页；［德］克劳斯·罗科信：《刑事诉讼法》（第21版），吴丽琪译，法律出版社2003年版，第129—130页。

调查的证据均不得作为裁判的根据。[①]

传统观念认为辩论主义是当事人主义的原则，对抗式辩论原则是美国法的一个重要法理。民事诉讼领域，无论是大陆法系还是英美法系，辩论主义都是基本原则。[②] 事实上，辩论主义也是刑事诉讼的基本原则。言词辩论原则最初来源于大陆法系，"辩论主义"（verhandlungsmaxime）一词系德国法学家肯纳（Göner）1801 年首次使用。[③] 辩论原则在法律上的确立始于欧洲资产阶级革命，在司法领域主张公开、言词、辩论，以反对封建专横擅断、刑讯逼供。法国 1791 年规定了法庭审理的辩论原则，《拿破仑刑事诉讼法典》要求审判应公开通过言词辩论方式进行。[④] 德国学者罗科信教授在其《刑事诉讼法》一书中也将言词辩论原则作为刑事诉讼的基本原则。[⑤]

我国刑事诉讼法学界对辩论主义研究极少，但不可否认，辩论主义是我国刑事诉讼的基本原则之一。20 世纪 50 年代，我国刑事诉讼中的辩论原则一度成为法学理论的一个禁区。1979 年《刑事诉讼法》颁布之后，学者王秉新发文讨论我国刑事诉讼中的辩论原则。他指出，法庭审理的主要任务，与侦查阶段不同，已经不是搜集案件的材料和证据，而是审查案件的材料和证据以及听取与处理案件有关的一切意见，并在此基础上作出正确的判决。因此，这一阶段的诉讼程序，不仅可能而且应该按社会主义民主的要求，采用公开的辩论式诉讼程序。并认为我国《刑事诉讼法》第三编第二章已经作了详细的规定，那就是任何一个第一审案件，在法庭审理前所准备的一切材料和证据，都必须在法庭上把所有诉讼参与人集合在一起，集中地用公开（法律规定不公开审理的案件除外）辩论的形式，也就是彻底的社会主义民主的形式，进行一次大

---

① 参见陈瑞华:《什么是真正的直接和言词原则》，载《证据科学》2016 年第 3 期。

② 参见［日］谷口平安:《程序的正义与诉讼》，王亚新、刘荣军译，中国政法大学出版社 1996 年版，第 23 页。

③ 参见吴杰:《辩论主义之历史、论争与制度》，载《厦门大学法律评论》2008 年第 1 期。

④ 参见王希仁:《论刑事诉讼中的法庭辩论》，载《法学研究》1985 年第 1 期。

⑤ 参见［德］克劳斯·罗科信:《刑事诉讼法》（第 21 版），吴丽琪译，法律出版社 2003 年版，第 129—130 页。

审查。[①]我国现行《刑事诉讼法》第198条明确规定："法庭审理过程中，对与定罪、量刑有关的事实、证据都应当进行调查、辩论。"

在现今的文明国家，审判是公开的程序，当事人双方在审判中都被赋予辩论的权利。[②]无论是大陆法系国家还是英美法系国家均将"辩论"作为当事人攻击防御的主要手段，"辩论主义"是两大法系共有的原则。

第二节　辩论主义的功能

关于辩论主义的法理依据，民事诉讼领域研究较多，但是刑事诉讼领域，几乎无人问津。在民事诉讼领域存在多种学说，如本质说、手段说、防止意外打击说、程序保障说、多元说、法探索主体说等。我国有学者提出辩论主义的根据包括私法自治原则、发现实体真实原则、程序公正、提升裁判的既判力等多个因素。[③]

笔者认为，辩论主义不是民事诉讼的专利，私法自治更非辩论主义的实质根据。无论是民事诉讼还是刑事诉讼，程序正义和实体真实都是其两大支柱。辩论主义的本质根据在于有利于实现程序正义和实体真实。

首先，从实体真实的角度来说。辩论主义有利于实现实体真实。对于人类来说，一个核心困难在于我们以语言去构建、分析和传递我们对真实世界的确信。对于理解真实世界来说，语言是一面必不可少但又容易造成扭曲的镜子。[④]裁判认定的事实是典型的通过语言构建的事实，为了最大限度减少扭曲，必须尽可能听取控辩双方的论辩。控辩双方的辩论有利于法官"兼听则明"，进而作出准确判断。审判权是一种权威性的裁判权，是一种以权威的方式解决争议各方的权益争执的国家权力。这种裁判权在诉讼结构上具有中立性和消极性。控辩审三方形成一个三角

---

① 参见王秉新：《我国刑事诉讼中辩论原则试探》，载《现代法学》1980年第2期。

② 参见王兆鹏：《美国刑事诉讼法》，元照出版公司2004年版，第486页。

③ 参见刘学在：《辩论主义的根据》，载《法学研究》2005年第4期。

④ 参见［英］威廉·特文宁：《证据理论：边沁与威格摩尔》，吴洪淇、杜国栋译，中国人民大学出版社2015年版，第90页。

形的架构，法官居于三角形顶端，与双方当事人保持相等的距离，保持中立性和公正性，只有具有中立地位，平等听取控辩双方的辩论意见，才能作出公正、符合实体真实的判决。辩论主义是法官形成心证的重要方式，辩论主义的运用应与自由心证主义的运用相衔接配合，指向追求达成既无发现真实的突袭又无促进诉讼的突袭之事实认定。在此种程序上系由法院与当事人协同确定发现真实与促进诉讼这两个基本要求之平衡点上的真实，即法院系在当事人受充分的听审请求权保障之程序上，即在值得当事人信赖的程序上认定事实并寻求、发现、适用法律。[①]辩论主义也是审判职能与控诉职能分立的现代刑事诉讼的必然逻辑。审判职能与控诉职能分开，出席法庭支持公诉的工作由人民检察院担任，法院作为法庭审理的主导者，可以集中精力听取各方面的意见，指导整个法庭审理工作的进行，从而防止偏听偏信，避免主观臆断，减少冤假错案的发生。[②]

其次，从程序正义的角度来说。辩论主义是程序主体性原理的要求。尊重其程序主体地位（程序主体权）使其有机会参与该审判程序，充分地进行攻击防御并陈述事实上、法律上的意见，借以影响裁判内容的形成，而不应使其沦为法院审理活动的客体。[③]此制度使当事人较能接受诉讼的结果。当诉讼双方被赋予充分的机会提供对自己有利的证据，有充分的机会为自己辩论，而且法院的判决完全依据双方所提证据作成，当事人对判决的结果较能接受。不论判决结果对其有利与否，因当事人对诉讼有充分的参与，对于判决较不会有反抗不满的情形，较易接受审判的结果。[④]

德国刑事诉讼法在诉讼关系人口头陈述的字面意义上使用“口头辩论”一词，日本对这个词汇稍加限制，仅指包括双方当事人在内的诉讼关系人在庭审所作的陈述。原则上必须经过这种意义上的口头辩论才能作出判决。在个别情况下，根据“特别规定”，不经过“口头辩论”也不

---

① 参见邱联恭：《司法之现代化与程序法》，三民书局 1992 年版，第 221 页。

② 参见王秉新：《我国刑事诉讼中辩论原则试探》，载《现代法学》1980 年第 2 期。

③ 参见刘学在：《辩论主义的根据》，载《法学研究》2005 年第 4 期。

④ 参见王兆鹏：《美国刑事诉讼法》，元照出版公司 2004 年版，第 489 页。

听取当事人一方的陈述，也可以作出判决。[1] 例如，德国的处罚令程序实行书面审。

关于最佳解释推论原理。司法证明的过程是通过证据对已经发生的事实的证明过程，这个证明的过程不可能完全复原真相，而只是最大限度接近真相，是运用证据进行推论的过程。在这个意义上，司法证明的过程是遵循最佳解释推论原理的。控方必须提出关于合理故事的证据，如果辩护方未提出合理的无罪抗辩，则被认定为有罪。如果辩方提出了合理的无罪抗辩，可能被宣告无罪。在司法证明过程中，两个因素决定了事实认定者在对解释进行评价时所关注的推论兴趣以及合适的详尽程度，这两个因素是：实体法和当事人主张的不同事件观点（争议事实）之间的对照。首先，实体法要求对证据进行充分详尽的解释。其次，如果双方没有达成一致意见，为了在形成对比的各种解释中作出选择，需要关注适当的细节。事实裁判者听取双方意见的过程中，选择一种更好的解释，也是一种“我认为正确的解释”，这在哲学中被称之为最佳解释推论（inference to the best explanation）。[2]

第三节 辩论的类型

一、事实之辩、法律之辩与量刑之辩

事实之辩、法律之辩与量刑之辩的分类来源于辩护类型的划分，通常将辩护视为截然不同的三项任务：有关争议性事实问题的辩论、有关争议性法律问题的辩论以及有关制裁的辩论。这种分类的法理功能在于，三种辩论代表三种不同类型的任务，每一种辩论都有着与其相适应的独特话语类型。一个问题被列为事实问题、法律问题还是处罚问题也许决定着场所、听众、时机和出庭的风格。在陪审团制度框架下，法律问题

---

① 参见［日］松尾浩也：《日本刑事诉讼法》（下卷），张凌译，中国人民大学出版社2005年版，第14—15页。

② 参见［美］罗纳德·J. 艾伦等：《证据法：文本、问题和案例》（第三版），张保生、王进喜、赵滢译，高等教育出版社2006年版，第95—97页。

归法官，事实问题归陪审团，处罚问题通常归法官。[①]事实之辩既包括整体指控事实能否成立，也包括部分构成要件事实，以及犯罪数额、情节等事实能否成立。事实之辩集中体现为证据之辩，核心是证明标准。控方的证明标准通常是排除一切合理怀疑，而辩方的证明标准通常是优势证明标准。法律之辩是法律适用的争论，往往体现为定性之争，包括是否构成某个罪名、罪名之间的界限等。量刑之辩包括量刑情节能否认定、判处刑罚及其执行方式等。需要说明的是，事实之辩、法律之辩、量刑之辩在实践中往往相互交织，而非泾渭分明。这种分类也得到相关司法解释的认可。《人民检察院刑事诉讼规则》第399条第4款规定："定罪证据与量刑证据需要分开的，应当分别出示。"

二、大辩论与小辩论

狭义的法庭辩论，是指法庭辩论阶段的辩论，属于综合性的辩论，俗称"大辩论"；法庭调查中的质证与答辩，也属于辩论，俗称"小辩论"。[②]日本刑事诉讼法中也有类似的划分，狭义的法庭辩论是指在审判程序的最后阶段进行的"论述指控请求处刑"和最后辩论；广义的辩论是指审判程序中的辩论。[③]"大辩论"类似于英美法系的"终结辩论"，根据《美国联邦刑事诉讼规则》第29.1条的规定，举证结束后，应由起诉方开始辩论，然后允许辩护方答辩，最后起诉方再作反驳。[④]而交叉询问中的抗辩类似于我国的"小辩论"。我国刑事诉讼也进行了这样的区分。《刑事诉讼法》第198条规定，法庭审理过程中，对与定罪、量刑有关的事实、证据都应当进行调查、辩论。经审判长许可，公诉人、当事人和辩护人、诉讼代理人可以对证据和案件情况发表意见并且可以互相辩论。这里概括性地规定了小辩论和大辩论。最高人民法院《关于适用〈中华人民共和国刑事诉讼法〉的解释》第267条规定："举证方当庭出

---

① 参见［英］威廉·特文宁:《反思证据：开拓性论著》(第二版)，吴洪淇等译，中国人民大学出版社2015年版，第292页。

② 参见龙宗智:《庭审实质化的路径和方法》，载《法学研究》2015年第5期。

③ 参见［日］田口守一:《刑事诉讼法》，张凌、于秀峰译，中国政法大学出版社2010年版，第233页。

④ 参见《美国联邦刑事诉讼规则和证据规则》，卞建林译，中国政法大学出版社1996年版，第67—68页。

示证据后，由对方发表质证意见。”这是针对小辩论而言的。第280条规定：“合议庭认为案件事实已经调查清楚的，应当由审判长宣布法庭调查结束，开始就定罪、量刑、涉案财物处理的事实、证据、适用法律等问题进行法庭辩论。”这是针对大辩论而言的。《人民检察院刑事诉讼规则》第417条规定：“在法庭审理过程中，经审判长许可，公诉人可以逐一对正在调查的证据和案件情况发表意见，并同被告人、辩护人进行辩论。证据调查结束时，公诉人应当发表总结性意见。”这里的前一句针对小辩论，后一句针对大辩论。

大辩论与小辩论的差别不仅仅在于所处阶段不同，更重要的在于内容和角度不同。小辩论是属于举证、质证阶段的辩论，辩论的内容和角度集中在证据和事实，也就是对于某一份、某一种证据及其证明的事实所发表的质证意见；大辩论是法庭辩论阶段的综合性辩论，其内容和角度涵盖了事实、证据、法律适用、量刑等全部内容。

实践中，经常会出现两种错误现象。一种错误现象是本应该在大辩论中发表的意见却在小辩论中发表。比如，公诉人出示了一组证明被告人主体身份属于国家工作人员的证据。审判长问辩护人对该组证据有无意见，辩护人回答：“对该组证据的证据能力和证明力，没有意见。但是被告人成立自首，理由如下……”事实上，是否成立自首不是在这个辩论环节要解决的问题。例如，一起非法经营案中，律师发表质证意见时偏离证据，审判长多次打断其冗长发言，要求其紧紧围绕证据三性，其他辩护意见可以在辩论阶段发表。辩护律师三番五次与审判长发生争执，律师称：“法律规定律师在法庭上有辩护权，不让说话，还能有辩护权吗？”“法庭无权剥夺法律赋予我的权利。”有律师也对这种现象举例进行了批评。[①] 事实上，这完全是因为该律师在法理上混淆“大辩论”与“小辩论”所导致的庭审冲突。另一种错误现象是本应该在小辩论中及时辩论的内容却总想留在大辩论中提出。比如，辩护人出示了一份证据，在证据能力上存在问题，但是公诉人没有提出质证意见，试图在“大辩论”阶段进行答辩，但实际上这已经对法官的心证产生影响，错过最佳质证时

① 参见徐宗新：《刑事辩护实务操作技能与执业风险防范》，法律出版社2014年版，第180页。

机。再比如，公诉人出示了一组证据，辩护人针对该组证据提出了八点质证意见，认为该组证据中的八份证据应该作非法证据排除，但是公诉人没有作任何答辩，而是直接进行下一组证据出示，试图在“大辩论”阶段再针对这八点质证意见进行答辩。但是这样给合议庭产生的心证就是这八份证据应该排除。

三、认罪认罚之辩与非认罪认罚之辩

2018年《刑事诉讼法》修改最引人注目的变化就是增加了认罪认罚从宽制度，作为一种合作型司法模式，该项制度对我国刑事诉讼结构产生变革性影响。认罪认罚从宽制度的设计初衷之一就是繁简分流，认罪认罚案件的庭审对抗性与非认罪认罚案件相比，显然要低得多，特别是对于认罪认罚的速裁程序案件和轻罪的简易程序案件，法庭辩论原则上是省略的。即便是重罪的简易程序、认罪认罚的普通程序案件，法庭辩论的重点也已经发生重大变化，认罪认罚案件的法庭辩论的重点是量刑问题以及赔偿、财产处置等问题。最高人民法院《关于适用〈中华人民共和国刑事诉讼法〉的解释》第283条第1款规定“对被告人认罪的案件，法庭辩论时，应当指引控辩双方主要围绕量刑和其他有争议的问题进行。”

对于被告人不认罪认罚的案件，就是普通程序的案件，法庭辩论是完整的，既包括定罪之辩也包括量刑之辩；对于被告人认罪但不认罚的案件，法庭辩论的重点会更侧重于量刑问题；对于被告人认罪但辩护人作无罪辩护的，由于辩护人的辩护权具有相对独立性，且很多情况下是辩护人与被告人经商量后而采取的一种策略，不得剥夺辩护人的辩护权，法庭辩论既包括定罪之辩，也包括量刑之辩。因此，最高人民法院《关于适用〈中华人民共和国刑事诉讼法〉的解释》第283条第2款规定，对被告人不认罪或者辩护人作无罪辩护的案件，法庭辩论时，可以指引控辩双方先辩论定罪问题，后辩论量刑和其他问题。

四、实体之辩与程序之辩

实体之辩是控辩双方针对定罪、量刑的论辩，这是最常见的法庭辩论形态；程序之辩是针对事实、证据、管辖等程序性问题进行辩论。虽然程序之辩常常体现为非法证据排除之辩（实践中一般简称“排非”之辩），但是不能把程序之辩等同于非法证据排除之辩。从狭义的角度来说，程序和证据是两个不同的概念，具有相对独立性。程序的本来含义是指事情进行的先后顺序，也指工作的步骤。[①]刑事诉讼意义上的程序就是诉讼行为的步骤和运行方式，以公正和效率为理论基础，以追求公正为根本趣旨；而证据是指用来证明待证事实的材料，以认识论为理论基础，以追求真相为根本趣旨。例如，公安机关采取扣押措施、监察委员会采取留置措施，这里的扣押行为和留置行为本身属于程序问题；而公安机关通过扣押行为取得的物证、监察委员会留置后获取的被调查人的口供就属于证据。陈瑞华教授从程序和证据相对独立的角度，提出"程序辩护"和"证据辩护"这两个不同的概念，前者是指通过指出侦查机关、检察机关、审判机关在诉讼程序上存在的违法行为，请求法院对这种行为的合法性进行司法审查，进而宣告其违法和无效的辩护活动；后者是针对证据的证据能力、证明力进而主张指控事实不能成立的辩护活动。[②]证据与程序具有相对独立性，程序违法并不一定导致证据非法，有的程序违法与证据无关，而只是导致程序无效，例如一审程序中非法剥夺了被告人的辩护权，可能导致一审判决被二审撤销并发回重审，这就是程序无效，但与证据无关。当然，二者之间有时是相互交织的，比如搜查程序违法，可能导致搜查到的物证、书证是非法的。非法证据的判断需要借助程序正当这一标准。证据的运用需要在程序的环境中进行。所以，"程序法支配着证据法的样态，证据法总的每一个内容设计，都要自觉、不自觉地考虑到程序法的需求与影响"[③]。同样，证据规则的发展也会影响程序的设计。但是，这种相互交织并不影响证据与程序的相对独立性，这种独立性也是证据法学作为独立学科的立足点。广义的程序包括证据和狭义的程序，广义的程序之辩既包括证据之辩也包括狭义的程序之辩。

---

① 参见李行健主编：《现代汉语规范词典》，外语教学与研究出版社、语文出版社 2014 年版，第 169 页。

② 参见陈瑞华、田文昌：《刑事辩护的中国经验》，北京大学出版社 2012 年版，第 32、67 页。

③ 汤维建：《程序模式与证据制度的关系论纲——以两大法系的观察与比较为中心》，载《证据学论坛》2002 年第 2 期。

7

第七章 法庭辩论的基本规则

法庭辩论作为一种诉讼程序，遵循一定的规则，这些规则有些是法律明确规定的，属于“法定规则”，如顺序规则、禁止重复规则；有的规则虽然法律没有明确规定，但是从法理上来说应当遵守，属于“法理规则”，如目的性规则。

一、顺序规则

小辩论的顺序规则是举证方出示证据之后，对方发表质证意见，然后举证方对质证意见进行答辩。最高人民法院《关于适用〈中华人民共和国刑事诉讼法〉的解释》第267条也规定：“举证方当庭出示证据后，由对方发表质证意见。”

大辩论先由公诉人发表公诉意见。根据最高人民法院《关于适用〈中华人民共和国刑事诉讼法〉的解释》第281、284条的规定，顺序如下：（1）公诉人发言，即发表公诉意见（第一轮）；（2）被害人及其诉讼代理人发言；（3）被告人自行辩护；（4）辩护人辩护，即辩护人发表辩护意见（第一轮）；（5）控辩双方进行辩论，根据庭审情况进行多轮辩论；（6）附带民事部分的辩论应当在刑事部分的辩论结束后进行，先由附带民事诉讼原告人及其诉讼代理人发言，后由附带民事诉讼被告人及其诉讼代理人答辩。

二、相关性规则

无论是大辩论还是小辩论，发言的内容都应当与案件相关，与案件无关的内容法庭应当制止。其中，小辩论是针对证据的证据能力和证明力（或证据的合法性、客观性、关联性），大辩论是综合性辩论，包括事实、证据、定罪、量刑、赔偿、赃款赃物处置等。根据最高人民法院《关于适用〈中华人民共和国刑事诉讼法〉的解释》第285条规定，法庭辩论过程中，审判长应当充分听取控辩双方的意见，对控辩双方与案件无关的发言应当提醒、制止。实践中，有些案件控辩双方在法庭上激烈争论，但是争论的问题偏离主题。例如，公诉人的辩论中引用辩护律师的观点，使用了“辩护人提出所谓的……”，辩护人立即提出公诉人不应该将辩护人的观点用“所谓的”进行修饰，双方围绕法庭辩论中能不能使用“所谓的”进行争论。这种偏离主题的辩论毫无意义。这种无效辩论，不仅影响庭审进程和效果，也不利于集中审理查明真相。

三、禁止重复规则

无论是在大辩论还是在小辩论中，原则上已经发表过的意见不得重复发表，这是基于庭审效率的考虑。因此，最高人民法院《关于适用〈中华人民共和国刑事诉讼法〉的解释》第285条规定，法庭辩论过程中，审判长对控辩双方重复的发言应当提醒、制止。当然，对于一些关键性的、容易被忽略的问题，可以在下一轮辩论中进行观点重申，但是支撑该观点的理由，如果没有新补充的，原则上不应再重复一遍理由，可以声明“理由前面已经阐述过，法庭也已经记录在案，不再重复”。

四、目的性规则

法庭辩论遵循听众理论，法庭的听众不是旁听人员，而是法官。听众理论是修辞学的核心理论，无论是亚里士多德的“旧修辞学”还是佩雷尔曼的“新修辞学”都强调了听众对辩论的意义。“雄辩的目的总是取决于言说者的听众，他必须依据听众的观点安排他的演讲”，“演讲就像一场宴会，宴会上的菜肴是为了取悦客人，而不是厨子”，因此“如果论辩可以成果呈现，那么它的听众的性质特征将在很大程度上决定论辩选择的方向以及他们具有的特点和重要性”。[①] 请记住，法庭辩论是说服艺

---

① ［比］哈依姆·佩雷尔曼、露茜·奥尔布莱希茨－泰提卡:《新修辞学——一种论证理论》，杨贝译，商务印书馆2022年版，第27、35页。

术。法庭辩论的目的是说服裁判者，具体到我国就是要说服法官、说服合议庭。法庭辩论形式上体现为控辩双方的“唇枪舌剑”，但实质上就是为了说服法官、说服合议庭。这个目的性规则应当成为控辩双方的共识，也应当成为理论界和实务界的共识。这样的共识达成有利于促进我国刑事诉讼文明化进程，有利于形成成熟的法庭文化、辩护文化。

近年来，我国一些案件的庭审出现了极端的辩护人与公诉人相互进行人身攻击，甚至还出现了辩审冲突，即辩护人与法官的激烈冲突。这是违背目的性规则的。无论是辩护人还是公诉人，辩论的目的都不是说服对方。正如一位前法官说的，对于辩护人而言，辩护的目的不是说服公诉人，也不要期待说服公诉人，因为即使公诉人心里认同了辩护人的意见，当庭也会坚持己见的。① 对于公诉人而言，更不要期待辩护人当庭认同你的观点。控辩双方都应该明白辩论的目的是说服法官。明白了这个目的性规则，就会理性地进行辩论，有理说理，不搞人身攻击，不带有情绪。正如有律师所指出的：“我们必须清楚：我们跟检察官之间的辩论、对话，只是一种手段，我们最主要的目的是说服法官，我们说的每一句话，实际上都是说给法官听的。明白这一点，可以避免法庭上的控辩冲突。” ②

五、恢复调查规则

按照刑事诉讼流程，法庭辩论（大辩论）是在法庭调查之后进行的，也就是在举证、质证结束之后进行法庭辩论。如果在法庭辩论环节出现新的影响定罪量刑的证据和事实，程序回转到法庭调查阶段对新出现的事实和证据进行举证、质证，这就是恢复调查规则。这种程序“倒流”尽管降低庭审效率，但是新的事实、证据影响定罪量刑，基于查明真相、实体真实的原理，恢复法庭调查。最高人民法院《关于适用〈中华人民共和国刑事诉讼法〉的解释》第 286 条规定，法庭辩论过程中，合议庭发现与定罪、量刑有关的新的事实，有必要调查的，审判长可以宣布恢复法庭调查，在对新的事实调查后，继续法庭辩论。实践中，控辩双方

① 参见臧德胜:《有效辩护三步法：法官视角的成功辩护之道》，法律出版社 2016 年版，第 431 页。

② 《刑辩三人谈》编写组编著:《刑辩三人谈：刑辩业务核心技能》，法律出版社 2021 年版，第 340 页。

都可以向法庭申请恢复法庭调查。另外，根据最高人民法院《关于适用〈中华人民共和国刑事诉讼法〉的解释》第288条规定，被告人在最后陈述中提出新的事实、证据，合议庭认为可能影响正确裁判的，应当恢复法庭调查；被告人提出新的辩解理由，合议庭认为可能影响正确裁判的，应当恢复法庭辩论。

第八章 法庭辩论的庭前准备

法庭辩论有什么更好的方法？答案是：准备，准备，准备。一位著名评论家指出，没有其他通往成功的道路，就是工作、更多地工作，然后还是更多地工作。法庭辩论中，如果没有花时间进行彻底的准备，就不可能将法院的注意力集中在最相关的事实和法律分析上。永远不应该因为准备不足而让法官失望。①

第一节 庭前准备要点

《人民检察院刑事诉讼规则》第 392 条规定："人民法院决定开庭审判的，公诉人应当做好以下准备工作：(一) 进一步熟悉案情，掌握证据情况；(二) 深入研究与本案有关的法律政策问题；(三) 充实审判中可能涉及的专业知识；(四) 拟定讯问被告人、询问证人、鉴定人、有专门知识的人和宣读、出示、播放证据的计划并制定质证方案；(五) 对可能出现证据合法性争议的，拟定证明证据合法性的提纲并准备相关材料；(六) 拟定公诉意见，准备辩论提纲；(七) 需要对出庭证人等的保护向人民法院提出建议或者配合工作的，做好相关准备。"除去其中关于交叉

① See Stephen J. Dwyer, Leonard J. Feldman, Robert G. Nylander, *Effective Oral Argument: Six Pitches, Five Do's, and Five Don'ts from One Judge and Two Lawyers*, Seattle University Law Review 33, No. 2 (Winter 2010), p.353.

询问的内容外，对于小辩论和大辩论的庭前准备工作作了较为详细的规定，这些内容同样适用于辩护律师。

一、进一步熟悉案件情况

法庭辩论是建立在庭前审查案件基础之上的，熟悉案件全部情况是法庭辩论的必要条件，因此，在庭审前应当在此前审查案件掌握案件情况的基础上，进一步全面熟悉案件情况。“一个专业的公诉人必须具备一种专业的能力，这非常关键，就是你在发问过程当中，心里牢牢记着控方的案情是什么。”①

一是全面熟悉案件情况。所熟悉的案件情况不仅仅是案情和证据，而是包括实体与程序、定罪与量刑、赃款赃物处理等全部情况。只有对案件全面情况非常熟悉，才能在法庭辩论中应对对方各种问题，也才能随时从大脑中调取案件中的信息作为辩论的论证。

二是再次阅卷。熟悉案件的基本方法是阅卷，但是当前阅卷与出庭的“二元分离”问题较为突出。对于控方而言，员额制改革之后，由于员额数量较少，入额控制，大量具有独立办案能力的检察官助理没有取得员额资格，但是在实践中检察官助理承担着大量的审查和阅卷工作，员额检察官主要对案件进行把关，所以很多情况下最熟悉案情的是检察官助理而非员额检察官。但是在庭审中，检察官助理无权参与法庭辩论，而参与法庭辩论的员额检察官对案情又不够熟悉，这种“二元分离”对法庭辩论的冲击不可小觑。对于辩方而言，这种“二元分离”问题也是存在的。有些“大律师”号称从不阅卷，只是开庭“出个场”。陈瑞华教授对这种现象进行过严厉批评：一些自视“功成名就”的律师将大量时间精力投入到开会、培训乃至应酬上面，而在接案后不去亲自阅卷，实质性辩护活动基本交由律师助理去做了。法庭辩论中第一轮几乎一言不发，到第二轮、第三轮才脱离具体案件进行“旁征博引”“侃侃而谈”。②实践中，针对非认罪认罚的普通程序案件，一定要极力避免这种出庭与

① 张耀良:《交叉询问的方法与技巧》，中国政法大学出版社2018年版，第107页。
② 参见陈瑞华:《刑事辩护的艺术》，北京大学出版社2018年版，第20—21页。

阅卷“二元分离”的情况。[①]坚持审查案件阅卷“亲历性原则”，并且通过相关载体将阅卷过程记录下来。实践中，检察官通过制作审查意见书实现阅卷载体作用，律师一般是制作阅卷笔录，开庭前再次阅卷。开庭前的再次阅卷不仅仅要阅读审查意见书或阅卷笔录，还要再翻阅卷宗。公诉人应当从法院借回卷宗，辩护人熟悉已复印或拷贝的卷宗。

二、熟练掌握法律法规及司法解释

要想在法庭辩论中占据主动，必须对争议焦点涉及的所有法律法规和司法解释有较为熟练的把握，做到了然于胸，这是出庭必备的基础知识。庭审的目的是说服法官，而要实现说服的目的，除了日常积累的法学素养和法学理论知识、社会经验，还需要法律法规及司法解释等作为论证的支撑和依据。比如下面这个案例：

2011 年 10 月初，被告人马某邀约被告人朱某共同运输毒品，二人商定，马某开车在前探路，朱某携带毒品乘坐出租车在后，二人欲将毒品从 A 市运输至 B 市。2011 年 10 月 16 日 9 时许，马某开车经过某高速服务区临时查缉点时，因形迹可疑被某县公安局禁毒大队民警盘查。在盘查过程中朱某乘坐的出租车也来到该查缉点，公安民警当场从朱某乘坐的出租车后备箱中查获毒品海洛因 3125 克。

本案庭审中，辩护人申请启动非法证据排除程序。公安机关扣押和搜查毒品时，进行了录像，但是没有找到其他见证人，就让协警作为见证人。辩护人据此提出现场扣押、搜查毒品时见证人是公安机关聘用的人员，违反了最高人民法院《关于适用〈中华人民共和国刑事诉讼法〉的解释》关于行使勘验、检查、搜查、扣押等刑事诉讼职权的公安、司法机关的工作人员或者其聘用的人员不得作为见证人的规定，请求法庭作为非法证据予以排除。面对辩护人提出的问题，如何应对呢？公诉人答辩称：“当时高速公路上无法找到见证人，公安机关让协警作为见证人那是变通措施，这种变通措施只是瑕疵，因此不需要作为非法证据排除。”这样的答辩，显然是对法律法规和司法解释不熟悉。事实上，最高

① 在速裁程序和认罪认罚的简易程序轻罪案件中，由于一般省略法庭调查和法庭辩论，因此，阅卷与出庭“二元分离”是可以的，甚至是有必要的。

人民法院《关于适用〈中华人民共和国刑事诉讼法〉的解释》对这个问题是有明确规定的，其中第 80 条第 1 款规定："下列人员不得担任刑事诉讼活动的见证人:（一）生理上、精神上有缺陷或者年幼，不具有相应辨别能力或者不能正确表达的人;（二）与案件有利害关系，可能影响案件公正处理的人;（三）行使勘验、检查、搜查、扣押、组织辨认等监察调查、刑事诉讼职权的监察、公安、司法机关的工作人员或者其聘用的人员。"但是值得注意的是，第 3 款还规定："由于客观原因无法由符合条件的人员担任见证人的，应当在笔录材料中注明情况，并对相关活动进行录像。"如果对第 3 款规定的内容熟悉，那么正确的答辩应该是先承认公安机关让协警作为见证人是违反取证规范的，接着说明由于当时的客观原因无法找到符合条件的人员担任见证人，而且公安机关也对搜查和扣押过程进行录像，因此根据最高人民法院《关于适用〈中华人民共和国刑事诉讼法〉的解释》第 80 条第 3 款的规定，该瑕疵得到了合理的解释说明并且能通过录像进行补正，可以作为定案根据。即使准备充分，也要养成开庭带"两本书"的习惯，一本是刑事诉讼法规汇编，另一本是刑法法规汇编。

三、预测对方观点

围绕争议焦点精准预测对方观点。法律和法学理论提供了一个职业共同体对话的基础，因此，一个案件的争议焦点，控辩双方都是容易预测的，关键是要把预测的要点进一步细化，细化到对方会从哪几个方面来论证其观点，会有哪些论据来支撑其观点。

预测对方观点的基本依据和信息来源，除了案件材料和庭前会议之外，对于控方来说，听取辩护人意见至关重要；对辩方来说，仔细推敲起诉书、庭前与公诉人的交流至关重要。控方在审查逮捕、审查起诉阶段以及庭前听取辩护人意见不仅是法定职责，更是法庭辩论准备工作应有之义。《人民检察院刑事诉讼规则》第 261 条规定，办理审查逮捕案件，犯罪嫌疑人已经委托辩护律师的，可以听取辩护律师的意见。辩护律师提出要求的，应当听取辩护律师的意见。对辩护律师的意见应当制作笔录，辩护律师提出的书面意见应当附卷。办理审查起诉案件，应当听取辩护人或者值班律师、被害人及其诉讼代理人的意见，并制作笔录。

对于辩护律师在审查逮捕、审查起诉阶段多次提出意见的，均应如实记录。《人民检察院公诉人出庭举证质证工作指引》第13条规定，公诉人在开庭前，应当通过讯问被告人、听取辩护人意见、参加庭前会议、与法庭沟通等方式，了解掌握辩护方所收集的证明被告人无罪、罪轻或者反映存在非法取证行为的相关材料情况，进一步熟悉拟在庭审中出示的相关证据，围绕证据的真实性、关联性、合法性，全面预测被告人、辩护人可能提出的质证观点，有针对性地制作和完善质证提纲。实践中，有的检察官不重视听取辩护人意见，甚至在辩护人强烈要求提供辩护意见时，检察官推三阻四、消极接待。实际上，认真听取辩护人意见，既有助于审查案件，也有助于预测辩方观点备战庭审。真正的高手是成功将辩护人实质上转化为“检察官助理”。

对于辩方来说，预测对方观点基本载体是起诉书。起诉书具有辩护防御指引功能，起诉书中记载的犯罪事实、适用罪名、量刑情节等为被告人及其辩护人进行辩护防御准备提供了指引。被告人及其辩护人收到起诉书后，就会知道检察机关指控了哪些犯罪事实、指控了何种罪名、有哪些情节等，针对这些情况积极准备辩护方案。[①]在此过程中，要学会揣摩起诉书中含蓄表达的意见。例如，起诉书的事实部分表述“到案后如实供述了上述事实”或者“犯罪后自动投案，如实供述了上述事实”，就表明控方认可被告人具有坦白或自首的情节，但是“本院认为”部分不会写明符合《刑法》第67条第3款的坦白或第1、2款的自首。原因在于为了防止被告人当庭翻供而导致坦白或自首不能成立。有人会觉得起诉书过于简单，甚至主张增强起诉书的说理性，这样辩护人更容易预测控方观点。其实这是误解，起诉书说理是伪命题。刑事案件起诉书简洁是世界各国的通例，起诉书不会做过多的说理，不会像判决书一样对事实认定和法律适用的理由进行阐述和论证，基本原理在于防止给法官形成先入为主、未审先判的预判。起诉书说理越充分越会削弱审判功能。[②]起诉书的事实部分体现了控方指控的事实基础和证据体现，起诉书的法律适用部分（“本院认为”部分）体现了控方定罪量刑的基本观点。

① 参见李勇：《刑事起诉书制作的原理与方法》，载《人民检察》2021年第3期。
② 参见李勇：《刑事起诉书制作的原理与方法》，载《人民检察》2021年第3期。

这是辩方预测对方观点的基础信息。

四、研判问题并收集资料

预测对方观点只是第一步，关键是要对预测到的问题进行研判，有针对性地辩论说理。事实争议研判关键是证据，因为事实是建立在证据基础之上的；法律适用争议的研判关键是法理，法律有明确规定且不存在歧义的不会成为争点，能够成为争点的，要么是法律没有明确规定，要么是法律规定的不明确，这时法律背后的法理就成为占据上风的关键。实践中，最缺乏的恰恰就是法理，诸多机械司法的乱象均是没有准确把握背后的法理问题。“法的应用不能简单地理解为归纳，而是一种有的放矢的意志活动的过程，在这个过程中，取决于法律的各种价值评判——不管它们是社会道德性质的，也不管它们是实用主义性质的——都起着决定的作用。法官不能把案情按照逻辑学的方法纳入各种秩序的概念里：他必须——从目的论上看——探讨，按其社会道德的和实际的目的，法律的规则是否可以应用到案情上。他也必须据此解释在法律的事实构成里所应用的各种一般的概念。”① 即使日常法学功底不够，但是对拟出庭的案件所涉及的法理问题必须深入研判，不仅要收集、查阅教科书、著作，更要善于使用“中国知网”等查阅最新的文献资料。

第二节 制作答辩预案

一、公诉意见书的撰写

（一）公诉意见书的结构

公诉意见书又称公诉词，是公诉人出席一审法庭在法庭辩论阶段第一轮辩论的发言词。作为控方，公诉意见书必须全面论证指控成立的全部要素，这与辩方攻击一点即可实现全盘胜诉是截然不同的。控方在第

① ［德］H. 科殷:《法哲学》，林荣远译，华夏出版社 2003 年版，第 219 页。

一轮辩论中，需要全面阐述和论证起诉书指控意见的成立，尽管也需要在阐述过程中对质证阶段辩方的观点有所驳斥，但是整体上第一轮公诉意见是以立论为主，以驳斥为辅。公诉意见书除了首部外，主体内容一般包括四个部分：一是事实与证据；二是定罪（法律适用）；三是量刑建议及涉案款物处理意见；四是法庭教育。其中法庭教育可以简化乃至省略，在认罪认罚的案件中事实与证据部分也可以视情省略。

示例如下：

××××人民检察院

公诉意见书

被告人　王某某

案　　由　受贿

起诉书号　×××

审判长、审判员（人民陪审员）：

根据《中华人民共和国刑事诉讼法》第一百八十九条、第一百九十八条和第二百零九条等规定，我们受××××人民检察院的指派，代表本院，以国家公诉人的身份，出席法庭支持公诉。为更好地履行公诉人的职责，阐明公诉人的观点，现就本案发表如下公诉意见，请合议庭评议时予以充分考虑。

一、关于本案的事实与证据

在刚才的法庭调查中，公诉人对被告人×××进行了讯问、对证人×××进行了询问，出示了大量的物证、书证等证据。现有证据足以认定被告人王某某受贿人民币27.2万元、新加坡元2万元、美元6000元的事实。具体来说：

首先，被告人王某某具有国家工作人员的身份及职务上的便利足可认可。法庭调查中公诉人出示的第一部分的证据证明了某国有资产经营控股（集团）有限责任公司为纯国有公司，案发期间其担任该集团公司投资部副部长，负责建设项目预算、决算管理，负责招投标、合同管理、组织开展建设项目立项、科研、初步设计等前期工作，负责对外投资研究工作，具有职务便利。

其次，被告人王某某 8 次收受他人贿赂的事实足可认定。起诉书指控的 1、2、3、4、5、6、8 笔事实，分别有行、受贿双方言词证据之间相互印证，并有其他书证间接印证。其中第 7 笔事实，行、受贿双方的言词证据相互印证，虽然没有书证，但是第三人李某某能够证明该工程存在，也能够证明行贿单位做过一些某区道路监理项目，并和被告人王某某的供述以及行贿人高某某的证言相互印证，能够证明高某某给王某某钱是为了感谢在工程方面给予的照顾以及以后希望接更多的工程，与赠与和人情往来无关，而是直接指向权力，存在权钱交易，因此该笔事实可以认定。

最后，关于起诉书指控的第 3 笔事实中的 4 万元问题。现有证据足以证明徐某将银行卡给了王某某，并先后存入 15 万元，这一点不仅有双方的言词证据相互印证，也得到银行交易记录的印证。双方还能相互一致地证明银行卡还给徐某的时候只有十几元，银行卡在此期间一直处于王某某控制之下，15 万元的事实足以认定。

二、关于本案的定性

根据《中华人民共和国刑法》第三百八十五条规定，受贿罪是指国家工作人员利用职务上的便利，索取他人财物，或者非法收受他人财物，为他人谋取利益的行为。被告人王某某的行为符合受贿罪的犯罪构成。

首先，被告人王某某系在国有公司中从事公务的人员，具有国家工作人员身份。根据《中华人民共和国刑法》第九十三条第二款的规定，国有公司中从事公务的人员以国家工作人员论。本案中被告人王某某在国有公司某区国资集团中担任投资部副部长，履行招投标、合同管理等职能，应以国家工作人员论。

其次，被告人王某某利用职务上的便利，非法收受他人财物，为他人谋取利益。被告人王某某分管招投标、合同管理、组织开展建设项目立项、初步设计等工作，有时还直接作为评标人，行、受贿双方均能证明之所以送钱给王某某，就是希望在招投标、工程建设现场协调以及以后希望接更多的工程方面给予照顾或感谢，符合受贿罪的构成要件。

最后，被告人王某某明知自己的身份及职责，而故意收受建设方人员给予的财物。

三、关于本案的量刑

根据《中华人民共和国刑法》第三百八十三条的规定，受贿十万元以上的，法定刑为十年以上有期徒刑或无期徒刑，可以并处没收财产。本案中被告人王某某受贿27.2万元以及新加坡元2万元、美元6000元，具有自首情节，本案的自首属于自动投案型，按照S省量刑指导意见，可以减少基准刑的20%—40%。本案具有退赃情节，根据量刑指导意见，可以在30%以下或10%以下减少基准刑。综合本案情节，建议对被告人王某某判处有期徒刑六年六个月至八年六个月，可以并处没收财产。

四、本案引发的思考

通过今天的庭审以及此前的长达数月的羁押，相信被告人王某某已经顿悟了很多，这一点从你写的悔过书中可见一斑。根据无罪推定原则，在法院没有宣判之前，我们没有必要把你当作罪犯来教育，也没必要把你当作罪犯来警示他人。我今天也不打算这么做。但是，我们还是可以从这个案件案发中引起一些思考。

也许，会有人说贪污贿赂犯罪关系社会肌体的健康，社会诚信体系的建立。当前，反腐形势依然严峻，仍然没有走出"一栋大厦建起来了，一批干部倒下了"的怪圈。建起了一批高楼大厦，也倒下了一批干部，今天这个案件只是这其中的一个。在案件的办理过程中，我们也看到招投标存在一些漏洞，项目管理缺乏相应的监督，承建单位为谋取利润不择手段。事先预防总好过事后遗憾，我们也希望今天的庭审能引发我们对这些问题的思考，要实现从不敢腐到不能腐、再到不愿腐，还有多少路要走，反腐，我们还在路上！

公诉人：×××

××××年×月×日当庭发表

（二）公诉意见书的写作要点

虽然公诉意见书的结构相对固定，但是在具体内容写作上可以更加灵活，在说理论证上可以体现个人风格，不必千篇一律，防止过于僵化。

1. 首部。首部包括注明被告人、案由、起诉书文号和引言，其中被告人、案由、起诉书文号不需要当庭宣读，主要作用在于存档。引言部分是需要当庭宣读发表的。引言部分主要包括出庭依据和出庭目的两个要点。传统的公诉意见书，从 20 世纪 80 年代开始以“师傅带徒弟”的形式流传至今，有两个方面亟须改进：一是在引言部分习惯表述“并依法对刑事诉讼实行法律监督”。这种带有当庭监督色彩的表述早已过时。事实上，检察机关是法律监督机关，出庭支持公诉本身带有监督色彩，但是基于控辩平等原则和审判中心主义的要求，公诉人出庭不得当庭开展监督活动，即使庭审中出现审判程序违法，也不得当庭对法官进行监督，否则就导致控辩审的三角架构倾斜。关于出庭检察官能否当庭监督审判违法，曾经有过争议。1979 年《刑事诉讼法》第 112 条第 2 款规定：“出庭的检察人员发现审判活动有违法情况，有权向法庭提出纠正意见。”即赋予出庭公诉检察官当庭对不适当的诉讼行为提出纠正意见。这是传统公诉意见书中“并依法对刑事诉讼实行法律监督”的最初来源。但是 1996 年修订后的《刑事诉讼法》第 169 条规定对此进行了修改，删除了“出庭的检察人员”，改为“人民检察院发现人民法院审理案件违反法律规定的诉讼程序，有权向人民法院提出纠正意见”。由此引出公诉人是否还有当庭监督的权力的争论。[①] 对此有观点认为，人民检察院对违反程序的庭审活动提出纠正意见，应当在庭审后提出，这主要是为了维护审判长在法庭上的权威，保证庭审的顺利进行。[②] 我国现行《刑事诉讼法》第 209 条沿袭了 1996 年《刑事诉讼法》的规定。时至今日，这个争议问题已经平息，《人民检察院刑事诉讼规则》第 572 条第 2 款已经明确规定：“人民检察院对违反程序的庭审活动提出纠正意见，应当由人民检察院在庭审后提出。出席法庭的检察人员发现法庭审判违反法律规定的诉讼程序，应当在休庭后及时向检察长报告。”这个规定表明，只能庭后监督，不得当庭监督。但是很多检察官对于上述法律法规的历史变迁知之甚少，不假思索地继承了过时表述。二是引言中表述“为了进一步揭露犯罪……”。这种表述不仅显露出狂热的打击犯罪色彩，更重要的是违反无罪推定原则。公诉意见书只是第一轮的法庭辩论，是否成立犯罪尚未

---

① 参见陈兴良：《从“法官之上的法官”到“法官之前的法官”——刑事法治视野中的检察权》，载《中外法学》2000 年第 6 期。

② 参见姜伟、钱舫、徐鹤喃：《公诉制度教程》，法律出版社 2002 年版，第 153 页。

定论，按照无罪推定原则，被告人只是涉嫌犯罪，此时就急于“揭露犯罪”，未免过早。试想，如果此案最终被判决无罪，那么公诉人当初发表公诉意见时声称的“揭露犯罪……”云云，岂不自相矛盾？！

2. 事实与证据。事实是公诉人指控的基础，这里的事实也就是被告人实施犯罪行为的事实，即犯罪事实，而犯罪事实又是依赖证据进行证明的，事实与证据相辅相成，共同成为法庭辩论的基础。在英美法语境中被称之为“故事”，所谓“故事”就是诉讼一方所构思和建构一个最可能被事实审判者所相信和采纳的真实故事，该故事由具有可采性的证据所组成，包含有控方或辩方的所有要件。[①] 在我国的语境中就是用证据所构建的案件事实。正是在这个意义上，亚里士多德称：“我们应当根据事实进行论辩，除了证明事实如此以外，其余的活动都是多余的。”[②]

事实与证据的撰写，需要把握两个要点。一是事实表述紧紧围绕起诉书指控的事实。起诉书是控方的指控指南，所有的庭审活动都要围绕起诉书进行。如果是多罪名、多事实的，最好一罪一分析、一事一分析，做到条理清晰，逻辑严密。二是事实与证据结合起来“夹叙夹议”。法律意义的“事实”从来都不是单纯的事实，而是建立在证据基础之上的事实。公诉人在第一轮辩论中必须要对起诉书指控的事实是证据足以证明的事实进行论述，对控辩双方争议较大的要重点阐述。当然，具体实践中，有的案件的争议点在于法律适用，事实争议不大，那这里可以简略写。

3. 行为定性及法律适用。该部分是针对起诉书指控的罪名进行定性和法律适用分析。最好的结构是“总—分—总”，开篇就要表达你想表达的观点和立场，是对立场的高度概括，然后展示你的结构，接着解释每一部分，先概述，然后是细节。[③] 主要要点如下：一是围绕罪名的构成要件进行阐述。在实践中，不要盲目按照“四要件”犯罪构成逐一分析，比如有的案件客体要件根本无须分析，有的案件既不涉及被告人的责任年龄、责任能力，也不涉及职务犯罪身份，主体要件根本无须分析；也不要机械对

① 参见［美］史蒂夫·鲁贝特：《现代诉辩策略与技巧》，王进喜等译，中国人民公安大学出版社2004年版，第13页。

② ［古希腊］亚里士多德：《修辞学》，罗念生译，上海人民出版社2005年版，第162页。

③ 参见［英］伊恩·莫利、王馨仝：《说服法庭——讼辩高手进阶指南》，法律出版社2022年版，第78页。

照“三阶层”分别阐述，例如，有的案件根本无须分析违法性阶层，关键是抓住罪名核心构成要件、行为特征进行有理有据地阐述。二是涉及罪名之间界限、罪数关系等要深入阐述，涉及相关刑法理论的也要深入阐述。三是针对被告人及辩护人可能提出异议的构成要件部分着重深入论证。四是需要引用相关的法律、司法解释和法规，以增强论证的说服力。五是要在法律规范和案件事实之间不断往返，做到有理有据。

4. 量刑建议。一是针对全案的全部量刑情节进行分析，论证量刑情节成立与否的依据和理由。比如是否成立自首、能否认定立功，是主犯还是从犯，等等。对于控辩双方有争议的要重点阐述。二是提出相对精准的量刑建议。量刑建议不能只有结论，还必须简要阐明量刑建议提出的依据和计算过程。另外，还应对涉案款物提出处理意见。

长期以来，量刑是法官独自进行的活动，检察官只关注定罪和量刑情节的认定，而不在意具体的量刑过程；辩护律师只关注量刑的最终结果而不在意量刑计算过程，即便提出希望法庭从轻或减轻的辩护意见，也很少能准确地提出从轻或减轻多少及其依据。大多数检察官和律师对于量刑的步骤和方法比较陌生。根据最高人民法院、最高人民检察院《关于常见犯罪的量刑指导意见（试行）》的规定，量刑的基本步骤：一是根据基本犯罪构成事实在相应的法定刑幅度内确定量刑起点；二是根据其他影响犯罪构成的犯罪数额、犯罪次数、犯罪后果等犯罪事实，在量刑起点的基础上增加刑罚量确定基准刑；三是根据量刑情节调节基准刑，并综合考虑全案情况，依法确定宣告刑。从第二步确定基准刑到最后确定宣告刑，这个过程是调节基准刑的过程，根据个案情节调节基准刑。为了便于操作，可以将起点刑、基准刑、宣告刑三大步骤，分解为起点刑、基准刑、调节基准刑、再次调节基准刑、根据罪刑均衡原则确定宣告刑建议五个步骤。第一步的起点刑是裸刑，不考虑具体案件的各种情节。第二步的基准刑是在量刑起点的基础上加上其他影响犯罪构成的犯罪数额、犯罪次数、犯罪后果等犯罪事实所增加的刑罚量来确定的，基准刑包括量刑起点和增加的刑罚量两部分，即基本犯罪构成事实所应判处的刑罚和其他影响犯罪构成的犯罪事实所应增加的刑期的总和。第三步调节基准刑，先计算“修正量刑情节”，并采取连乘模式。修正量刑情节是指对基本犯罪构成要件如犯罪主体、犯罪形态、违法性等进行修正所形成的情节，如未成年人犯罪、老年人犯罪、限制行为能力的精神病人犯罪、又聋又哑的人或者盲人犯罪，防卫过当、避险过当、犯罪预备、犯罪未遂、犯罪中止，从犯、胁从犯和教唆犯等。连乘模式用数学公式可表示为，基准刑 A×（1-N1%）×（1-N2%）×（1+N3%）…=B。再计算一般量刑情节，采取“同向相加，逆向相减”模式，计算公式为：B×（1-M1%-M2%+M3%…）=C。一般量刑情节就是常见的法定和酌定的预防刑量刑情节，如累犯、自首、坦白、立功、和解、赔偿、认罪认罚等。如果一个案件中，既有修正量刑情节又有一般量刑情节，先用连乘模式计算修正量刑情节，得出一个量刑值，在该量刑值的基础上，再按照“同向相加，逆向相减”模式计算一般量刑情节。

5. 法庭教育。法庭教育应当注意把握限度。实践中大量的法庭教育着重挖掘被告人的成长经历、剖析被告人走上犯罪道路的原因，进而要求被告人深刻反思，并将其作为反面典型教育旁听人员。这种做法是值得商榷的。首先，背离公诉意见书的属性与功能。公诉意见书在属性上系法庭辩论的辩词，既然是辩论就讲究对抗性和说理性，应当在总结法庭调查阶段内容的基础上进行说理论证，反驳辩护人和被告人在法庭调查阶段的质证意见，其功能为强化指控。公诉人在此阶段应该抓住宝贵时间，集中“火力”进行说理和反驳，无论是公诉人还是辩护人，说服的对象始终都是法官，而不是被告人或旁听人员。因此，如果公诉意见书一方面去剖析犯罪原因、教育被告人，将说服对象设定为被告人；另一方面又总结案件经验教训，警示旁听人员，将说服对象又设定为旁听人员，这种双重错位可谓舍本逐末，严重脱离了法庭辩论的程序属性，反而弱化了庭审效果。其次，有违无罪推定原则之嫌。无罪推定原则是刑事诉讼的灵魂，它与罪刑法定原则共同构成现代刑事法治的两大支柱。既然在未经法院判决确定有罪之前应假定被告人无罪，那么公诉人是否有权在法庭辩论阶段将其作为一个“罪犯”来进行教育？这显然是值得怀疑的。公诉人发表公诉意见是法庭辩论的第一轮，法庭辩论才刚刚开始，公诉人的指控远未完成，就急于剖析犯罪原因、总结经验教训，把被告人作为一个“罪犯”来进行教育，甚至将其作为一个反面教材来警示旁听人员、告诫世人，这是典型的有罪推定。这种法庭教育与判决宣告前应该假定被告人无罪的理念刚好是相反的。最后，与控辩平等的诉讼构造不符。在现代刑事诉讼中，控诉、辩护与审判三方形成“正三角形”结构，控辩平等是其关键支撑点。被告人因为其犯罪行为侵犯了法益，而应受到国家的刑事处罚；国家通过其代表——检察机关对被告人提起公诉，在国家与个人之间引发诉讼。控辩平等就是强调在刑事诉讼中国家与个人之间在法律地位上平等，这种平等在法庭辩论阶段理应得到最充分的体现。而公诉人在法庭辩论的开始阶段就以高高在上的姿态、以家长式的口吻“揭露”被告人犯罪原因，“教育”被告人吸取教训，“号召”旁听人员引以为戒，这显然是将被告人作为诉讼的客体来对待，具有强烈的国家权威主义色彩。这种先入为主的做法，不利于被告人及其辩护人有效行使辩护权，也容易给旁听人员形成误导，应当予以摒弃。

事实上，公诉意见书作为第一轮法庭辩论词，除未成年人犯罪案件外，法庭教育原则上可以省略。确有必要的案件，也应当注意把握限度，可以从个案出发到类案，反思其中反映出的社会问题，从法治宣传和一般预防角度进行适度阐述，避免对被告人个人的成长经历、成长环境、家庭背景等过度挖掘，甚至牵强附会地过度解读。

二、辩护词的撰写

辩护词是刑事案件辩护人第一轮法庭辩论的发言稿。辩护词以破为主，以立为辅。不需要像控方那样将问题争点陈述得那么复杂、全面，只要通过证明控方事实的一个因素不成立就可以占得优势。“在一起典型的刑事案件中，为了成功地进行指控，公诉方必须证实A、B、C、D，每一个都是必要条件；而对辩方来说，要么表明这些条件中有一个并未被证实至排除合理怀疑的程度，要么适用E或F或G（抗辩）中的一个就足够了。”[①] 在决定辩论的内容上，被告方通常比控方享有更大的自由，控方必须陈述每一个因素，但是被告方常常可以自由地“选摘樱桃”，仅仅挑选那些律师最有信心的因素或者争点问题。[②]

辩护词一般包括首部、主体内容两大部分。首部也属于引言性质的内容，

① ［英］威廉·特文宁：《证据理论：边沁与威格摩尔》，吴洪淇、杜国栋译，中国人民大学出版社2015年版，第276页。

② 参见［美］史蒂文·鲁贝特：《现代诉辩策略与技巧》，王进喜等译，中国人民公安大学出版社2004年版，第277页。

主要包括出庭依据和出庭目的两个要点，一般表述为“×××律师事务所接受×××的委托，指派×××作为被告人×××的辩护人。辩护人经过充分阅卷、会见被告人、调查取证情况，发表如下辩护意见，望法庭采纳”。

辩护词的主体内容没有固定模式，但一般也包括事实与证据、定罪与法律适用、量刑情节三个方面。三个方面均是以破为主，体现出解构主义的特征，美国著名的辛普森案件，辩护律师的结案陈词以典型的解构主义策略成功地消除了看似压倒性的有罪证据。[①]辩护人的核心目标并不是寻找真相或澄清究竟发生了什么事情，而是在法律允许的范围内为被告争取一个最理想的结果。[②]

示例如下：

×××强奸案辩护词（节选）[③]

审判长、审判员：

律师事务所接受被告人委托，指派我们担任其在刑事一审程序中的辩护人。经查阅本案卷宗材料并会见被告人，我们注意到本案双方当事人对发生性关系这一事实并无异议，但是在侦查、起诉和审判程序中，男主一直坚持无罪辩解。结合在卷证据证明的事实，经对双方平时关系、性行为发生的时空环境和过程、女方事后的态度及其告发原因等情况进行全面分析，辩护人认为公诉机关对男主犯强奸罪的指控不能成立，应当依法判决男主无罪。为维护被告人的权利，支持司法机关依法公正办案，特提出如下辩护意见，恳请采纳。

一、事发背景表明，指控男主犯强奸罪与常理严重不符

在通常情况下，故意犯罪尤其是强奸犯罪的当事人总有特定的犯罪动机，本案男主与女主在事发前属于关系较好的同事，女主与自己丈夫的关系比较紧张，事发前在与同事一起聚会期间双方当事人之间发生过

---

① See Pamela Hobbs, *Unreasonable Doubt: Manipulating Jurors' Perceptions in a Closing Argument at Trial*, Studies in Law, Politics, and Society 35 (2005), p.129.

② 参见［德］赫尔穆特·霍夫曼:《审判中询问的技巧与策略》，丁强、高莉译，中国政法大学出版社2012年版，第14—15页。

③ 李永红:《无罪辩词23：酒后微醺车震被诉，查微析疑男主无罪》，载微信公众号“精诚申衡律师事务所”，2023年5月30日。

亲密举动，要认定男主犯强奸罪，作案动机有悖常理。

……

3. 女主事发前并未醉酒而丧失能力

（1）事发背景为三人友好聚会，缺乏犯罪预谋。聚会那天是女主的节日，女主以过节为由要求男主请客吃夜宵，男主同时邀请了一起值夜班的另一名女同事，三人一起聚会显然不存在预谋实施强奸的意图，否则多一人在场无异于给自己制造障碍并且会多一个知情人。

（2）聚会时喝酒数量有限，均保持意识清醒。三人共喝小瓶啤酒 20 瓶，男主喝了 10 瓶，同事喝了 5 瓶左右，而女主在公安机关陈述时说自己喝了多少不记得了，按照男主和女主同事喝酒的数量推算，女主喝了 5 小瓶，且喝酒时间自晚上 11 点多到凌晨 3 点持续长达近 4 个小时。案卷材料中未见任何反映男主劝女主喝酒的事实，所以也不存在男主意图将女主灌醉而实施强奸的可能，且三人均没有达到醉酒的程度，都是自己走出酒吧的……

……

二、性行为过程表明，当事人之间的性行为是双方自愿发生的

……

三、事后各方行为表明，客观上不存在强奸犯罪事实

……

四、从法律上看，男主行为不构成强奸罪不应被追究刑事责任，女主丈夫涉嫌非法拘禁、敲诈勒索和诬告陷害

……

审判长、审判员：女主丈夫利用其妻与男主发生婚外性行为这一问题，对男主非法拘禁，勒索巨额钱财，敲诈不成后又威逼唆使女主向公安机关诬告男主强奸，意图使男主被追究刑事责任。辩护人请求法院在区分道德问题与法律问题的基础上，依法宣判男主无罪，以保障无罪的人不受刑事追究；同时，建议检察机关对女主及其丈夫涉嫌犯罪问题监督侦查机关立案侦查。

辩护人：××× ×××

2010 年 12 月 8 日

（一）有针对性地驳斥与有理有据地论证

如前所述，辩护词以破为主、以立为辅，这就决定了其文风带有批判性。辩护词要针对控方的指控有针对性地反驳和批判，选取其中的关键点进行批驳。与公诉意见书不同，辩护词不要求面面俱到。检察机关既然已经提起公诉，总体上来说指控犯罪是有充分依据的，不可能到处充满矛盾。辩护词要抓住起诉指控的关键缺陷和弱点进行攻击，只要攻破其中一点就足以撼动整个指控体系。当然，对于有些观点不能只破不立，比如关于此罪与彼罪的争议问题，控方指控的是甲罪名，辩方主张乙罪名，那么辩护词就既批驳甲罪名，又要论证乙罪名。批驳和论证都应当有理有据，客观理性。虽然辩护词带有批判精神，但是法律职业人的批判是充满理性的说理艺术，理性平和是法庭辩论的基本底色。

（二）适度把握说理与煽情的关系

与公诉词的理性冷静不同，辩护词带有更浓厚的感情色彩。一位经验丰富的英美法系的出庭律师指出，结案陈词中，律师必须将自己转变为推销员——营销理念使陪审团购买一个版本的事实而不是另一个版本，以影响陪审团的决定。因此，在最后的辩论中，逻辑和情感必须联系在一起；律师应该用他的话创造一个画面，向陪审团传达一个形象，包括审判期间提出的所有证据。[①] 值得注意的是，我国并非英美法系，也不存在陪审团，因此，过度的煽情可能适得其反。说理依然是辩护词最重要的功能，可以带有一定情感来渲染和感染合议庭，但是不宜哗众取宠，过度煽情。

（三）最大限度维护被告人利益

“从古罗马产生律师制度的第一天起，律师就被要求必须忠实于客户的利益，这是最基本的职业道德规范。”[②] 辩护成功与否的标准，绝非仅仅靠有罪与无罪就能衡量，实质性的标准在于有无最大限度维护委托人

---

① See Kevin C. Kennedy, *Closing Argument: Through the Eyes of a Trial Advocate*, American Journal of Trial Advocacy 30, no. 3 (Spring 2007), p.594.

② 田文昌、陈瑞华:《刑事辩护的中国经验》，北京大学出版社 2012 年版，第 247—248 页。

的利益。有效辩护是指律师为被告人提供了富有意义的法律帮助，是一种开放性的律师执业标准。也就是人家花了钱请你辩护，你得提供富有意义的法律帮助，而不是相反。因为“当事人要竭尽全力发挥自己的全部才干，说服审判官将判决引向有利于自己的方向，且又不能遭到审判官的批驳。因此这种情况下，作为当事人的一种手段，就是委托律师作为自己的代理人，以补充自己能力的不足”[①]。撰写辩护词过程中，要把维护被告人利益作为中心指导思想。无罪辩护还是罪轻辩护，应当作出理性选择。“刑事辩护不能以输赢论英雄……一个律师，只要尽职尽责，最大限度地维护了委托人的合法权益，就已经发挥了律师的作用”，“对无罪辩护的盲目推崇，是一种很不成熟的辩护文化”。[②] 无罪辩护的辩护词要有理有据，罪轻辩护的辩护词也要入情入理。对于量刑的诉求要尽可能明确，简单的一句“希望对被告人从宽处罚”是没有意义的。正确的做法是对量刑进行精准测算，提出具体的刑期和刑罚执行方式的量刑建议。事实上，辩护人与公诉人一样，都具有量刑建议的权利。

三、公诉意见书和辩护词使用技巧

无论是公诉意见书还是辩护词，抑或答辩提纲，都是用来“准备”的，用来整理思路的，而非用来在法庭上“照本宣科”的。根据庭审“动态原理”，即便事前准备非常充分，依然难以穷尽庭审中可能出现的新情况。不存在一劳永逸的公诉意见书、辩护词，庭审一直处于动态变化之中，不要照本宣科，而要懂得留白与校正、总结与吸收。

（一）留白与校正

留白是指在写作公诉意见书和辩护词过程中，对庭审中可能出现的新观点、新证据进行预测留白，根据前面法庭调查“小辩论”中双方的争议焦点以及论证及反驳的理由临场进行补充。实践中，大量的公诉人、辩护人不懂得留白，习惯于照本宣科“朗读”事前写好的公诉意见书。诚然，对于 80% 以上的认罪认罚案件，这样操作不会有太大的问题，但

① ［日］河谷弘之：《律师职业》，康树华译，法律出版社 1987 年版，第 50 页。

② 田文昌、陈瑞华：《刑事辩护的中国经验》，北京大学出版社 2012 年版，第 85、247—248 页。

是对于10%左右的非认罪认罚案件，这种习惯显然是不行的。

校正是指事先准备好的公诉意见书、辩护词内容，与法庭调查阶段出现的情况不一致，需要当庭予以校正。实践中，甚至法庭调查阶段已经出现了相反的情况，或者之前在公诉意见书、辩护词中预测的要点在法庭调查阶段根本没有出现，依然照本宣科显然是不当的。最好用不同颜色的笔，根据庭审情况临场校正。

（二）总结与吸收

总结与吸收是指在公诉意见书、辩护词中临场总结和吸收法庭调查阶段发问及举证、质证的成果。重点是将在法庭调查阶段揭示和暴露出来的矛盾之处、焦点问题进行总结，并在这里给一个结论性的意见。合议庭成员不会记得你在法庭调查阶段“小辩论”中说过的每一句话。“如果你的反询问是有艺术和有效的，你应该用一定比例的终局辩论时间来对前面没有讲到的内容做一个结论”，“假设你在一个被告人辩称当时不在犯罪现场的盗窃案中代表检控方出庭控诉。在直接询问中，被告重申了当时他不在犯罪现场，但在盗窃极可能已经发生时，被告却在关键上留下明显的漏洞。作为一个严格训练的审判律师，你知道不要在反询问中探讨那些漏洞，因为被告会用一些关于他的行踪额外信息来填补它们。但是，终局辩论是另一种情况”。[①] 同样，在举证质证阶段的辩论成果也需要在第一轮公诉意见书、辩护词中进行总结，一般的表述是“在刚才的法庭调查中……”。这与前面的“留白”技巧是相辅相成的。

① ［美］史蒂文·鲁贝特:《现代诉辩策略与技巧》，王进喜等译，中国人民公安大学出版社2004年版，第292页。

第九章 法庭辩论的基本策略

真正能体现辩论水平的是"小辩论"和"大辩论"的第二轮及以后的辩论。因为质证环节的"小辩论"必须随机应变，临时组织语言，无法照本宣科；"大辩论"的第一轮辩论中，一般是公诉人宣读事先写好的公诉意见书，辩护人宣读事先写好的辩护词，最能反映能力和水平的就是第二轮辩论。"有些律师和公诉人，在第一轮法庭辩论中侃侃而谈，头头是道，在第二轮中却一下子陷入被动，无言以对，就像计算机一样，对事先编制好的程序运用自如，一旦死机、乱了程序，就不灵了。"① 本书以下章节主要针对"小辩论"和"大辩论"的第二轮及其以后的辩论而言。

实践中，法庭辩论的主要问题包括以下方面：（1）不适应激烈对抗，快速反应的思维应变能力不足；（2）情绪把控能力和辩论能力不足；（3）避而不答或乱答；（4）答辩没有条理，不善于点对点答辩；（5）埋头读稿或离不开答辩提纲，即兴答辩及脱稿能力不足；（6）法庭辩论语言（语言风格、语气、语态、语调）的运用和把握能力不足；（7）快速完整捕捉答辩要点、速记要点的能力不足；（8）区分瑕疵证据与非法证据能力不足；（9）看不到争议问题的本质，理论功底不足；（10）对庭审中涉及的其他领域知识的重要性估计不足、准备不够；（11）法庭辩论的逻辑学技巧理解不够、运用不熟。法庭辩论的策略要么被认为"辩无定法"，要么呈现非理性化或碎片化。国内关于这方面的理论研究较为薄弱。笔

① 田文昌、陈瑞华：《刑事辩护的中国经验》，北京大学出版社2012年版，第263页。

者大量查阅了英语文献和英语文献的中文译本，“也往往采用一种非正式的、经常是娓娓道来的风格”，可读性有余，理性化不足。①

第一节　法庭辩论“三要素”

一、“三要素”的内涵

法庭辩论最大的难点在于反驳对方观点、论证己方观点，如何进行有效的反驳，并在反驳中论证己方的观点。实践中法庭辩论问题的点千差万别，无法穷尽。任何授课和书籍都无法把这些问题穷尽列举并写明应对之策。但是，完全可以从这些无法穷尽的问题中概括抽象出一般性的、普适性的规律。笔者在长期出庭实战和检察官教育培训过程中，总结提炼出一个普遍性的规律，就是法庭辩论中的任何法律问题，都可以从三个方面进行论证和辩驳——法律依据、实践依据、理论依据，即法庭辩论的“三要素”，笔者在检察官培训课程中将其称为“黄金法则”。实践中，面对争辩问题，如果能找到这三个依据当然最好，如果找不到三个，那么找到其中一个作为论证理由也是可以的。

二、“三要素”的运用

有明确法律规定的，直接引用法律条文进行论证和反驳，这种问题最简单，对于一个合格的公诉人、辩护人来说，这是伪问题，因为熟悉庭审中可能用到的法律规定，是基本要求。当然，引用法律条文要引用具体的条、款、项。一般不宜用“根据相关法律规定……”这样的表述。实践中经常出现口头声称“根据相关法律规定”如何如何，其实这种法律规定根本就不存在，或者有相关的规定但是被断章取义。如果遇到对方有这种情况，最佳应对之策是请对方说明具体是什么法律法规、具体是如何规定的。避免自己出现这种情况，最佳应对之策是养成开庭带

① 参见［英］威廉·特文宁：《反思证据：开拓性论著》（第二版），吴洪淇等译，中国人民大学出版社2015年版，第292页。

“两本书”的习惯，一本是刑事诉讼法规汇编，另一本是刑法法规汇编。

没有明确的法律规定，或者有间接性规定但是一般人根本发现不了这种间接性的规定，这才是真问题，才是难问题。对方提出一个意见和观点，你感觉到无法答辩，因为这个问题法律上没有规定，不知如何进行回应或反驳，怎么办？如何找到法律依据、实践依据和理论依据这三要素？笔者将这个方法形象地比喻为“剥竹笋法”，就是从悖论问题入手“层层剥竹笋”——剥到“竹笋心”找到问题的本质——从问题的本质找理论依据——从理论依据找相关联的（间接的）法律规定——联想到实践依据，进而实现理论依据、法律依据、实践依据的完美说理。也就是从悖论问题出发，发掘理论本质，通过理论的桥梁，寻找到法律依据和实践依据。所谓悖论问题就是双方争议的焦点、难以解决的问题。图示如下：

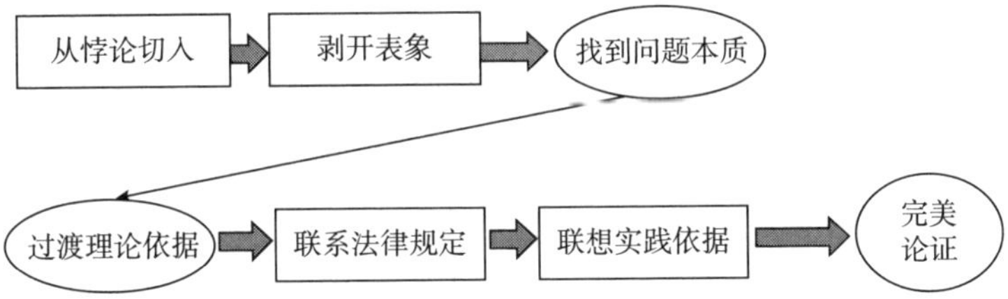

下面结合具体案例来阐述：一个犯罪案件，公诉人出示了侦查人员出具的“情况说明”来证明被告人到案的情况，并有两名侦查人员签字。辩护人提出质证意见：该证据不得作为定案根据。一方面，《刑事诉讼法》第 50 条规定的八类证据中并没有“情况说明”；另一方面，这个情况说明到底是书证还是证人证言，如果是书证，但是其内容其实是证言，如果是证人证言，但是两名侦查人员签字，不符合个别作证的规定。

公诉人该如何答辩呢？简单回应一句“根据相关法律规定，情况说明是证据”，显然是苍白无力的。通过“剥竹笋法”来运用辩论“三要素”。第一步，《刑事诉讼法》第 50 条中列举的八类证据确实没有“情况说明”，严格来说确实既不符合书证的特征，也不符合证人证言的要求，但是控方作为证据出示了，控方认为是证据，辩方认为不是证据，这就是悖论。第二步，从这个悖论入手，“剥竹笋”，找问题的实质。“情况说明”能不能作为定案根据使用，就先得解决“情况说明”是不是证据，要解决“情况说明”是不是证据，就得解决什么是证据。什么是证据？这才是本质问题，才是“竹笋的心”。第三步，找到问题的本质后过渡到理论依据，理论上关于什么是证据，曾经有过事实说与材料说之争。事实说将证据定义为“证明案件真实情况的事实”，[①]或者将其定义为“证明案件事实的根据”。[②]材料说认为证据是“证明案件事实的材料”。[③]国外对证据的定义也各有不同。英美现代证据法的奠基人之一边沁认为，证据是出示给法官并希望在法官的脑海中产生某种事实存在或不存在的说服效果的另外一种事实。[④]英国学者理查德·梅认为：“证据是某种倾向于证明或反驳某些事实或结论的事实。”[⑤]这与我国的事实说有相似之处。美国学者艾伦认为，证据一般是指在裁决过程中能以理性方式影响最终裁判结果的那些“输入”信息，同时还意味着在裁判中提出的证言和展示件。[⑥]日本学者松尾浩也认为：“证据是多种多样的，但所有证据的共同特点是，它们都是反映事实的信息媒介。”[⑦]德国学者托马斯·魏根特认为：“证据对于传递与这些事实有关的信息是必要的。”[⑧]这些信息说与我国的材料说有异曲同工之处。我国1996年《刑事诉讼法》第42条第1款对证据的定义是“证明案件真实情况的一切事实，都是证据”，可以说是采取了事实说的立场。但是2012年《刑事诉讼法》修改时将其修改为“可以用于证明案件事实的材料，都是证据”，2018年《刑事诉讼法》修改时延续了这一规定。至此，材料说获得了立法的认可。

当然，在真正的法庭辩论中无须阐述这么多国内外的学说，只需要对事实说和材料说简要说明即可。根据材料说的观点，证据是指可以用

---

① 参见陈一云主编：《证据学》（第二版），中国人民大学出版社2000年版，第99页。

② 参见何家弘、刘品新：《证据法学》，法律出版社2004年版，第108页。

③ 参见易延友：《证据法学：原则、规则、案例》，法律出版社2017年版，第5页。

④ 参见易延友：《证据法学：原则、规则、案例》，法律出版社2017年版，第4页。

⑤ ［英］理查德·梅：《刑事证据》，王丽、李贵方等译，法律出版社2007年版，第3页。

⑥ 参见［美］罗纳德·J. 艾伦：《艾伦教授论证据法》（上），张保生等译，中国人民大学出版社2014年版，第1页。

⑦ ［日］松尾浩也：《日本刑事诉讼法》（下卷），张凌译，中国人民大学出版社2005年版，第27页。

⑧ ［德］托马斯·魏根特：《德国刑事诉讼程序》，岳礼玲、温小洁译，中国政法大学出版社2004年版，第15页。

于证明案件事实的材料，换言之，能够证明案件事实的材料就是证据。“情况说明”能不能证明案件事实呢？证明了什么案件事实呢？“情况说明”能够证明被告人被抓获的经过及其到案情况，所以是证据。这就顺利找到辩论“三要素”中的第一个要素“理论依据”。

找到这个理论依据之后，顺着理论依据找法律依据就“豁然开朗”，很容易联想到《刑事诉讼法》第50条的规定。立即翻开携带的刑事诉讼法规工具书，找到《刑事诉讼法》第50条，会发现除了第2款规定了八个证据种类外，第1款还有句“可以用于证明案件事实的材料，都是证据”，这个规定跟前述理论依据完全一致。接着再看第50条的第2款规定：“证据包括：（一）物证；（二）书证；（三）证人证言；（四）被害人陈述；（五）犯罪嫌疑人、被告人供述和辩解；（六）鉴定意见；（七）勘验、检查、辨认、侦查实验等笔录；（八）视听资料、电子数据。”两个条款一对照，就恍然大悟，第1款与第2款之间的关系是定义与列举的关系，应结合起来理解，不可偏废。根据第1款规定，可以用于证明案件事实的材料都是证据。那么如前所述的“情况说明”只要能够证明案件事实，即属证据。第2款属于列举，既然是列举，就存在列举不全面的问题。所以，有学者认为，刑事诉讼法规定的证据种类只是一个提示性的规定，是为了告诉侦查人员、诉讼参与人员这些东西都属于证据，需要收集，并提示审查这些证据的要点和手段有所不同，“不意味着客观世界中的每一个证据必然只属于其中一种证据类型”，甚至认为“我国从法律上规定证据之种类似乎并无特别的必要”。[①]陈瑞华教授也认为，在法律中明确限定证据的法定形式，其必要性值得反思，因为“立法者在成文法中要想穷尽证据的所有表现形式，几乎是不可能实现的目标。这是因为，证据的表现形式是多种多样的，成文法很难将其列举穷尽。我国刑事司法实践中出现并得到广泛运用的证据形式，远远不限于法律所列举的那八种证据形式”[②]。就此而言，“情况说明”能够证明案件事实，符合《刑事诉讼法》第50条第1款关于证据的定义，系证据，即使第2款列举的八

① 参见易延友：《证据法学：原则、规则、案例》，法律出版社2017年版，第17—18页。

② 陈瑞华：《刑事证据法》（第三版），北京大学出版社2018年版，第240—241页。

类证据中没有明确的表述，也不影响其作为证据的性质。因此，《刑事诉讼法》第50条并没有排斥“情况说明”是证据。到此就完成了辩论“三要素”的第二个要素“法律依据”。原来，这个问题不是法律没有规定，而是有规定，只是不容易发现这个规定！

当找到法律依据的时候，再去找实践依据，立即会“脑洞大开”，能够迅速进行联想，进入“柳暗花明又一村”的境界。因为《刑事诉讼法》第50条不是定义而是列举，立即就能联想到两种情况：一是实践中自己办理的案件是不是经常会在卷宗中看到一些证据材料不是《刑事诉讼法》第50条列举的名称，实践中，类似情况还有很多，如检验报告、搜查笔录、事故调查报告、抓获经过、案发经过、扣押清单等均在《刑事诉讼法》第50条第2款找不到对应的表述，为什么这些证据在《刑事诉讼法》第50条规定中找不到，但依然作为定案根据？二是“两个证据规定”以及最高人民法院《关于适用〈中华人民共和国刑事诉讼法〉的解释》中也明确了“情况说明”的证据地位。这样从理论、法律和实践三个方面进行答辩，堪称完美！上述观点可以说是英美法系的解释路径。因为英美法系一般不会在立法上对证据下定义，也不会在立法上列举证据种类。从大陆法系的解释路径来说，第2款的证据种类列举，还具有法定证明方法的意义。大陆法系的证明方法分为严格证明与自由证明。严格证明要求仅能用法律明文准许的数种证据方法来审查认定事实，即“法定证据方法”。严格证明的对象适用于定罪事实和加重的量刑事实，采取严格法定的证据种类、严格质证调查程序、确信的证明标准。自由证明适用于程序性事实和有利于被告人的量刑事实，不受法定证据种类影响，调查程序可以不受直接、言词、公开等原则限制，可以通过查阅卷宗或电话询问；证明标准达到释明程度。就此而言，“情况说明”如果用于证明取证程序或者证明被告人存在自首、坦白等有利于被告人的事实，属于自由证明的对象，不受法定证据方法的限制，作为证据使用并无不妥。由此可见，上述两种解释路径，都可以破解“情况说明”的证据定位问题。

类似这样的例子不胜枚举，可以说所有的不明确问题，都可以用这个方法。再比如，一个生产销售有毒、有害食品的案件，食药监局出具了食品有毒、有害的检测报告。辩护人提出，公诉方将这个检测报告作为鉴定意见来使用，但是这个检测报告存在以下问题：一是此鉴定机构并没有纳入司法行政机关的鉴定机构名录；二是形式上不符合鉴定意见的格式。

很多公诉人面对这个问题一下子就懵了，找不到法律依据来进行反驳。其实用“剥竹笋法”寻找辩论“三要素”就很容易破解这个难题。

第一步，找到悖论问题的实质。这个检测报告确实不同于一般的鉴定意见，但是为什么可以当作鉴定意见参考使用？争议的本质问题是“什么是鉴定意见”，这才是“竹笋的心”。证据法基本理论告诉我们，鉴定意见是以书面形式记录的专家意见，也就是专业机构的专业人员对专业问题作出的专业判断。所以 2012 年《刑事诉讼法》修改时将“鉴定结论”修改为“鉴定意见”。案件中的食品检测报告是食药监局这个专门的专业机构和专业人员对专业问题作出的认定意见，因此，理论上属于鉴定意见的范畴，这是理论依据。

第二步，从上述理论依据，特别是从鉴定结论到鉴定意见的变迁，很容易联想到刑事诉讼法关于鉴定意见的规定，随手翻阅携带的法规工具书，找到《刑事诉讼法》第 146 条“为了查明案情，需要解决案件中某些专门性问题的时候，应当指派、聘请有专门知识的人进行鉴定”。这里并没有将鉴定机构纳入司法行政机关的名录作为必备要件。该法条对应的司法解释，2021 年最高人民法院《关于适用〈中华人民共和国刑事诉讼法〉的解释》第 100 条第 1 款更加明确规定，“因无鉴定机构，或者根据法律、司法解释的规定，指派、聘请有专门知识的人就案件的专门性问题出具的报告，可以作为证据使用”。

接着就很容易联想到实践中有大量鉴定意见的出具机构并没有纳入司法行政机关的名录，比如，价格鉴定由物价部门的价格鉴定中心进行鉴定，不在司法行政部门的鉴定机构名录之中；野生动植物的鉴定一般是由森林公安司法鉴定中心进行鉴定，但同样没有被纳入司法行政部门的鉴定机构名录中；赌博机的鉴定，是由公安机关进行认定。这就是第三步的实践依据。

事实上，司法行政管理部门的登记只是一种管理手段，其本身并不能决定鉴定人及其机构是否具有专门知识。不能仅以未纳入司法行政部门的登记为由而否定证据能力。2019 年 7 月 22 日最高人民法院办公厅

《关于北京市司法局就登记管理的鉴定机构均进入北京法院专业机构名册意见的复函》指出，实践中一些地方司法行政管理部门突破法律授权，对四类外鉴定事项进行登记，造成鉴定管理混乱。全国人大常委会法工委建议督促地方司法行政部门立即停止办理四类外鉴定机构鉴定人登记管理。2018 年 12 月 5 日，司法部办公厅发布了《关于严格依法做好司法鉴定人和司法鉴定机构登记工作的通知》，要求各地司法行政机关推进四类外鉴定人鉴定机构规范整改工作，对没有法律依据，拟申请从事四类外鉴定的机构和人员，一律不予登记，对已登记从事四类外鉴定的鉴定机构鉴定人，要依法坚决注销登记。最高人民法院办公厅《关于北京市司法局就登记管理的鉴定机构均进入北京法院专业机构名册意见的复函》还就人民法院对外委托名册问题进行了阐述："《人民法院对外委托司法鉴定管理规定》（法释〔2002〕8 号）和《最高人民法院对外委托鉴定、评估、拍卖等工作管理规定》（法办发〔2007〕5 号）规定，人民法院委托鉴定工作实行对外委托名册制度……对外委托名册只是人民法院开展委托鉴定工作的使用名单，并非行政许可，没有进入人民法院对外委托名册的各类社会中介机构，仍然可以接受公安、检察、行政机关、当事人等社会各界的委托，并不影响其执业。"上述文件进一步说明，司法行政管理部门的登记只是一种管理手段，不能以没有纳入司法行政部门的登记为由而否定其证据能力。

第二节　法庭辩论的三大逻辑法则

尽管人们对法庭辩论总结出各种各样的方法，但是在逻辑上无外乎三大方法：归谬、类比、经验法则。实践中，公诉人和辩护人都在使用，但是很多情况下是无意识地使用，知其然而未探究其所以然，运用不当还会适得其反。要想成为真正的庭审辩论高手，就要知其然并知其所以然，真正掌握原理才能熟练和精准运用。

一、归谬法

归谬法就是首先假定对方的论题是正确的，然后从这个论题中推出一个更为荒谬的结论，从而彻底地否定对方的观点，也就是直接从被反驳的论题推出错误的结论，由否定错误的结论，进而推出被反驳的论题的虚假性。逻辑结构如下：

需要反驳论题 P 为假，先假设 P 为真，然后以 P 真为前提，推出一个错误荒谬或自相矛盾的结论 Q。因为 Q 被否定，所以 P 被否定。

归谬法的逻辑依据是矛盾律，其最大特点是先不直接反驳对方的错误观点，而沿着对方错误观点出发，引出荒谬的结论，即“以退为进，步步反击”，因而反驳起来十分有效，一针见血。归谬法的好处在于，“让大家一致认为某个特定结论是荒谬的，要比让大家一致认为某个结论是正确的（甚至唯一正确的）来得容易许多。此外，再加上这种论据在修辞上的冲击力道，再也没有其他的非难能够比指称某个命题会导致荒谬结果的非难，更彻底、终局地摧毁这个命题的名声”[①]。归谬法的主要功能在于反驳，侧重于“破”而不是“立”。“归谬论证是一种间接证据。它不是要证明自己命题的正确性，而是要证明对手命题的错误，亦即从对手命题导出一些显然错误或无法接受，也就是荒谬的后果。”[②]

如何运用归谬法呢？首先，需要把握归谬的有效性前提要件：（1）被导出的结论必须确实是荒谬的，而且不能只是在个人的观点下为错误，而是在放大到根据一般原理都是错误的。这是谬误性之要件。（2）谬误的结论必须是根据逻辑规则，从正确且完整描述的命题所导出，而不是断章取义的。这是正确推论之要件。（3）导致荒谬的命题与应被证明的命题，必须处于如“A”与“非 A”的关系，不可以有第三种可能性存在。这是排他性之要件。（4）对立命题必须在所有根据归谬论证可导出荒谬结果的情形中，都能够避免这个荒谬结果。这是完全性之要求。（5）除了放弃该命题外，不可以有通过其他方法避免这些逻辑上之后果的可能性存

① ［德］英格博格·普珀：《法学思维小学堂——法律人的 6 堂思维训练课》，蔡圣伟译，北京大学出版社 2011 年版，第 100 页。

② ［德］英格博格·普珀：《法学思维小学堂——法律人的 6 堂思维训练课》，蔡圣伟译，北京大学出版社 2011 年版，第 100 页。

在。这是独占性之要求。[①] 能够满足上述要件的归谬法将能实现“一招制胜”的效果。

例如单位犯罪问题，《刑法》第 30 条规定：“公司、企业、事业单位、机关、团体实施的危害社会的行为，法律规定为单位犯罪的，应当负刑事责任。”有观点据此认为，如果刑法对某个罪名没有规定单位犯罪，那么单位组织实施该罪名的行为，就既不能追究单位的责任，也不能追究具体实施该犯罪行为的自然人的责任。比如，单位组织实施盗窃行为，有观点就认为因为刑法对盗窃罪没有规定单位犯罪，因此既不能追究单位的刑事责任，也不能追究自然人的刑事责任。这种观点在法庭上曾经非常常见，振振有词声称这是坚守罪刑法定原则的表现，似乎难以反驳，但是通过归谬法就很容易破解：按照该观点的逻辑，某公司雇凶杀人，而刑法对故意杀人罪没有规定单位犯罪，那也不能追究任何人的刑事责任。再以此类推，单位组织实施抢劫、诈骗等行为，也无人承担刑事责任，这显然是荒谬的。其实，对《刑法》第 30 条的正确理解应该是：法律规定为单位犯罪，单位应当负刑事责任；法律没有规定为单位的，单位不负刑事责任，但不能由此得出也不能追究任何自然人刑事责任的结论。

再比如，在一起强奸案件中，被害人通过某聊天软件认识网友被告人，见面后，被告人强行与被害人发生性关系，涉嫌强奸罪。庭审中，辩护人提出，因为被告人是通过某聊天软件认识被害人的，而某聊天软件被称为“约炮神器”，因此被害人是自愿与被告人发生性关系的。公诉人可以运用归谬法进行反驳：按照辩护人的观点，如果用某聊天软件聊天认识，就会发生性关系，且都是属于自愿的“约炮”行为的话，截止到案发时某聊天软件用户突破 600 万，难道这 600 万用户都是为了“约炮”或已经“约炮”吗？这显然是荒谬的。事实上，某聊天软件是北京某科技有限公司于 2011 年 8 月推出的一款基于地理位置的开放式移动视频社交应用程序，是开放式社交软件。

---

① 参见［德］英格博格·普珀：《法学思维小学堂——法律人的 6 堂思维训练课》，蔡圣伟译，北京大学出版社 2011 年版，第 101 页。

二、类比法

类比法是根据两类或两个事物在某些属性上相同或相似，进而推之它们另一属性也相同或相似的逻辑方法。它是由两个对象已知相同点推出未知的相同点，即“从同推同”。类比法不同于比较法。类比法是“以比较为基础的，但又不同于比较。比较是确定两个事物或两类事物之间的联系与区别的思维过程或方法，它既要研究两对象的相同点（联系），还要研究两对象的不同点（区别）。而类比是在比较两对象的相同或相似点的基础上，从诸多的相同或相似属性推出未知的共同属性，即‘从同推同’，或者叫‘从诸同推一同’”[①]。法庭辩论中需要运用到的知识绝不仅仅是法律条文和法学理论，因为法庭辩论的对象往往涉及事实问题，而很多事实问题并非法律问题，还广泛涉及其他领域的知识。这些其他领域的知识，无论是公诉人还是辩护人抑或是法官都未必熟悉。这种情况下，要想驳斥对方，说服法官，用大家熟悉的事物去类比大家所不熟悉的事物，就非常明智。“每当理智缺乏可靠论证的思考时，类比这个方法往往能指引我们前进。”[②] 所以，类比法在法庭辩论实践中被广泛运用。

法庭辩论中如何运用类比法呢？第一步，找到与你要论证观点具有相同或相似属性的事物，这个相同或相似的事物应当是大家都熟悉的，这是确保得出显而易见、不言自明结论的关键。第二步，把这个相同或相似的事物与你要论证的观点进行类比，得出一个显而易见的结论。例如，一起环境污染案件中，被告单位处置的危险废物放置在木架上，侦查机关取证时，连同木架一起称重，然后减去木架的重量得出污染物的重量。庭审中，辩护人提出这种称重方法有问题，认为公安机关完全可以将木架去掉直接称量污染物的重量，该证据不能作为定案根据。其实，辩护人这种观点是难以成立的，但是又不能不予答辩，如果大讲特讲数学原理既无必要，效果也未必好。这时可以用类比法。公诉人可以这样答辩：“这是一杯水，我们要知道这杯里的水的重量，先连杯子带水一

---

① 段启俊、郭哲：《法律逻辑学》，湖南大学出版社 2003 年版，第 167—168 页。

② ［德］伊曼努尔·康德：《宇宙发展史概论》，全增嘏译，上海人民出版社 1972 年版，第 47 页。

起称重，然后把水倒掉，再称杯子的重量，用前面的重量减去杯子的重量，得出的是不是水的重量？如果辩护人、法庭都认同这个结论，那么刚才辩护人提出的观点，请法庭不予采信。”在类比法运用中，要找到类比事物之间真正的相同点和相似性，类比事由还要符合严肃、理性的要求，毕竟法庭辩论是理性和严肃的。一个不恰当的类比比没有类比更糟。比如，在某个案件庭审辩论中，一方认为某项证据应当进行鉴定，另一方认为不需要鉴定，并用类比法称“如同路遇狗屎，不需要品尝就会绕道而行”。这个类比既不严肃、理性，也不符合相类比事物之间相似性的要求，让人大跌眼镜。也不要轻易拿自己做类比。比如，公诉人举例说：“那如果我使用某聊天软件，难道我也是要与他人……”

但是，类比法也具有局限性，因为它是根据 A、B 两个对象在某些属性上的相同或相似，进而推之它们在其他属性上的相同或相似，结论超出了前提的范围；而且，如同世界上没有两片完全相同的树叶一样，类比法的结论是或然性的。所以，类比法的前提是两个相类比的事物之间具有相似性或相同性。在法庭辩论中依然可以利用类比法的这一局限性，就是当对方使用类比法的时候，我们要善于利用类比法的这一局限性去反驳、去拆解对方的类比。我们可以把用类比法论证己方观点称之为“正类比”，把利用类比法的局限性去反驳、拆解对方类比法称之为“反类比”。

反类比的运用方法：找出对方用于类比的事物与其所要论证观点的不同点或非相似性。因为相同点、相似性是类比法的基本前提，要反驳对方的类比，就必须把这个基本前提拆解掉。例如下面这个案例：

一起环境污染的案件，辩护人提出：被告单位朝涉案河流排污之前，已经有其他企业朝这条河流排污，河流已经被污染了。这就相当于一个人已经被其他人杀死了，人死不能复生，而被告单位只是类似于“朝死人尸体上再插一刀”而已。辩护人继续论辩道：朝死人身上再插一刀是不可能构成故意杀人罪的，因此，被告单位不可能构成污染环境罪。

辩护人使用了类比法，乍一看，这个类比推理似乎很有道理，很多人不知如何答辩。实践中很多公诉人要么避而不答，要么绕着走，不敢正面交锋，还有的公诉人直接来一句“今天审理的是环境污染案，不是故意杀人案，你讲的与本案无关”。正确的做法是应该使用反类比。笔者当年作为公诉人就是运用反类比进行答辩的。先找到用来类比的两个事物之间的非相似性或不同点。河流与人具有相似性吗？河流被污染与人被杀死具有相同点吗？进一步思考“人死不能复生”，河流能“死”吗？河流“死了”能复生吗？想到此豁然开朗。公诉人答辩道：“首先，河流不存在死亡；其次河流被污染了，未必不能‘复生’。众所周知，大自然具有自我净化功能，河流曾经被污染，如果不再继续污染，生态具有自我修复功能，经过一定的时间，会恢复生态功能。因此，被告单位后续排污不仅阻止了自然净化和生态恢复进程，而且持续加剧污染。其他企业排污与被告单位排污属于刑法因果关系中的多因一果，这种多因一果显然不能否定因果关系的存否。”这样的反类比就起到一招制胜的效果。

三、经验法

经验法则是人们在长期的生产、生活以及科学实验中对客观外界普遍现象与通常规律的一种理性认识，在观念上它属于不证自明的公认范畴。[①] 从人类学的角度而言，经验法则及论理法则乃人类思维累积而成之概念，包括所有曾经存在、现实存在以及未来将存在之已知事实，人类随时随地执此已知概念作为解释未知事实之工具，普遍适用于人类一切决策活动，并作为准则，其适用于审判上作为判断事实之证据法则，且作为证据思维之核心，在整个证据思维过程中无所不在。从所涉领域看，经验法则可分为日常经验法则和特殊经验法则。日常经验法则是指人们日常生活和生产实践中，为大众知晓、认同的关于事物及社会观念的普遍性、规律性的认识，主要有以下几种表现形式：一般交易惯例、社会基本伦理、善良风俗、自然现象、自然人的生理现象和普遍的心理状态、思想状态。特殊经验法则是指特殊群体所掌握、认同和分享的关于事物的普遍性、规律性的认识。由于特殊经验法则只为特殊领域的专业人士所掌握，裁判者并不熟知，故原则上需要通过专业的鉴定、论证方可适用。

运用经验法则得当能起到“一招制胜”的效果。比如，被告人称自

---

① 参见陈祐治：《刑事诉讼与证据法系列之三——经验法则及论理法则》，载《法令月刊》2008 年第 8 期。

己受到刑讯逼供，被打得很严重，打在头部，至今头还疼。但是根据经验法则，从侦查阶段到开庭，已经半年有余，如果至今头还疼的话，那么要么是头部有严重外伤，可是体检证明其头部没有任何外伤；要么是内伤，可是被告人如果有疼痛半年之久的头部内伤，这时就不可能还站在这里接受讯问。再比如这样一个案例：

被告人A（无业）看见被害人B（某上市公司副总）驾驶的小汽车停在商场的停车场，在车边等候。一小时后，被害人B从商场购物回到停车场，在距离小汽车3米左右用遥控钥匙解锁车门，被告人A趁机溜进副驾驶室。随后，被害人B进入驾驶室，被告人A用“枪”（事后查明为儿童玩具枪）顶住被害人B。被害人B将随身钱包拿给被告人A，被被告人A拒绝，被告人A要求被害人B按照自己指挥的路线驾驶车辆。车辆行驶一段距离后，在等红绿灯过程中，被害人B冲出车辆逃跑，被告人A紧追不舍，后因围观群众越来越多，被告人A逃跑。被告人A到案后一直处于零口供状态，拒不供述犯罪意图和犯罪目的。

庭审过程中，由于公诉人出示了监控录像、车门把手DNA鉴定等证据，被告人A不得不承认劫持了被害人B，但被告人A辩解称自己与被害人B是地下情人关系，案发当时没有任何犯罪目的，也不是劫持或非法拘禁，而是被害人B勾引他准备发生性关系。辩护人认为这是新出现的重大事实，应当休庭调查，法官甚至也认为应当休庭调查。笔者作为公诉人主张恢复法庭调查，公诉人需要讯问被告人，法庭准许。

问：你和被害人B什么时间认识的？

答：不记得时间，但是情人关系保持都快三年了。

问：被害人B多少岁？

答：不知道。

问：被害人B生日什么时候？

答：不知道。

公诉人向法庭总结道：“公诉人讯问完毕，通过刚才的讯问，被告人A声称与被害人B保持情人关系长达近三年，但是竟然不知道被害人B的年龄，也不知道被害人B的生日。况且被告人A无业，被害人B是两个孩子的母亲，且是上市公司副总。这一切均不合常理，根据经验法则，只有一个可能，被告人A撒谎！公诉人建议无须休庭，继续审理。”法庭采纳公诉人意见，继续审理。

上述案例中，公诉人使用日常经验法则的方法进行答辩，配合交叉询问技术。“案件中最具说服力的特征就是符合常识。如果你在一个观点中找到了符合常识的点，那么你就可以着手实现无法抗拒之辩，从这里开始，精心措辞，谨慎表达。”[①] 通过交叉询问，让被告人 A 先确认自己的辩解即与被害人 B 是情人关系，且更进一步认可情人关系维持近三年，通过设计年龄和生日问题，让被告人 A 陷入困境。然后运用日常经验法则进行答辩，根据生活中形成的普遍社会观念，长期的情人之间不可能不知道对方生日，更不可能连对方年龄都不知道。通过经验法起到一招制胜的效果。

经验法也是“幽灵抗辩”的克星。“幽灵抗辩”是指刑事被告人在刑事诉讼中针对检察官的有罪指控，为减轻或者免除其刑事责任而提出的难以查证的辩解。[②] 被告人将一个如幽灵般虚无缥缈的人或事作为证明其无罪或者罪轻的抗辩理由，通常会辩称受他人栽赃却不知实情、好心帮忙却受人蒙骗、挪用款项只用于公务开支……这些事由听起来匪夷所思，但其中真假难以判断。[③] 我国台湾地区的司法实务中常见有伪造货币或特许证案件的被告，翻供称“伪造货币或证件是只知绰号不知真名之陌生案外人所交付，不知所收受之物为伪钞或假证件”，或者走私鱼获案中被告人辩称海盗强迫其购入对方鱼获，又称“海盗抗辩”。“幽灵抗辩”的最大特点是不合常理，因此用经验法对抗“幽灵抗辩”是最佳路径。

---

① ［英］伊恩·莫利、王馨仝:《说服法庭——讼辩高手进阶指南》，法律出版社 2022 年版，第 78 页。

② 参见万毅:《“幽灵抗辩”之对策研究》，载《法商研究》2008 年第 4 期。

③ 参见王长水、刘媛:《刑事诉讼中“幽灵抗辩”的对策研究》，载《齐齐哈尔大学学报（哲学社会科学版）》2016 年第 1 期。

10

第十章 法庭辩论技巧

法庭辩论是语言艺术与专业技能结合的典范，既需要高超的说话水平，也需要深厚的专业功底，其中有诸多规律性的原理需要遵循，也有诸多技术需要把握，还有一些“雷区”需要避免。

第一节　法庭辩论技巧之“十要”

一、要有快捷的思维应变能力和娴熟的语言运用能力

法庭如战场，节奏紧促，交锋激烈，需要出庭人员具有快捷的思维应变能力和娴熟的语言运用能力。快捷的思维应变能力，就是在对方发表立论观点和反驳意见时，能迅速在思维上作出反应，知道接下来如何回应和答辩；娴熟的语言运用能力，是熟练现场组织语言将思维中回应和答辩的内容准确表达出来，而且语言要有感染力，语音抑扬顿挫，语调配合恰当的手势、适宜的表情，实现说服的目的。

这种能力首先是以深厚的专业功底作为基础的，但思维应变和现场组织语言的能力是可以培养的。笔者多次作为十佳公诉人备战训练教练组成员，总结出“532”训练法并被证明是有成效的。所谓“532”训练法即每天早或晚对镜子朗读5分钟；每天午休时间或其他空余时间一对一辩论30分钟，必要时录下来不断复盘回看；坚持2个月速成。对照镜子练习朗读，能够看到自己面部表情、手势，不断地调整，直到自己看

到觉得最舒服、最赏心悦目的状态为止；同时通过朗读来训练语音、语调和音色，就像声乐练习一样。每天坚持两人一组一对一辩论集训快速反应能力和临场语言组织能力，回看录像复盘进行自我评价、自我调整和校正，不断提高。2 个月不间断训练，能将一些技能变成习惯。在十佳公诉人备战训练中，经过 2 个月的集训，99% 的队员都能做到拿到一个辩题，20 分钟准备，即可脱稿进行一对一辩论。国外也有学者主张，在同事、法律秘书甚至镜子面前练习，通过自我观察和他人对争论的反应进行自我评估和建设性批评。通过视频录制练习课程可以让自己看到自己的弱点和优势，从而提供额外的机会来增强整体演示。①

二、要有抬头说话、脱稿讲话的能力

亚里士多德说，论辩术是"问答式辩论的艺术"，与修辞术采用叙述方式不同，论辩术采用问答方式。②法庭辩论是一种问答式的语言交流，语言交流的基本要求是抬头说话、脱稿说话。照本宣科是许多新手的共同缺陷，他们害怕即将降临到自己身上的事情，缺乏眼神交流。需要注意的是，脱稿不是背诵，而是根据要点和提纲临场组织语言。美国法官普雷格森说："埋头背诵一篇准备好的演讲稿几乎没有效果。当我们一直关注你的头顶时，我们对你说的话的兴趣就减弱了。"③"无论阅读什么，阅读的行为本身就在律师和法院的同情关注之间拉起了一道铁幕。"④一旦你开始朗读你的提纲，你就在你和法庭之间建立了一道铁幕！永远记住：和法庭说话，不要给他们朗读。就像讲课，你是在和学员、学生说话，而不是给他们做报告，在法庭上做报告是愚蠢的。这就是为什么有的人讲课学员全程聚精会神，而有的人讲课学员"睡倒一片"。

---

① See Kevin C. Kennedy, *Closing Argument: Through the Eyes of a Trial Advocate*, American Journal of Trial Advocacy 30, no. 3 (Spring 2007), p.595.

② 参见［古希腊］亚里士多德:《修辞学》，罗念生译，上海人民出版社 2005 年版，第 19、21 页。

③ See Stephen J. Dwyer, Leonard J. Feldman, Robert G. Nylander, *Effective Oral Argument: Six Pitches, Five Do's, and Five Don'ts from One Judge and Two Lawyers*, Seattle University Law Review 33, no. 2 (Winter 2010), p.357.

④ See Robert L., Gressman Stern, Eugene. *Supreme Court Practice, Urisdiction, Procedure, Arguing and Briefing Techniques, Forms, Statutes*, Rules for Practice in the Supreme Court of the United States (1950), p.315.

抬头说话、脱稿讲话能力的养成，需要把握以下要点：（1）吃透准备的材料。上庭如上战场，不打无准备之仗。事先准备好的材料，不需要背诵，而是要吃透其中的思想内涵、法理基础、逻辑结构。所以最好的方法就是自己动手写答辩提纲，写答辩提纲的过程就是整理思路的过程，这个答辩提纲的撰写不是为了在法庭上读，而是通过撰写答辩提纲熟悉材料，整理思路，这样在法庭上就能运用自如。实践中，很多出庭公诉人、辩护人让助理替自己撰写答辩提纲，这是极不明智的。（2）养成看提纲的习惯，也是养成跟着提纲说话的习惯。这里的提纲是条目式的真正提纲，不是长篇大论。真正的提纲就是一个条目式的标题，其功能和作用是用于提示而非用于宣读。提纲的作用一方面是指引发言的逻辑思路，让发言者跟着提纲层层推进；另一方面是在发言者忘记要说什么的时候起到提醒作用。大多数律师都不敢将他们的提纲留在公文包中，他们更愿意将准备好的提纲放在讲台上以防万一。[①] 提纲不可能是万能的，不可能预见到所有法庭上出现的情形，所以，需要提纲，但又不能完全依赖提纲。遇到事前没有想到的问题，在对方发言时临时写下提纲。（3）根据提纲现场组织语言。就像讲课一样，对着 PPT 上的提纲讲课，根本无需讲稿。笔者在给检察官培训时告诉他们，上台讲课时只带 PPT，不要带讲稿，没有了讲稿的依赖，养成根据提纲现场组织语言的习惯，自然就能够脱稿了。法庭辩论也一样，根据提纲现场组织鲜活、生动的语言，才具有说服力和感染力。（4）学会适时降低语速和停顿。当你觉得思维快要跟不上的时候，语言快要“枯竭”的时候，降低语速，必要时，还可以稍作停顿，以为自己争取思考的时间。要从容而优雅地降低语速，给人的感觉是要强调某句话而降低语速，让声音听起来更加抑扬顿挫。必要时的稍作停顿，是古老的演讲技巧。这种突然的沉默让每个人都抬起头来，法庭上的每个人都期待地看着演讲者。[②]

---

① See Stephen J. Dwyer, Leonard J. Feldman, Robert G. Nylander, *Effective Oral Argument: Six Pitches, Five Do's, and Five Don'ts from One Judge and Two Lawyers*, Seattle University Law Review 33, no. 2 (Winter 2010), p.357.

② See Frederick Bernays Wiener. *Effective Appellate Advocacy: How to Brief and Argue a Case on Appeal*, including Examples of Winning Briefs and Oral Arguments(1950), p.182.

三、要学会点对点速记

辩方以攻为主，在控方发言时重点记录准备进攻的点，并快速写下进攻辩论的要点；而控方是攻防兼备，公诉人与辩护人在法庭辩论方面最大的区别在于，辩方进攻控方的事实、证据、程序，而公诉人不仅要进攻辩护人的观点还要进行防守，保护指控的事实、依据和意见，既要批驳辩护观点，更要将批驳的理由作为论证起诉指控的理由，以攻为守。因此，对于控方来说，逐条、逐点记录对方的观点并快速写下答辩要点，至关重要。

点对点速记，是指在对方发言时，将需要进行答辩的所有要点逐项快速记录下来，并在每一项要点后注明答辩的要点。如何能在短时间内速记？基本的方法是建立自己的语言符号系统，记录关键词和要点，既可以用文字，也可以用符号、图画等。比如关于盗窃罪与侵占罪的区别，辩方认为是侵占罪，其中一条理由是关于占有问题，那么在速记中用关键词“占有”标记辩方观点，并打算用“平稳的占有说”批驳辩方观点，那就用箭头再标记“平稳的占有”。这样在答辩过程中，针对辩方的这条理由就可以展开辩论。速记的要是有效信息，也就是要将辩护意见中值得且需要答辩的观点速记下来，这与出庭书记员的记录是有本质区别的。比如，辩护人认为构成自首、偶犯、初犯，而起诉书中也认定了自首，被告人确实是初犯、偶犯，这点辩护意见就无须记录。在前一步速记的基础上，迅速组织语言进行点对点有条理地进行答辩。在记录过程中，要标注好序号，以确保在后面的答辩过程中条理清晰，同时还要用相应的符号标记好主次，比如要重点答辩的问题用五角星，可以简单答辩的问题用圆圈。必要时调整顺序，在对手辩论时，你应该记录对手的主要观点和法庭提出的问题。另外，听听对手的论点和法庭的问题，以判断是否要改变论点的顺序。[①] 同类问题通过画线标记进行合并答辩，等等。当出庭人员较多（比如共同犯罪案件中，辩护人多达几十人）时，在记录过程中，还要按照被告人进行分类，建议这种情况下用多种颜色的笔进行记录。

---

① See Barbara J. Valliere, *Welcome the Questions: How to Prepare and Present an Effective Oral Argument*, United States Attorneys' Bulletin 61, no. 1 (January 2013), p.62.

四、要有直面问题不回避的能力

有律师抱怨说，实践中一些重大疑难复杂案件出庭的公诉人是刚工作不久的年轻人，“他们大部分跟我们没有交锋，基本上没有对话，实际上是他们还不具备这个能力”。检察官说一套，律师说一套，二者不聚焦。[①]坦率地说，实践中这种情况是存在的。当然实践中也广泛存在资深公诉人出庭，而辩护人是一个年轻律师，辩护人不具备对抗能力的情况。这种各说各话，已经背离了辩论主义的基本原理。

笔者认为，法庭上要有直面问题的能力，不回避，敢于交锋。好答辩的可以精答，难以答辩的深答，“不值一驳”的简答，但绝非“不答”。不用担心有些问题回应不了，用前述辩论“三要素”的策略，总能找到答辩的依据，对于当庭实在无法解决的问题，可以建议休庭。实践中，有的公诉人或辩护人没有做到逐一直面对方的问题，有时是因为没有点对点记录对方的问题，在不知不觉中遗漏回应，所以会出现审判长问公诉人或辩护人：“刚才辩护人（公诉人）还讲了另外两个问题，你没有回应，是否要作出答辩？”实际上，审判长这样的提醒有违背中立之嫌。实践中，还存在有的公诉人答辩不积极、不具体，兜圈绕弯，甚至直接表示“请法庭依法裁判”。这是违背基本诉讼原理的。有的法官直言，这种情况法官应当向公诉人指出：“法庭当然会依法裁判，但现在是听取公诉人具体意见的时候，请公诉人具体说明。”[②]

法庭上回避问题，可能会影响整体答辩效果，甚至影响胜诉与否。因为当你回避某个问题，对某个问题不进行答辩的时候，法庭可能误以为你承认了对方观点。一位律师说，其办理的一起故意伤害致人死亡案件，基本犯的故意伤害证据没有什么问题，但是结果加重犯的因果关系没有什么证据支撑，其反复强调结果加重犯的因果关系证据缺乏，但是检察官反复说构成故意伤害的证据。律师很着急，跟法官说：“审判长，检察官必须回应一下辩护人，基本行为和加重结果之间有哪些证据，它们是如何证明二者存在关系的。”公诉人不正面回应、不回复，实际上更

① 参见《刑辩三人谈》编写组编著:《刑辩三人谈：刑辩业务核心技能》，法律出版社 2021 年版，第 361 页。

② 刘华锋:《怎样驾驭好庭审》，载微信公众号“悄悄法律人”，2022 年 6 月 6 日。

多的是因为他回复不了。一位律师建议，这种情况下，就直接说："刚才公诉人在我发言之后，在他的发言当中没有回复这个问题，我认为他已经同意了我的观点。我就直接这么说，如果他不同意，他马上会出来反驳。"[①] 可见，在法庭辩论中无法回避问题，避而不答，给人的印象要么是答不上来，要么是同意对方观点，这给法官、合议庭形成的心证，就是对方的观点是成立的。

五、要有情绪把控能力

法律人的事业是一项理性的事业，法庭辩论是一种理性的语言技艺。不要攻击对方律师或法官。[②] 做到有理、有力、有节，要对法庭和对方律师保持专业和礼貌。如果不同意律师的陈述，请注意纠正方式，然后继续前进。[③] 既不能避而不答也不能愤怒不答或乱答，做到"对抗而不对立，交锋而不交恶"。

法庭辩论需要口才、需要激情，但是法庭辩论绝不能逞口舌之快，避免煽动、表演、作秀。辩论的目的是说服法官，而说服是一种理性的艺术，学会做到"你气我不气，你怒我不怒"，善于用知识说服人，而不用情绪怼人。愤怒、情绪失控不仅有损一个理性法律人的职业形象，也会影响法庭辩论水平。心理学研究表明，人在生气的时候，智商会明显降低，容易说错话，会降低辩论的水平和效果。

六、要有倾听、专注的能力

有学者认为，庭审的两个关键问题："一个是审判前的准备，另一个就是在审判过程中集中注意力。"[④] 在对方发言的时候，高度集中精神，认真倾听，及时捕捉对方观点的要点及破绽，并按照前述第三点进行速记。

---

① 《刑辩三人谈》编写组编著:《刑辩三人谈：刑辩业务核心技能》，法律出版社 2021 年版，第 361—362 页。

② See Stephen J. Dwyer，Leonard J. Feldman，Robert G. Nylander，*Effective Oral Argument*：*Six Pitches*，*Five Do's*，*and Five Don'ts from One Judge and Two Lawyers*，SeattleUniversity Law Review 33，no. 2（Winter 2010），p.356.

③ See Knibb，Shaunta，*Five Tips for Oral Argument*，Appellate Practice，Vol. 40，Issue 1（Winter 2021），p.1–2.

④ ［美］约翰 · W. 斯特龙主编:《麦考密克论证据》（第五版），汤维建等译，中国政法大学出版社 2004 年版，第 59 页。

倾听是最好的交流，倾听、尊重是为了更有力地反击。

倾听过程中要注重目光交流，给予尊重、友好的目光，尽管有时这种尊重和友好的目光只是为了麻痹对方。法庭辩论过程中，目光应当往返于控辩一方与法官之间。对于公诉人来说，就是要目光往返于辩方与法官之间；对于辩护律师来说，就是要往返于公诉人与法官之间。目光看向控辩之一方，是因为辩论是一种对话，是控辩双方的对话，对话当然要看着对话的人；目光看向法官是由辩论的目的性规则所决定的，控辩双方的辩论是为了说服法官。法庭辩论不同于演讲，所以不宜面向旁听群众进行辩论。一位律师自我反思道："我把脸向着旁听群众发言，讲到精彩之处，旁听群众为我鼓掌。然后审判长就制止……那个时候我特别喜欢这样一种现场的感觉。后来我发现这样做的效果并不好，还是应该回归到法庭本身上来。我应该与公诉人进行辩论与较量，所以我把头转过来，看着正面，跟公诉人对辩……现在，我开庭的时候眼睛是向右看的，因为右边是法官，我看着法官发表我的意见，从他们的脸上捕捉他们对我的辩护意见的反应。"① 与法庭眼神交流，而不是看你的笔记。如果你不敢看法官或者对方的眼睛，那就把你的目光放在对方双眼中间向上一点的地方，这样至少对方会以为你在跟他眼神交流。②

七、要有多元化知识运用的能力

有良好的口才、极强的应变能力、严密的逻辑思维能力，能够迅速捕捉对方发言的矛盾，是庭审辩论必不可少的。但是，必须得承认，"关于法庭辩论的技巧，说起来简单，但都是长期办案的经验积累，绝不是一朝一夕就可以练就的"，"所有这些技巧，都要建立在深厚的理论功底和扎实的辩护准备工作的基础之上……在实质问题上缺乏准备或者水平，反而把精力放在那些只能'锦上添花'的技巧上，片面追求形式化的辩论风格，必然会给人哗众取宠的感觉，无法提升辩护的层次"。③ 扎实的

① 《刑辩三人谈》编写组编著：《刑辩三人谈：刑辩业务核心技能》，法律出版社2021年版，第344—345页。

② 参见［英］伊恩·莫利、王馨仝：《说服法庭——讼辩高手进阶指南》，法律出版社2022年版，第84页。

③ 田文昌、陈瑞华：《刑事辩护的中国经验》，北京大学出版社2012年版，第290页。

知识储备和理论功底，才是决定庭审辩论胜负的关键。精通刑事诉讼法学和刑法学是一个优秀公诉人、辩护律师必须具备的素质。同时，还要对与案件有关的其他领域的知识进行必要的准备和了解。刑事案件往往不是法律知识的孤岛，而是与其他科学领域存在千丝万缕的联系，比如伤害、杀人类案件与法医学、痕迹学、化学、力学等知识密切相关；经济类犯罪往往与会计学、金融学、统计学等密切相关；食药品及环境类犯罪与药理学、环境学、营养学等密切相关。对于有些案件，如果公诉人不能庭前充分知悉和了解其他相关领域的科学知识，在庭审中必然陷入被动，甚至无法将案件事实表述清楚。比如下面这个案例：

2013 年 3 月 31 日 14 时许，林森浩以取实验用品为名，从他人处取得钥匙后进入他曾实习过的复旦大学附属中山医院（以下简称中山医院）11 号楼二楼影像医学实验室 204 室，趁室内无人，取出装有剧毒化学品二甲基亚硝胺的试剂瓶和注射器，并装入一只黄色医疗废弃物袋内带离。当日 17 时 50 分许，林森浩回到与黄洋共同住宿的 421 室，趁室内无人，将上述剧毒化学品全部注入室内的饮水机中，随后将注射器和试剂瓶等丢弃。次日上午，林森浩与黄洋同在 421 室内，黄洋从饮水机中接取并喝下有毒的饮用水。之后，黄洋发生呕吐，于 4 月 1 日中午至中山医院就诊，因病情严重于 4 月 3 日转至重症监护室治疗。经全力抢救无效，黄洋于 4 月 16 日死亡。经鉴定，黄洋死于二甲基亚硝胺中毒致肝脏、肾脏等多器官损伤、功能衰竭。①

此案引发媒体广泛关注，其中一个重要的争议焦点就是死亡原因是中毒还是乙肝病发。检方认为：黄洋符合二甲基亚硝胺中毒致急性肝坏死引起急性肝功能衰竭，继发多器官功能衰竭死亡。辩方认为：黄洋系暴发性乙型病毒性肝炎致急性肝坏死，最终因多器官功能衰竭死亡。二审开庭期间，林森浩的辩护人申请"有专门知识的人"胡某强出庭，胡某强当庭就其与庄某胜共同作出的北京云某科鉴咨询服务中心《法医学书证审查意见书》作出说明，认为黄洋系暴发性乙型病毒性肝炎致急性肝坏死，最终因多器官功能衰竭死亡。面对这样的案件，公诉人（包括

① 参见孙毅蕾:《林森浩一审被判死刑》，载新浪网，http：//news.sina.com.cn/c/2014-02-19/143029509372.shtml。

出席二审法庭的检察人员）必须对二甲基亚硝胺涉及的化学领域的知识有所了解，也需要对暴发性乙肝涉及的医学领域的知识有所了解，甚至对饮水机的工作原理都需要了解。庭审中，辩护人提出饮水机中二甲基亚硝胺浓度很低，并结合侦查实验通过计算得出被害人黄洋喝下的二甲基亚硝胺为 0.366 克不足以致死的意见。针对该辩护意见，诉讼代理人予以了出色的驳斥。诉讼代理人从国家知识产权局专利检索网站上检索到一专利申请文件详细说明了饮水机水槽的工作原理，分析认为林森浩推开水桶倒入二甲基亚硝胺的动作，会使饮水机水阀打开，进而使水桶内的水注入水槽内；水桶复位后，由于水槽内的水已经超量，水阀必然处于关闭状态，水槽内的水不可能从水槽内向饮水桶内回流。因此，辩方计算的二甲基亚硝胺浓度的方法不符合物理常识，据此推论出的二甲基亚硝胺的摄入量是错误的。①

八、要有恰当运用肢体语言、语调、语音的能力

首先，辩论期间的肢体语言运用得当会增强辩论的感染力，增强吸引力。研究表明，肢体语言会影响法庭对发言的整体看法。可以选择用眼睛、脸和手来增强表现力。良好的姿势、慎重的动作表明了自信，会增强法庭的信任。当然，太多的动作可能会分散争论的内容。②

其次，调整坐姿。我国的法庭辩论中，控辩双方都是坐着发言。（1）采用最强说服力坐姿角度 84.5 度，身体前倾，背部挺直，以最佳的角度向法庭倾斜。适当前倾表示希望交流，显得积极、笃定、冷静，看上去理智且值得信赖。（2）背部挺直，不要无精打采，双手放在纸上或桌子上，而不是放在脸上。双膝分开，双脚落地，脚跟略微抬起，重心落在脚掌上。（3）用眼神交流，保持头部不动，不要低头看笔记，因为

---

① 详细内容参见刘春雷、叶萍：《欲盖弥彰反误卿卿性命，回头是岸何叹朝闻夕死——复旦投毒案二审维持原判》，载 http：//mp.weixin.qq.com/s ? __biz=MzAxODAyMDQ2Mg==&mid=202418807&idx=1&sn=57137b2f9a34b16a06dcade2e69606f0&3rd=MzA3MDU4NTYzMw==&scene=6#rd。

② See Kevin C. Kennedy，*Closing Argument*：*Through the Eyes of a Trial Advocate*，American Journal of Trial Advocacy 30，no. 3（Spring 2007），p.599.

你坐着笔记会离你很近。[1]（4）屁股不要坐满整个椅面，坐满显得整个人很懒散。坐到椅面的三分之一即可。如果法庭持续时间很长，至少轮到你说话时做到这一点。

最后，抑扬顿挫的语调和让人听着舒服的语音，有利于增强辩论的感染力。用丹田发声，而不是用嗓子嘶喊或尖叫。笔者经常会听到有人说开庭一天就嗓子哑了，说不出话来。这不是太辛苦，而是技巧不够、水平不足。笔者曾经作过一年的中学老师，每周上五天课，每天三节课，从不间断。现在经常给检察官培训讲课，多次在国家检察官学院下午讲三个小时，晚上接着讲三个小时，而且是站着讲，三个小时中间不下课休息。靠的是丹田发声，而不是喉咙发声。而且用丹田发出的声音会更具磁性和深沉。“越深沉的声音就越有说服力。”[2]

九、要有合理引用关键证据的能力

长期以来，我国的庭审各个阶段之间泾渭分明，比如举证、质证是在法庭调查阶段，法庭辩论（大辩论）是一个独立的阶段，那么法庭辩论阶段在辩论过程中是否可以引用并展示证据特别是物证、书证呢？答案是肯定的。法庭辩论很大程度上就是事实之辩、证据之辩，法律适用及定罪量刑之辩都是以事实和证据为基础的，因此法庭辩论必须要以证据为基础，引用证据以及必要时再次展示证据是应有之义。法庭辩论中使用证据是指引用证据，分为两种情况：一种是引用并再次展示已经出示过的证据，另一种是引用不是证明本案案件事实但用以辅助论证观点的证据。

第一，关于引用已经出示过的证据。这种情况下，要把握两个技巧：一是一定要是关键证据，且确有必要；二是将引用展示证据嵌入辩论过程之中，做到不“显山露水”，防止被指责重复示证。比如，一起强奸案件中，案发当天，被害人处于月经期。被告人辩解被害人自愿发生性关系。在法庭辩论中，公诉人指出：“被害人处于月经期，根据经验法则，

---

① 参见［英］伊恩·莫利、王馨仝：《说服法庭——讼辩高手进阶指南》，法律出版社2022年版，第88页。

② ［英］伊恩·莫利、王馨仝：《说服法庭——讼辩高手进阶指南》，法律出版社2022年版，第85页。

不可能自愿跟一个第一次见面的男子发生性关系。”在讲这句话的同时，将手边的透明物证袋举起向法庭展示，透明物证袋中有被害人的贴有卫生巾的内裤，卫生巾上有血迹。这样更能增强说服力。

第二，关于引用不是证明本案案件事实但用以辅助论证观点的证据。这种情况同样要把证据引用嵌入辩论之中，防止被指责出示与本案无关的证据，同时还要防止被认为是新证据而恢复法庭调查。例如，在一起强奸案件中，控方指控被告人强奸的重要证据之一是被害人脖子上有暴力形成的伤痕。被告人及辩护人认为与被害人是自愿发生性关系，脖子上的痕迹不是暴力导致的伤痕而是吻痕，是故意种下的“草莓吻”，属于“爱的印记”。公诉人针对该辩解，先运用辩论“三要素”进行辩论。第一步从悖论入手，找问题的本质。控方认为伤痕是暴力形成，而辩方认为是“草莓吻”，这个悖论的本质问题是皮肤表面痕迹如何才能形成。从这个本质问题出发寻找理论根据——“吻痕形成原理”。其实“吻痕形成原理”并不深奥，结合一般的物理知识和生活常识即可解释。吻痕主要是由于皮肤表面受到对方口唇形成的封闭空间形成的压强作用，导致局部毛细血管破裂、损坏，局部血液堆积在皮下而形成。根据这个原理，吻痕的形状与人的嘴唇形状大致相同。公诉人在答辩上述“吻痕形成原理”过程中，在屏幕上展示某人被拍摄脖子上有“草莓吻”的图片，同时把本案被害人脖子上的伤痕照片（呈长条状）复制在右边，公诉人指着屏幕上的图片说道：“吻痕的形成原理告诉我们，吻痕的形状与人的嘴唇形状大致相当，也就是屏幕左侧的图片。再看本案被害人脖子上的痕迹，试问在这个地球上何种生物能留下这种形状的‘吻痕’？”

十、要有正确引用法规和案例的能力

引用法规、司法解释等，最避讳的就是“根据相关法律”“根据相关司法解释”，这样的表述会削弱可信度。事实上，实践中很多所谓的“相关”其实是“胡编乱造”。笔者主张在法庭辩论中脱稿，但是在涉及引用法规时，请准确引用，引用原文，规范表述法律法规名称、条、款、项。当法庭注意到某一法规、规章、合同、具体证词或其他文件及陈述中所使用的准确词语非常重要时，法庭希望引用的是原文而不是转述。[①]

在法庭辩论中引用判例是非常重要的。先得分清一组概念——“指导性案例”“指导案例”“典型案例”“公报案例”“参考性案例”“人民法院案例库入库案例”“其他案例”。（1）“指导性案例”是指最高人民法院或最高人民检察院以及二者联合发布的在办理类似案件时应当参照的案例，也就是对类似案件具有指导性的案例。省级及省级以下法院、检察院均不得发布“指导性案例”。我国已逐渐形成了有中国特色的“指导性案例”制度，它既不同于英美法系的“遵循先例”，也不同于大陆法系没有强制力但具有“事实拘束力”的判例制度。最高司法机关已经出台规范性文件对指导性案例的性质进行了界定。最高人民法院《关于案例指导工作的规定》第 7 条规定：“最高人民法院发布的指导性案例，各级人民法院审判类似案例时应当参照。”配套的《〈关于案例指导工作的规定〉实施细则》第 10 条规定：“各级人民法院审理类似案件参照指导性案例的，应当将指导性案例作为裁判理由引述，但不作为裁判依据引用。”最高人民检察院《关于案例指导工作的规定》第 15 条也规定：“各级人民检察院应当参照指导性案例办理类似案件，可以引述相关指导性案例进行释法说理，但不得代替法律或者司法解释作为案件处理决定的直接依据。”根据上述文件，我国指导性案例的性质定位：一是指导性案例不具有法源地位，不得作为案件裁判和处理决定的法律依据；二是对同类案件具有强制力的指导性，也就是类似案例“应当参照”。就此而言，可以将我国的指导性案例称之为“弱强制性”或者“准强制性”的判例制度，具有“准司法解释”的功能。（2）“指导案例”是最高人民法院编写的连续出版物《刑事审判参考》中刊登的“指导案例”，既不同于最高人民法院的“指导性案例”，也不同于最高人民检察院的“指导性案例”。指导性案例是有法律效力的，办案中“应当参考”，但是《刑事审判参考》的“指导案例”没有强制效力，甚至只是“一家之言”。《刑事审判参考》的“指导案例”前后矛盾、与司法解释矛盾的比比皆是。“指导案例”只是在办理类似案件中“可以参考”“仅供参考”，绝非“应当参照”。（3）“典型

---

① See Robert L., Gressman Stern, Eugene. *Supreme Court Practice*, *Urisdiction*, *Procedure*, *Arguing and Briefing Techniques*, *Forms*, *Statutes*, Rules for Practice in the Supreme Court of the United States（1950）, p.315.

案例”是各级法院、检察院发布的具有典型意义的案例，这种典型案例注重的是工作经验的宣传和社会教化。通俗地说，指导性案例是给司法人员看的，典型案例是给一般民众看的。事实上，典型案例中的判决在法律适用方面存在错误的也并不罕见。（4）“公报案例”是指最高人民法院、最高人民检察院以及省级人民法院的公报中刊载的案例。这种案例同样是“仅供参考”，不具有强制效力。（5）“参考性案例”是省级检察院发布的案例，脱胎于省级检察院的“公报案例”，同样是“仅供参考”的案例，不具有强制力。（6）“人民法院案例库入库案例”是最高人民法院 2024 年 2 月 27 日上线运行的“人民法院案例库”中收录的案例。“人民法院案例库”是一个综合性的案例库，既会收入指导性案例，也会收录一些其他案例。对于入库的指导性案例，按照“应当参照”执行，对于入库的其他案例仅供参考而不具有强制力效力。（7）“其他案例”是除上述以外的生效判决的案例。

在分清上述各种案例概念之后，就能明白在法庭辩论中引用案例的位阶顺序。优先选择效力更高、更权威的案例，特别是引用指导性案例几乎相当于引用司法解释。在引用案例的时候，要学会重点引用裁判要旨，归纳裁判规则，简要说明案情。如果长篇叙述案情，而忽视裁判要旨和裁判规则，就是本末倒置了。

第二节　法庭辩论技巧之“十不要”

一、不要“拖泥带水”

法庭辩论时间紧、节奏快，法庭不会给予过多的时间和机会，大多数案件辩论只有 3 轮左右。需要在有限的时间和机会里，最大限度地说服法官，这就要求法庭辩论简洁明快，不要“拖泥带水”。具体来说：一是观点鲜明。每一个具体答辩的点，最好都采取“先亮明观点再阐述理由”的方式。二是论证清晰。理由阐述要逻辑清晰，条理清楚。阐述理由有两点以上的，一定要用“首先……其次……”“第一……第二”“其一……其二”这样的表述。多个答辩要点之间要有清晰的过渡语，从法官作为听众的角度去换位思考，比如“关于主观明知的答辩完毕，下面进行第二点关于收条书证证据能力里的答辩……”。三是语言简明，用最少的语言表达最丰富的意思，既要简洁又要明确。不能因为简洁而没有把观点和理由表达清楚，也不能在已经表达清楚的情况下冗余重复。亚里士多德认为诉讼演说的风格应当简洁、质朴，也要有一定的精确和完美。①

二、不要有多余的“小动作”“口头禅”

适宜的肢体语言有助于增强语言的感染力和吸引力，但是多余的“小动作”会分散注意力。去掉多余的“小动作”，尽量减少抓耳挠腮、拨弄头发、搬弄眼镜等，不要抖腿、转笔等。很多人在日常生活中都有这些习惯性动作，但是在法庭辩论中要尽量克制。无论是自己发言还是对方发言，都要集中精力。实践中，经常见到出庭人员在对方发言时不是倾听和记录，而是转笔、习惯性地用手梳理头发；还有很多人只要坐下来就习惯性地抖腿，这在法庭上（包括正式会议、社交场合）都是不合适的。伊恩·莫利也专门阐述了这个问题：“小动作有很多种，要避免。不要玩笔，别涂涂写写，尽管这种冲动有时会让人无法抗拒，但要小心被发现。”“把双手放在桌子上，拿着纸笔做记录，不要把手藏在桌子下面，看起来太随意。”②

不要使用过多的“口头禅”。由于法庭辩论是鲜活的生活语言，是一种对话和交流，不同于读稿、作报告，因此在发言过程中，因为临时组织语言以及思考的需要，难免出现一些“嗯”“啊”“还有”“另外”“好”“对”“就是”“那么”这样的口头语，这些口头语偶尔出现并不可怕，但是当成为“口头禅”时就会让人厌恶。有的人习惯性地只要开口说话，必先说出“口头禅”，出现的频率极高，这是需要避免的。如果你一开口就喜欢用“口头禅”，有以下几种办法：一是在开口前轻轻、

① 参见［古希腊］亚里士多德：《修辞学》，罗念生译，上海人民出版社 2005 年版，第 180 页。

② ［英］伊恩·莫利、王馨仝：《说服法庭——讼辩高手进阶指南》，法律出版社 2022 年版，第 79—80 页。

安静地深呼吸。二是放慢语速，必要时停顿。很多时候，“口头禅”是为了衔接思维，填补思维的空白。与其如此，不如放慢语速，延长停顿，通过大大方方的停顿来填补思维的空白。有时停顿反而制造更好的效果。就像演讲时，情到深处，停顿几秒，会更加感人，即便这个停顿是因为忘词，但是给人的感觉是你故意停顿下来酝酿情绪。三是把自己的话录下来、对着镜子练习，逐步改掉毛病。

三、不要偏离重点吹毛求疵

法庭辩论是有立场和观点的辩论，一切辩论都服务本方的立场和观点。对于控方来说，辩论是为了指控犯罪，实现起诉书指控的定罪量刑；对于辩方来说，辩论是为了最大限度维护被告人的利益。法庭辩论应当将上述立场和观点作为重点，与此无关的琐碎之事不要吹毛求疵。例如，在一个案件的庭审辩论中，公诉人援引法条时念漏一个“的”字，辩护人立即抓住这一点进行辩论、批评，在辩论中将公诉人从业经历等个人信息公之于众，当庭质疑其业务水平。[①] 这样的辩论既偏离法庭辩论的主题，也有损职业法律人的形象，既无助于论证本方观点，也无益于动摇对方指控立场。

亚里士多德告诫，辩论的风格与主题要相适应、相合适，“求其合适就是对大事情不要太随便，对小事情不要太认真”[②]。这里的“小事情”是指与辩论主题、观点和立场关系不大或无关的细节，将宝贵的庭审辩论时间花在这些事上是不值得的。这与我们强调在法庭辩论中运用细节进行攻防是不矛盾的。运用细节攻防中的“细节”是指对论证本方观点、立场或者攻击对方观点、立场具有杀伤力而容易被忽略的隐蔽性事实。

四、不要依赖助理、书记员的记录

前文已述，要学会点对点速记对方发言。这个速记的工作一定是辩论发言的人自己做，既不能指望助理去记录，也不要依赖于书记员的记

① 参见王彪:《刑事诉讼中的“辩审冲突”现象研究》，载《中国刑事法杂志》2015 年第 6 期。

② ［古希腊］亚里士多德:《修辞学》，罗念生译，上海人民出版社 2005 年版，第 180 页。

录。本人记录是为了接下来的答辩，助理和书记员的记录是为了存档。实践中，公诉人出庭一般都配备书记员携带电脑进行记录，于是有的公诉人在法庭辩论中依赖于书记员记录。每答辩完一个问题后就要把头偏向书记员的电脑查找下一个需要答辩的问题，由于书记员的记录既没有写明答辩要点，也没有分辨主次，导致公诉人的答辩断断续续，效果很差。还有的公诉人由于本人记录不全，针对对方观点遗漏答辩，审判长有时会问公诉人"辩护人刚才还提到……公诉人是否需要回应"，公诉人就跟书记员一起查找记录，一时间找不到辩护人当时说的内容，场面十分尴尬。

法院的书记员记录，控辩双方也需要予以重视。人工输入文字的速度显然难以跟得上语言的速度，现代科技的发展逐步解决了这一问题。有的法庭安装了速录系统，通过语言识别进行文字转化，但是有的法庭没有安装，还有的由于没有与外部互联网连接，识别的精准性不高，很大程度上依赖于人工记录和整理。确保法庭记录下对己方有利的重要事实："文字记录是对抗式诉讼的一部分，由你来确保，它记下了所有你想要的内容。"[①] 必要时甚至要提醒法庭记录下当事人的肢体动作，比如，证人回答是一声咕哝，或者是点头，或者一个"嗯"字，这时要提醒法庭记录证人认可了。[②]

五、不要过于纠结辩论前置

如前所述，法庭辩论包括法庭调查阶段的质证辩论（小辩论）和法庭辩论阶段的综合性辩论（大辩论），前者侧重事实和证据，后者是包括定罪量刑、事实证据等在内的综合性辩论。实践中，有一个误区——担心辩论前置。一些传统观点认为，所有的辩论都应当在法庭辩论阶段，甚至把质证答辩的内容也留在法庭辩论阶段。经常听到公诉人在法庭调查阶段说"关于这个问题，公诉人将在法庭辩论阶段说明，下面继续举证"。但是当这个问题是证据和事实问题、是证据能力和证明力问题，如

---

① 参见［美］詹姆斯·W. 麦克尔哈尼：《美国庭审宝典》（第四版），吴宏耀、金华、童友美译，中国人民大学出版社 2012 年版，第 218 页。

② 参见［美］詹姆斯·W. 麦克尔哈尼：《美国庭审宝典》（第四版），吴宏耀、金华、童友美译，中国人民大学出版社 2012 年版，第 218 页。

果在质证阶段不进行答辩，会给法官形成不利的心证。比如，辩护人在公诉人出示一份证据后进行质证，主张对该份证据作为非法证据排除，而公诉人不进行回应答辩而是直接继续举证，这样会导致法官对该份证据的证据能力形成不利的心证，即使在后面的法庭辩论阶段去答辩也难以改变之前已经形成的心证。因此，不要担心辩论前置，只要坚持事实证据问题通过“小辩论”解决，其他问题通过“大辩论”解决即可。

六、不要人身攻击

法庭辩论是优雅的艺术，辩论需要激情但不需要人身攻击。辩论和盘问证人一样，都需要优雅的态度，态度是会说话的。[①]有事说事、有理说理，不要进行人身攻击。过激的语言不仅不利于准确传递信息，而且容易让法官产生反感。辩论的对象是诉争焦点，而不是当事人本身，即“对事不对人”。懂得尊重，注意礼节，“根据经验，对待对手最好的方式，就是你希望被对待的方式”[②]。这是最简单的逻辑常识。“请公诉人回去查看一下法学逻辑，对方理解力之差，使人感到震惊”这类话语显然就是缺乏修养的表现。[③]例如，一次庭审中，辩护人提出的一个观点其实属于“幽灵抗辩”，笔者在答辩中先指出辩护人的观点存在的问题，进而指出这属于“幽灵抗辩”。其实“幽灵抗辩”是一个中性词，具有特定含义。辩护人马上作出反应，表达出强烈不满：“我从事刑事辩护30余年，从未听过幽灵抗辩，也从没有哪个人说我是幽灵抗辩，公诉人年纪轻轻，怎么能说我幽灵抗辩呢？”对此，我没有嘲讽辩护人孤陋寡闻，也没有挖苦辩护人应当加强学习，而是耐心解释什么是“幽灵抗辩”，并说明这是一个中性的术语。

七、不要答辩职责范围之外的问题

在我国法庭辩论文化和技术尚不成熟的时期，经常出现辩护人与法

① 参见[美]弗兰西斯·威尔曼：《交叉询问的艺术》，周幸、陈意文译，黄笑生校，红旗出版社1999年版，第15页。

② [英]伊恩·莫利、王馨仝：《说服法庭——讼辩高手进阶指南》，法律出版社2022年版，第33页。

③ 参见史灿方：《论法庭辩论语言的特征和语用原则》，载《上海青年管理干部学院学报》2006年第2期。

官产生激烈冲突，公诉人有时会不自觉地卷入冲突之中。有些问题，不属于公诉人辩论职责的内容，公诉人卷入冲突之中并不利于问题的解决，反而会加剧冲突，甚至导致辩护人认为控审一体而有失公正。因此，对于有些超出辩论职责范围的问题要慎重答辩。比如下面这个例子：辩护人此前一直想申请证人出庭，但是法官始终没有批准，在法庭上辩护人指出："这么一个杀人、抢劫、绑架可能判处死刑的案件，多次申请关键证人出庭，法庭始终不让证人出庭。"这个问题应当是法官向辩护人说明理由，但是公诉人立即抢答："要保护证人的隐私，证人有权放弃证人的权利！"公诉人如此答辩存在以下问题：其一，证人是否有必要出庭是由法院决定的，决定权在法院而非公诉人。根据最高人民法院《关于适用〈中华人民共和国刑事诉讼法〉的解释》第249条规定，辩护人对证人证言有异议，且该证人证言对定罪量刑有重大影响，人民法院认为证人有必要出庭作证的，应当通知证人出庭。公诉人既没有权力也没有职责决定证人出庭与否。其二，以保护证人隐私为由不允许证人出庭，是不能成立的。法律对于证人出庭的隐私保护有一整套的措施，这根本不是证人不出庭的理由。其三，把"证人有权放弃证人的权利"作为证人不出庭的理由也是不能成立的。根据法律规定，出庭作证是证人的义务，确有必要出庭而拒绝出庭的，法律规定可以强制出庭。

八、不要自创"歪理邪说"

法学功底是一切法庭辩论策略和技巧的基础。总体上来说，法庭辩论的主要是法律问题，法学功底是根本。不要在法庭辩论中出现违背基本法理的"歪理邪说"。这里略举几例：（1）"被告人已经预见到……因此，具有犯罪故意。"问题在于，"已经预见"是过失的认识因素，但却作为故意的认识因素，违反基本法理。（2）"被告人侵入计算机信息系统的行为，与获取公民个人信息的行为，是手段行为与目的行为的关系，因此属于想象竞合，从一重处。"问题在于，手段行为、目的行为是牵连犯的要素，却得出想象竞合的结论。这显然是混淆牵连犯与想象竞合犯的基本概念。牵连犯是数个行为触犯数罪名，想象竞合犯是一行为触犯数罪名。（3）"本案中多名被告人都不知道自己参加的是黑社会性质组织，因此，公诉人有必要在这里（指发表公诉意见书）普法宣传。”问题是，参加黑社会性质组织是故意犯罪，明知自己参加的是黑社会性质组织是故意的认识因素，对事实认知的错误会阻却故意的成立。一方面指控被告人成立参加黑社会性质组织犯罪，另一方面又称“被告人不知道自己参加的是黑社会性质组织”，岂不矛盾？（4）“刑事诉讼法只规定了言词证据和书证、物证适用非法证据排除，所以电子证据不适用非法证据排除规则。”这显然是对证据能力的巨大误解，贻笑大方。（5）“技术侦查就是用科学技术进行侦查。”这是对技术侦查概念的误解，技术侦查采取监听、监控、监视等手段，未必一定要使用现代科技；用现代科技进行的侦查也未必属于刑事诉讼法中的技术侦查。

九、不要与法官辩论

在刑事诉讼的三角架构中，法官居中裁断，控辩平等对抗。因此，与法官辩论既不符合刑事诉讼原理，也无任何实益。近年来，辩审冲突时有发生，一些律师越过了跟公诉人对抗的传统模式，直接跟主持庭审的法官进行对抗，甚至演变成“死磕”法官，这种现象是值得警惕的。[①]

有学者将辩审冲突归纳为四种类型：一是回避，二是管辖，三是非法证据排除，四是申请证人出庭作证。也可以概括为程序性冲突、证据性冲突和诉讼行为方式冲突。[②]出现非常态的“辩审冲突”现象的原因是多方面的，既有律师的责任，也有法官的责任，还有社会原因。有学者指出，这种现象是中国司法制度转型时期传统法律文化与现代法治文明及法治建设现实碰撞交织的一种综合反应。[③]从法庭辩论技术角度来说，这种现象值得反思。辩论的目的是说服法官，说服的方式可不是与法官辩论，而是控辩双方辩论。事实上，除了控方具有查明真相的客观义务，辩护人也有查明真相的义务，至少是在最大限度维护当事人利益的同时，具有协助查明真相的义务。对于辩护人而言，说服的最好方式是协助、帮助，成为法庭查明真相的助手。“没有人喜欢被说教，但所有人都喜欢

---

① 参见邹世发：《从对抗走向和谐：律师“死磕”法官现象的审视与应对》，载广州市法学会编：《法治论坛》（总第37辑），中国法制出版社2015年版，第238页。

② 参见王彪：《刑事诉讼中的“辩审冲突”现象研究》，载《中国刑事法杂志》2015年第6期。

③ 参见冀祥德：《律师缘何“死磕”？》，载《中国司法》2013年第9期。

被协助。”[①] 控辩双方对法官展示尊重法庭、服从指挥，发挥协助角色作用，有助于庭审的顺利进行。当法官的某些当庭决定不妥甚至错误的时候，可以提出异议，但应当通过说理提出异议，注意方式方法，避免导致冲突。

实践中，也偶有控审冲突的现象，有的公诉人甚至以法律监督者身份当庭“硬刚”法官。例如，法官对于一方的异议作出裁决，公诉人认为裁决错误，当庭与法官进行辩论，这是不妥的。如前所述，即使法官在庭审中出现程序性瑕疵、错误，也应当是庭后监督，而非当庭监督。控辩双方都应该牢记伊恩·莫利的告诫：“不要让法官陷入尴尬的境地，永远给审判庭一个保全面子的台阶。”[②]

十、不要打断法官及对方的发言

首先，不要打断法官的发言。控辩双方都要听从法官的指挥，需要发言时应当征得法官同意，确保辩论的有序性。当然，法官也不要轻易打断控辩双方的发言，除非违反法庭辩论规则。一位美国法官科津斯基说：“打断法官不仅是粗鲁的行为，而且确实没有任何替代品可以冒犯即将决定你案件的人。”[③] 建议向法官举手示意发言，需要向法庭说明情况时建议使用“审判长……”这样的表述。

其次，控辩双方不要打断对方的发言。法庭辩论是控辩双方逐轮分别进行发言，不要轻易插话、打断对方发言，否则就变成了“吵架”而非辩论。任何一方发言应在法庭指挥下、经法庭同意后轮流有序进行。打断当事人发言不仅打破了法庭秩序以至于辩论演变为无序的争吵，也使得辩论内容混乱而不利于法官倾听和理解，无论从程序还是从实体角度考虑，无序辩论都应当被禁止。[④]

---

① ［英］伊恩·莫利、王馨仝：《说服法庭——讼辩高手进阶指南》，法律出版社 2022 年版，第 46 页。

② ［英］伊恩·莫利、王馨仝：《说服法庭——讼辩高手进阶指南》，法律出版社 2022 年版，第 8 页。

③ See Stephen J. Dwyer，Leonard J. Feldman，Robert G. Nylander，*Effective Oral Argument：Six Pitches，Five Do's，and Five Don'ts from One Judge and Two Lawyers*，Seattle University Law Review 33，No. 2（Winter 2010），p.357.

④ 参见廖森林：《司法文明建设下的民事庭审发言和辩论规则研究》，载《中国政法大学学报》2021 年第 4 期。

第十一章
程序性辩论应对之策

随着法治文明的进步，重实体轻程序的现象逐步得到扭转。在法庭辩论中，程序之辩越来越普遍，甚至成为很多庭审的争论焦点。当前，程序之辩主要包括排非之辩（非法证据排除之辩）、管辖之辩和回避之辩，被称之为程序性辩论的“三板斧”。近年来，关于证据之辩，还衍生出辩方证据是否适用非法证据排除规则之辩、“打包举证”之辩。本章对这些常见的程序性辩论之原理及答辩之策进行探讨。

第一节　非法证据排除之辩[①]

一、准确理解《刑事诉讼法》第 52 条与第 56 条

非法证据及瑕疵证据规则在立法上集中体现在我国《刑事诉讼法》第 52 条和第 56 条。对这两个条文的教义学解释是研究非法证据、瑕疵证据的逻辑起点。在理论基础上，我国刑事诉讼法的上述规定，是借鉴吸收了英美法系的可采性理论还是大陆法系证据禁止理论呢？笔者认为，我国《刑事诉讼法》第 52 条和第 56 条借鉴了大陆法系证据禁止理论的合理成分。

---

① 关于非法证据排除更详细的阐述，参见李勇：《刑事证据审查三步法则》（第二版），法律出版社 2022 年版，第 72 页以下。

（一）证据禁止理论的基本内涵

1930年，德国法学家贝林（Beling）发表《证据禁止作为刑事诉讼真实发现的界限》一文，开启了证据禁止理论的系统性讨论的先河。根据德国的证据禁止理论，证据禁止分为证据取得禁止和证据使用禁止。前者的规制对象是政府的取证活动，就是禁止用违法的方法取得证据；后者的规制对象是裁判幅度，就是禁止将已经取得的某种证据作为判决的依据。“这一区分指的不仅仅是刑事诉讼的不同阶段，而且是实际上相互独立的两种不同类型的禁止——一些不得收集的证据却可以使用，一些可以被正当收集的证据却不可以在判决中使用。”①

违反取得禁止的证据，德国的“法院和大多数作者都反对‘自动’排除规则。他们采取个案处理的态度，也就是权衡裁量理论，认为不能因为在取得证据的过程中产生错误就自动地排除该证据，而且排除证据并不会必然地减少违法取证行为所造成的损害”②。德国法院不会接受这样的逻辑结论，即只要证据是违法取得的，就要予以排除。要禁止作为定案根据必须满足以下条件：（1）违法取证行为必须损害了当事人的利益。例如，在没有告知证人的权利情况下，获得了不利于被告人的证言，那么因为未告知证人权利只是侵害了该证人的权利，而并没有侵犯被告人的法律权利，所以可以作为证据使用。再比如，一名犯罪嫌疑人没有被告知沉默权而作了证明另一人X有罪的供述，该供述在对X的审判中被认为是可以采纳的证据。（2）该证据除了使用违法手段外不能取得，即“必然发现”规则。例如，警察在犯罪嫌疑人进行手术后，从护士处得到该犯罪嫌疑人的血液样本，按照德国的法律规定，必须是医生才能提取血液，而不是护士。虽然因为警察没有告知护士其没有义务将血液样本交给警方的做法是违法的，但法院采纳了该血液样本作为证据。理由是警察可以根据刑事诉讼法关于身体检查的规定合法获得一份血液样本，那么排除现在这份血液样本就是一种形式主义的做法。例如，《德国刑事

① ［德］托马斯·魏根特：《德国刑事诉讼程序》，岳礼玲、温小洁译，中国政法大学出版社2004年版，第189页。

② ［德］托马斯·魏根特：《德国刑事诉讼程序》，岳礼玲、温小洁译，中国政法大学出版社2004年版，第193页。

诉讼法》规定，身体检查应当由医师进行，如果经常误将护士当作医师，并命令她从被告人身上提取血液样本，那么排除血样检验的结果并不会促进要求医师检查身体这一规定的目的的实现，即保护犯罪嫌疑人的健康。（3）证据的排除必须服务于曾经被破坏的程序性规则。（4）证据的排除不能与实体“真实”这一最高利益相冲突。也就是，即使其他排除的条件都满足了，但是查明真相的重要性远远大于被告人的利益，则该证据不会被排除。在被告人利益与执法利益间需要进行权衡，法庭要考虑（但不限于）对被告人指控罪行的严重性、取证违反有关程序的严重程度，以及使用有争议的证据对于准确地处理案件的需要程度。① 证据使用禁止根据形成的原因是否起因于国家违反取证规定，又分为依附性之使用禁止和自主性之使用禁止。前者的禁止使用之效果乃紧接着国家机关违法取证事实而来，也就是国家机关违反了刑事诉讼相应的取证规范，是依附于刑事诉讼法规定的，所以叫依附性使用禁止，最典型的例子就是侦查机关适用刑讯逼供等不正方法取得的被告人非任意性自白；而自主性之使用禁止不以国家机关取证违法为其前提要件，刑事诉讼法上取证规定与之并无直接关联，而是直接源自宪法所保障的基本权，不依附于刑事诉讼法，有其“自主性”，又称为宪法上之证据使用禁止，② 最典型的就是私人不法取证。就依附性使用禁止而言，虽然国家机关违法取证在先，才有依附性证据使用禁止可言，但是并非所有违法取证，一律导致依附性使用禁止。③

总之，证据禁止理论的基本共识是，“违法取证≠使用禁止”，亦即违法取证必须加上“其他条件”才有证据使用禁止之效果。合法取得之证据未必能够使用，同样，非法取得的证据并非一概不能作为定案根据使用。换言之，证据取得禁止不等于证据使用禁止。④ 德国的证据禁止理论，用一句话来概括其精髓，就是证据禁止包括证据取得禁止和证据使用禁止这两个不同的概念，证据取得禁止不等于证据使用禁止。

---

① 参见［德］托马斯·魏根特：《德国刑事诉讼程序》，岳礼玲、温小洁译，中国政法大学出版社 2004 年版，第 195—198 页。

② 参见林钰雄：《干预处分与刑事证据》，北京大学出版社 2010 年版，第 210 页以下。

③ 参见王士帆：《证据禁止内涵》，载《月旦裁判时报》2021 年第 103 期。

④ 参见林钰雄：《干预处分与刑事证据》，北京大学出版社 2010 年版，第 211 页。

（二）证据禁止理论在我国刑事诉讼法中的体现

我国《刑事诉讼法》第52条规定禁止使用刑讯逼供和以威胁、引诱、欺骗以及其他非法方法取证；第56条规定刑讯逼供以及暴力、威胁等非法方法取得的言词证据予以排除。至于物证、书证的排除则需要同时满足以下三个方面的要求：一是物证、书证的提取程序违法；二是这种违法取证可能严重影响司法公正；三是这种违法取证行为无法补正或者作出合理解释。可合理解释或补正的就属于“两个证据规定”中所说的瑕疵证据，属于可补救的证据。[①]其实我国《刑事诉讼法》第52条的内容就属于证据取得禁止，也就是不得用这些方法取证，至于使用这些方法取得的证据，能否作为定案根据使用，要不要作为非法证据排除，则是另外一回事。第56条属于证据使用禁止，也就是不得作为定案根据。对比第52条和第56条会发现，前者列举了引诱、欺骗，后者没有列明引诱、欺骗，这说明引诱、欺骗只是违反证据取得禁止，并不一定违反证据使用禁止，因此引诱、欺骗取得的证据并非一概排除。立法机关相关人士就此指出，这里应当理解为并不是所有以非法方法收集的证据都应当予以排除。[②]

简言之，违反《刑事诉讼法》第52条的规定，并不一定能适用第56条，也就是“违法取证≠证据排除”，其背后的法理基础就是大陆法系证据法的通说——“证据取得禁止≠证据使用禁止”。所以，不能一看到取证程序违法，就主张非法证据排除。我国现行《刑事诉讼法》第52条和第56条规定，与我国台湾地区相关规定一样，都是以证据禁止理论为基础的。我国台湾地区所谓的“刑事诉讼法”第98条规定：“讯问被告应出于恳切之态度，不得用强暴、胁迫、利诱、诈欺、疲劳讯问或其他不正之方法。”第156条第1项规定：“被告之自白，非出于强暴、胁迫、利诱、诈欺、违法羁押或其他不正之方法，且与事实相符者，得为证据。”上述第98条属于证据取得禁止，第156条第1项属于证据使用

---

① 参见王景龙：《证据为何要补救？——刑事证据补救的逻辑与方法》，载《证据科学》2022年第2期。

② 参见李寿伟：《非法证据排除制度的若干问题》，载《中国刑事法杂志》2014年第2期。

禁止。[1] 林钰雄教授指出，因取证规定甚多，公权力机关违反，在所难免，如果不加区分地一概排除，其结果既不利于实体正义，也不利于打击犯罪。更何况许多取证之程序规定，保护之对象并非被告，而是第三人。[2]

非法证据排除模式上，德国的证据使用禁止是指不能作为定案根据，我国的非法证据也是指不得作为定案根据，这与美国禁止非法证据进入法庭有所不同。首先，我国刑事诉讼法在立法上强调非法证据在公、检、法三个阶段都要排除，不仅仅是不能进入法庭。分别体现在《刑事诉讼法》第56条、第59条、第60条等。特别是第56条第2款明确规定“不得作为起诉意见、起诉决定和判决的依据”，这是对应于我国公、检、法之间的关系和诉讼阶段而进行的规定，与非法证据是否具有进入法庭的准入资格无关。因为，一方面，公安机关的起诉意见和检察机关的起诉决定并非案件的终局性裁判；另一方面，第59条和第60条进一步明确地规定了庭审中需要对证据合法性进行调查。其次，我国司法解释以及相关规范性文件关于非法证据排除大量使用“不能（得）作为定案的根据”的表述。例如《人民法院办理刑事案件排除非法证据规程（试行）》第2条关于非法言词证据排除的规定，最高人民法院《关于适用〈中华人民共和国刑事诉讼法〉的解释》第83条第2款关于非法物证排除的规定，第84条第2款关于非法书证排除的规定，以及涉及非法证据排除的第88条、第89条、第90条、第94条、第95条、第98条，等等。

总之，我国刑事诉讼法和司法解释关于非法证据排除的规定是以大陆法系代表德国的证据禁止理论为基础的。但是传统证据法理论完全在美国非法证据排除理论框架下进行研究，并直接导致实务人士跟随美国非法证据排除规则的思维方式评判证据，产生诸多混乱和误区。这种混乱和误区形成的重要原因在于：一方面，我国在立法上借鉴了同属大陆法系的德国的证据禁止理论；另一方面，理论界又习惯于用美国的非法证据排除理论进行解读，导致不能对我国刑事诉讼法中的证据取得禁止与证据使用禁止之间的关系作合理的评价，同时也容易对侦查、司法人

---

① 参见林钰雄:《刑事诉讼法》(上册)，中国人民大学出版社2005年版，第428页。

② 参见林钰雄:《干预处分与刑事证据》，北京大学出版社2010年版，第181页。

员形成误导，要么认为只有使用刑讯逼供等非法方法获得的证据才会被排除使用，要么认为只要采取了违法手段就一定不得作为定案根据。[①]当然，我们引入证据禁止理论也不意味着完全照搬德国的规定，而是吸收了大陆法系的证据禁止理论的合理成分，在此基础上又颇具特色地创新了瑕疵证据的概念。

二、非法证据与瑕疵证据的界限

（一）非法证据、瑕疵证据的内涵界定

厘清非法证据与瑕疵证据界限的前提是准确把握二者的内涵。精准定位我国《刑事诉讼法》第52条、第56条的理论基础在于大陆法系证据禁止理论后，再来界定非法证据和瑕疵证据的内涵。证据使用禁止是证据能力问题，即无证据能力的证据禁止作为定案根据使用。与证据能力密切相关的概念是证明力，证据能力和证明力是大陆法系证据法中的两个核心概念，准确理解证据能力与证明力的内涵及其关系是界定非法证据、瑕疵证据的基础。

证据能力是指具有作为证明资料的能力或资格，亦即能够成为证明犯罪事实存否的证据资格。[②]简言之，证据能力就是证据作为定案根据的资格。而证据的证明力（probative value）“乃指证据对于待证事实之认定具有实质价值而言，故可谓证据所具有之证据价值”[③]。证明力强调的是证据与待证事实之间的关系，“证据对于待证事实之认定，具有实质之价值，成为证据之证明力”[④]。简而言之，证明力就是证据对待证事实的证明作用和价值。

证明力与证据能力是何关系？大陆法系证据法理论通说认为，证据能力在先，证明力在后，二者在逻辑上是先后阶层递进关系。“证据，取

① 参见艾明：《论我国刑事诉讼中的证据使用禁止——以证据取得禁止和证据使用禁止之间的关系为中心》，载《现代法学》2015年第5期。

② 参见陈天勋：《刑事诉讼法概要》，来胜文化事业有限公司2015年版，第252页。

③ 林山田：《刑事程序法》，五南图书出版公司1998年版，第248页。

④ 张丽卿：《刑事诉讼法——理论与运用》，五南图书出版公司1995年版，第232页。

得作为认定犯罪事实之资格后，亦即，取得证据能力后，法官到底依照何种‘规则’来判断这个证据可否采信？例如，证人经过合法调查程序之后，法官采信或不采信其证言？”这里的采信与否就是一个证据对待证事实的价值评价问题，即证明力问题。这在逻辑顺序上决定了证据必须首先具备证据能力，然后才存在证明力评价的问题。[①]我国台湾地区黄东熊等在《刑事证据法则之新发展》一书中更加直截了当地指出，证明力有无之判断，系证据具备证据能力之后问题。[②]

不可否认，证明力与证据能力之间也存在相互联系、相互渗透的关系。从理论上说，具有证据能力的证据，就具有最低限度的证明力，因为按照辩证唯物主义的观点，联系是事物之间的普遍规律，具有证据能力的证据绝对与案件事实无关联在哲学上是不存在的，只是证明力强弱要视其与待证事实之间联系的强弱而定。法律上关于证据能力的规定往往包含着证明力的因素，证明力会影响证据能力的范围。比如，轻微的违法取证，如果对证据的证明力影响不大，可能就不会作为非法证据予以排除。“证据容许性之各种法则，除因其他外部之政策而发生者外，踪其渊源，甚多由于防止不可信之危险。”一些证据之所以被认为没有证据能力而排除其作为定案根据的资格，就是因为该证据不真实、不可信而导致其没有证明力。证明力与英美法系中的证据关联性有一定的相通之处，根据《美国联邦证据规则》第403条规定，虽然某一个证据具有关联性，但如果其证据价值受到不公正偏见、误导陪审团危险等影响，则该证据仍然可能被排除。我国司法解释也有类似规定，最高人民法院《关于适用〈中华人民共和国刑事诉讼法〉的解释》第109条把视听资料的真实性作为判断是否具有证据能力的重要因素。因此，有学者将这种现象概括为“证明力反制证据能力”的现象。[③]

总之，证据能力与证明力在逻辑上是先后关系。从这个角度来说，证明力的准确定义应当为“有证据能力的证据对证明案件事实的作用和

---

① 参见林钰雄:《刑事诉讼法》(上册)，中国人民大学出版社2005年版，第347页。

② 参见黄东熊等:《刑事证据法则之新发展》，台湾学林文化事业有限公司2003年版，第8页。

③ 参见纵博:《证明力反制证据能力论》，载《中国刑事法杂志》2014年第4期。

价值”。从证据审查的角度来说，二者是阶层递进关系，我们在审查证据的时候，先审查证据的证据能力，如果不具有证据能力就排除，无须审查其证明力；如果经审查具有证据能力，接下来就要审查其证明力。就此而言，也可以说证据能力是待证事实的必要条件，而证明力是具有证据能力进而能够充分证明待证事实，达到证据是待证事实的充分条件。[①]

我国刑事诉讼中的非法证据和瑕疵证据，都系证据能力问题。有学者以证明力来界定瑕疵证据，认为瑕疵证据不得作为定案依据是因为其证明力的缺乏，即真实性、可靠性的欠缺。[②]这种观点混淆了证据能力与证明力的内涵及其关系。非法证据排除意义上的非法证据是指无证据能力的证据，也就是不得作为定案根据的证据，这就是禁止使用规则（排除规则）。无证据能力的证据与非法证据之间意义等同，只是称谓不同，大陆法系一般用无证据能力，而英美法系一般用非法证据。在我国，无证据能力的证据就是要排除的非法证据，也就是不得作为定案根据的证据（证据使用禁止）。但是“非法证据≠不具有合法性的证据”，不具有合法性的证据有很多种，违反证据取证禁止的证据属于不合法证据，但未必属于要排除的非法证据，有可能属于瑕疵证据。

瑕疵证据是指证据能力有瑕疵的证据，即侦查取证行为有轻微违法情节，由此取得的证据，其证据能力待定，违法取证行为若能得到补正或合理解释，则恢复其证据能力，可继续在后续程序中作为定案根据使用；若无法予以补正或合理解释，则该证据转为无证据能力，排除其作为定案根据使用。瑕疵证据的本质特征在于其违法情节的轻微性，只要能够通过补正和解释，消除其违法性就恢复其证据能力。[③]可见，瑕疵证据是否需要排除，需要裁判者进行裁量。

① 参见陈志龙:《超越合理怀疑与证据证明》，载《台北大学法学论丛》2009年第69期。

② 参见孙锐:《刑事证据排除规则之体系梳理——以证据能力与证明力的区分为进路》，载《四川师范大学学报（社会科学版）》2016年第6期。

③ 参见万毅:《论瑕疵证据——以“两个证据规定”为分析对象》，载《法商研究》2011年第5期。

（二）非法证据与瑕疵证据的界限

综观前述国内主要观点及两大法系关于非法证据排除的实质基准都逃脱不了刑事诉讼的永恒命题——实体真实与程序正义、追诉犯罪与保障人权之间的平衡。非法证据与瑕疵证据的实质区别标准也必须从实质解释的角度进行探寻。实质解释论对于刑法学来说，就是对作为形式正义的刑法规范所蕴含的实质正义的追寻过程。[①] 实质解释对于刑事诉讼法而言，同样是探寻刑事诉讼法规范所蕴含的实质正义，这种实质正义就是程序正义与实体真实。刑事诉讼法是为了保障刑法实施的程序法，刑事诉讼程序的目的可能被赋予很多，但是核心的目的是实施刑法，为正义、公平的裁判提供基础，恢复社会和平，发现犯罪案件的真相。真实和公正是刑事诉讼的目的。[②] 简言之，刑事诉讼法的价值根基在于实现程序正义和实体真实。我国现行《刑事诉讼法》第 1 条和第 2 条对此也进行了明确规定。刑事诉讼要实现刑法惩罚犯罪保护法益的目的，就是查明真相，实现实体真实，但是由于司法证明的过程是运用证据证明已经发生过的事实，受客观条件的制约，追求真相不能不择手段，必须要符合程序正义的要求。因此，现代刑事诉讼法的两大价值目标就是程序正义和实体真实，包括证据在内的刑事诉讼法诸问题的实质解释应当以程序正义和实体真实作为基点，这与刑法的实质解释坚持实质的罪刑法定和法益保护是相辅相成的。例如，《刑事诉讼法》第 56 条关于书证、物证设立的非法证据排除条件“可能严重影响司法公正”实质内涵也在于程序正义和实体真实。非法证据与瑕疵证据的界限也应当以程序正义和实体真实两个面向为实质解释的基准。

1. 程序正义的面向。刑事诉讼为了实现刑法的惩罚目的和查明真相，需要赋予国家机关一些侦查、取证手段，但是不能为了实现真相而不择手段，程序正义是直接用来保护人性尊严的措施。[③] 从刑事诉讼的历史发

① 参见刘艳红：《实质刑法观》（第二版），中国人民大学出版社 2019 年版，第 259 页。

② 参见［德］托马斯·魏根特：《德国刑事程序法原理》，江溯等译，中国法制出版社 2021 年版，第 266—267 页。

③ 参见［德］克劳思·罗克信：《刑事诉讼法》，吴丽琪译，法律出版社 2003 年版，第 5 页。

展观察，现代刑事诉讼的指导精神是人权保障思想，不论当事人主义或职权主义，程序正当性具有优先指导的作用。[①]程序正义根本要旨在于，通过一系列程序性规范来约束国家侦查和追诉犯罪的权力在正当的轨道上运转，以落实人权保障。为了澄清犯罪事实的真相，国家必须使用诸多的强制手段，而这些手段不可避免地将会严重干预可能的犯罪嫌疑人乃至于其他第三人的权利，因此，法治国家的刑事诉讼法责无旁贷的责任是，规制和划定国家与个人之间权利义务之界限，平衡追诉犯罪与保护个人权利之间的关系。[②]可见，人权保障是程序正义的核心所在。“两高三部”《关于办理刑事案件严格排除非法证据若干问题的规定》的第一句就是“为准确惩罚犯罪，切实保障人权，规范司法行为，促进司法公正……”，强调非法证据排除规则的目的是要“保障人权，规范司法行为，促进司法公正”，这体现了程序正义的要求。因此，取证违法程度达到侵害当事人的基本人权、导致当事人产生痛苦的，就属于违反程序正义，由此取得的证据应当予以排除。据此，我们可以把程序正义视角的非法证据实质标准分解为“人权规则”和“痛苦规则”。

“人权规则”的含义就是采取的违法取证手段侵害当事人的基本人权的，应当作为非法证据排除，这里的基本人权就是宪法性人权，如身体权、健康权等。采取刑讯逼供、变相肉刑、暴力、威胁的方法取证，以及非法限制人身自由的方法取证，由于侵害了当事人的基本人权，因此获取的证据没有证据能力，予以排除。例如，根据“两高三部”《关于办理刑事案件严格排除非法证据若干问题的规定》第 2 条规定，使用暴力或者变相肉刑取得的供述予以排除；第 3 条规定，采取暴力威胁的方法取得的供述予以排除；第 4 条规定，采用非法拘禁的方法取得的供述予以排除，都是因为这些取证方法侵害被告人的基本人权，违反人权规则。

需要指出的是，“人权规则”不一定是专门针对口供、言词证据而言的，采取侵害人权的方式违法获取电子数据、书证、物证，也应当予以排除。例如，采取暴力非法侵入住宅的方式提取书证、采取对物证持有人殴打的方式提取物证，均因违反人权规则应予排除。再如，技术侦查

① 参见柯耀程：《刑事程序理念与重建》，元照出版公司 2009 年版，第 17 页。

② 参见林钰雄：《刑事诉讼法》（上册），中国人民大学出版社 2005 年版，第 8—9 页。

措施容易侵害基本的隐私权，只有在刑事立案后才能采取，故而，初查过程中采取上述侦查措施收集、提取的电子数据不具有合法性，应当依法排除。[①]

“痛苦规则”的含义就是采取的违法取证手段可能导致当事人产生肉体或精神上痛苦的，作为非法证据排除。龙宗智教授认为，这也正是《联合国反酷刑公约》对“酷刑”所设定的判断标准，因此也可以概括为“酷刑规则”。[②]“两高三部”《关于办理刑事案件严格排除非法证据若干问题的规定》第2条强调：“……使犯罪嫌疑人、被告人遭受难以忍受的痛苦而违背意愿作出的供述，应当予以排除。”需要特别指出的是，这里的痛苦既包括肉体上的痛苦，例如暴力取证、刑讯逼供会导致肉体上的痛苦；也包括精神上的痛苦，比如以提供毒品引诱毒瘾发作的犯罪嫌疑人的口供，这样的引诱就会导致犯罪嫌疑人产生难以忍受的痛苦，获取的证据应当予以排除。采取使人痛苦的手段获取书证、物证、电子数据等也应当予以排除。例如，采取使人痛苦的手段逼迫他人交出物证、书证应当排除。讯问或询问过程中带有轻微的诱导获得言词证据并非一概排除，例如侦查人员引诱称“如实供述就可以从宽处罚”“如实供述就可以取保候审”，并不违反“人权规则”和“痛苦规则”，属于瑕疵证据，在同时也不违反下文的真实性规则和自愿性规则的情况下，只要能合理解释和说明，就可以不作为非法证据排除，恢复其证据能力。

2. 实体真实的面向。实现实体真实就是“不枉不纵”，“不枉”即无罪之人被确认无罪；“不纵”就是有罪之人被确认有罪并罚当其罪。实体真实的完整意义是“毋枉毋纵，开释无辜，惩罚犯罪”。这里力求发掘犯罪事实真相，既不容罪及无辜，也不许犯人逍遥法外的理念，源于正义的理念，也是一种正义原则。[③]案件事实真相的发现过程，是运用证据进行证明的过程，证据失真必然会误导真相的发现，这样既可能冤枉无辜之人，也可能放纵有罪之人。因为，为了实现实体真实，证据应当具

① 参见周加海、喻海松：《〈关于办理刑事案件收集提取和审查判断电子数据若干问题的规定〉的理解与适用》，载《人民司法（应用）》2017年第28期。

② 参见龙宗智：《我国非法口供排除的“痛苦规则”及相关问题》，载《政法论坛》2013年第5期。

③ 参见林钰雄：《刑事诉讼法》（上册），中国人民大学出版社2005年版，第7页。

有真实性，可能影响证据真实性的证据不具有证据能力，应当予以排除；同时，对于言词证据而言，可能违背自愿性的供述、证言、陈述会导致其真实性受损，也不具有证据能力，应当予以排除。这就是实体真实支配下的实质标准之真实性规则和自愿性规则。

真实性规则。我国《刑事诉讼法》第50条第3款规定，证据必须经过查证属实，才能作为定案的根据，强调真实性作为证据能力的重要指标。对于书证、物证、电子数据等客观性证据真实性的审查被称之为“鉴真”。[①] 书证、物证及电子数据没有来源的不得作为定案根据，来源有疑问而又不能作出合理解释的不得作为定案根据。表面上看，这些情况并不符合《刑事诉讼法》第56条关于物证、书证排除规则。其实，没有来源或来源不明的书证、物证其真实性无法保障，“可能严重影响司法公正”，所以无证据能力。言词证据同样存在真实性审查问题，不具有真实性的言词证据也不具有证据能力，不能作为定案依据。即使言词证据的取证手段不违法，但该言词证据不具有真实性，依然不具有证据能力，例如最高人民法院《关于适用〈中华人民共和国刑事诉讼法〉的解释》第88条、第94条规定，明显醉酒、中毒以及处于麻醉状态而不能正常感知、正确表达的证人证言，以及没有经过被告人核对确认的供述笔录，均因为真实性无法保障而无证据能力。再如，讯问未成年人，其法定代理人或者合适成年人不在场的，由于未成年人心智未成熟，作为犯罪嫌疑人被讯问时，心理压力大，没有法定代理人或者其他合适成年人在场，可能影响其供述的真实性，因此不具有证据能力。但是为什么最高人民法院《关于适用〈中华人民共和国刑事诉讼法〉的解释》第90条第5项规定同样情形的未成年证人的证言属于瑕疵证据呢？这是因为未成年证人相对于犯罪嫌疑人来说，其在被问话时的心理压力相对较小，对真实性的影响较小。最高人民法院相关负责人就此指出，合适成年人参与未成年人刑事诉讼程序，具有监督讯问活动、抚慰未成年人的紧张情绪、帮助未成年人与讯问人员有效沟通等职能，对无法定代理人或者合适成年人在场的，无法保障被告人供述的真实性，故应直接强制性排除。而对于询问未成年证人，在法定代理人或合适成年人未到场情况下作伪证

① 参见陈瑞华：《实物证据的鉴真问题》，载《法学研究》2011年第5期。

的可能性并不大，不宜绝对排除，宜认定为证人证言收集程序存在瑕疵，允许补正和合理解释为妥。[①] 可见，同样是法定代理人或其他合适成年人未到场，非法证据与瑕疵证据实质区别在于真实性规则。

自愿性规则。自愿性规则的规制对象，既包括犯罪嫌疑人供述和辩解，也包括其他证人（含被害人、鉴定人等）的证言。犯罪嫌疑人、被告人的供述和辩解的自愿性规则来源于“自白任意性规则”。自白任意性规则就是被告之自白必须出于其自由意志才具有证据能力。自白任意性规则于18世纪滥觞于英国，至19世纪法国大革命及人权思想兴起后，趋于严格甚至走向极端，当时对于些微程度之诱导行为所为之自白，也被认为非出于任意性，此种极端思想直到19世纪后半叶才渐趋缓和，时至今日，已成为英美法系和大陆法系公认的规则。自白任意性的理论基础有“虚伪排除说”“人权维护说”等。[②] 如果采取侵害人权的方式当然会同时违反人权规则和真实性规则；如果采取的违法取证手段不足以侵害人权但是影响真实性，依然不具有证据能力；如果采取的违法取证手段不足以侵害人权也不影响真实性，就属于瑕疵证据。例如，采取轻微的引诱、欺骗的手段取证，不会侵害人权，同时所取得的供述也不影响真实性，那么就属于瑕疵证据。[③] 可见，自愿性规则与人权规则并不完全重合，自愿性与真实性一样，其理论根基在于刑事诉讼法实体真实的价值目标，而人权规则的理论根基在于程序正义的价值目标。同样，自愿性规则与痛苦规则也并不完全重合，认为我国刑事诉讼是以痛苦规则代替自白任意性规则的观点，[④] 是不能成立的。因为，有些违反自愿性获取的供述即使没有导致被告人产生难以忍受的痛苦，也可能无证据能力而被排除。需要说明的是，自愿性规则与真实性规则之间也并非完全重合的关系，违反自愿性获取的供述，即使是真实的，也可能被排除。例如，

① 参见李少平主编：《最高人民法院关于适用〈中华人民共和国刑事诉讼法〉的解释理解与适用》，人民法院出版社2021年版，第214、218页。

② 参见张丽卿：《刑事诉讼制度与刑事证据》，中国检察出版社2016年版，第114—116页。

③ 参见戴长林、刘静坤、朱晶晶：《〈关于办理刑事案件严格排除非法证据若干问题的规定〉的理解与适用》，载《人民司法（应用）》2017年第22期。

④ 参见龙宗智：《我国非法口供排除的“痛苦规则”及相关问题》，载《政法论坛》2013年第5期。

对犯罪嫌疑人谎称其老母遭遇车祸，只有认罪才能见面，犯罪嫌疑人被迫供述，即使该供述与事实相符，也属于非法证据，应当予以排除。[①]"被告的自白具有证据能力的前提要件，乃该自白具备任意性及真实性，倘被告的自白非出于任意性，纵使该自白与事实相符，惟非属任意性的自白，仍无证据能力。"[②]

综上，非法证据与瑕疵证据的实质区分标准必须奠定于程序正义与实体真实两个面向，进而分别引申出四个具体规则，即人权规则、痛苦规则、真实性规则、自愿性规则。

三、非法证据与瑕疵证据的鉴别方法

如前所述，非法证据与瑕疵证据区分的四项实质规则是人权规则、痛苦规则、真实性规则、自愿性规则。在哲学上，实质是与形式相对应的范畴，二者之间的逻辑顺序是从形式到实质。人们认识和判断事物遵循从形式到实质的逻辑顺序。非法证据与瑕疵证据的判断，也应当遵循从形式到实质的逻辑顺序，先从形式上判断证据取得是否违反法律法规，具体来说需要从证据的来源、过程、结果三个方面进行判断。之所以将这三个方面的判断界定为形式判断，是因为证据的来源、过程、结果合法性的判断，主要是将这三个方面与现有的法律、法规、司法解释和规范性文件进行形式上的对照，以判断取证行为是否违反这些规定。如果证据的来源、过程、结果均不违反任何法律法规，则不存在非法证据排除问题；如果违反相关法律法规，则需要进一步运用人权规则、痛苦规则、真实性规则、自愿性规则进行实质判断是瑕疵证据还是非法证据。之所以将这四个规则的判断界定为实质判断，是因为取证行为即使违反相关规定，但是否侵害人权、是否导致当事人痛苦、是否影响证据的真实性、是否影响当事人的自愿性也需要进行实质的价值判断。笔者将其称之为"形式—实质"阶层式鉴别法。

---

① 参见戴长林、刘静坤、朱晶晶:《〈关于办理刑事案件严格排除非法证据若干问题的规定〉的理解与适用》，载《人民司法（应用）》2017 年第 22 期。

② 陈天勋:《刑事诉讼法概要》，来胜文化事业有限公司 2015 年版，第 255 页。

（一）“形式—实质”阶层式鉴别法的判断步骤

第一步是形式判断，判断的基本方法是从证据的来源、过程、结果三个方面进审查。任何一项证据要具有证据能力，必须来源、过程、结果三个方面都合法。任何一个方面不合法，要么是无证据能力的非法证据，要么是证据能力待定的瑕疵证据。这是鉴别非法证据与瑕疵证据的第一步。证据的来源是指证据来自何人何处、由谁提取。比如，一份书证，从哪里提取的必须有证明，且来源还要符合法律规定。证据的取得过程是指证据如何取得。如物证、书证在收集、保管过程中有无污染、受损、改变等情形；言词证据的取得过程中有无刑讯逼供、暴力、威胁、引诱、欺骗等。证据的结果是指证据以何种载体呈现。比如，物证、书证是原件还是复制件，如果是复制件是否与原物、原件相符；言词笔录有无经当事人核对确认等。我国刑事诉讼法及其司法解释、规范性文件对证据的来源、过程、结果都有大量的规定。如果一份证据的来源、过程、结果三个方面都符合规定，那么就无须进入第二步的实质判断；如果一份证据的来源、过程、结果的任何一个方面存在违反规定的情形，既可能是无证据能力的非法证据，也可能是证据能力待定的瑕疵证据，到底是非法证据还是瑕疵证据，就需要进入第二步的实质判断来决定。

第二步实质判断的基本方法就是判断第一步中的违法取证有无违反人权规则、痛苦规则、真实性规则、自愿性规则。如果违反这些规则中的任何一个，就没有证据能力，作为非法证据排除；如果不违反这些规则，就属于瑕疵证据，证据能力待定。

（二）“形式—实质”阶层式鉴别法的操作注意事项

首先，要遵循先形式后实质的顺序。形式判断在先，实质判断在后，二者是递进关系。这是由证据取得禁止与证据使用禁止的关系所决定的。根据证据禁止理论的通说，证据取得禁止不等于证据使用禁止，也就是取证程序违法不一定导致由此取得的证据无证据能力（非法证据排除）。第一步的形式判断，从证据能力的来源、过程、结果三个方面进行合法性判断，如果任何一个方面出现违反法律、法规、司法解释等规定，就属于证据取得禁止，但是要不要作为非法证据排除，还需要第二步的实质判断。其次，要遵循择一关系而非并列关系。两个步骤中的权衡要素都是择一关系。第一步形式判断针对的证据的来源、过程、结果三个方面是择一关系，任何一个要件出现违反规定的情形，就要么是非法证据要么是瑕疵证据，需要进入第二步的实质判断，而不是三个要件同时违反规定。第二步实质判断中人权规则、痛苦规则、真实性规则、自愿性规则也是择一关系，也就是说只要违反其中任何一个规则就要作为非法证据排除，而不是同时违反四个规则才作为非法证据排除。最后，在进行第二步的实质判断时，是否违反人权规则、痛苦规则、真实性规则、自愿性规则，采取优势证明标准。这是因为非法证据排除属于程序性事实，属于自由证明的范畴，理应采取优势证明标准。在实践操作中，只要可能存在违反这四个规则的情形，就要排除该证据。例如，采取以损害近亲属合法权益的方式相威胁，只要达到可能导致当事人违背自愿而供述，就应认定为违反自愿性规则。

上述“形式—实质”阶层式鉴别法，可以下图展示和概括：

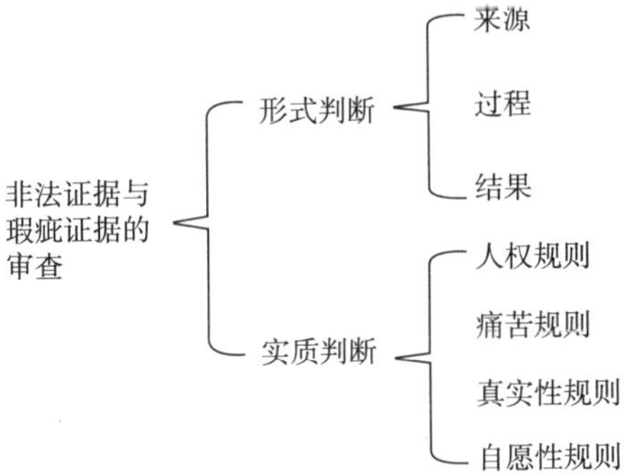

实践中，辩护人往往会将瑕疵证据放大为非法证据并要求法庭予以排除；而公诉人也常常会坚持认为属于瑕疵证据，可以通过补正、说明恢复其证据能力。根据上述方法，来解决下面这个法庭辩论的争议问题。

被告人付某某伙同朱某某以牟利为目的，在2013年9月14日、15日全国一级建造师执业资格（以下简称一建考试）前，给考试的部分考生提供橡皮擦形状的无线电接收设备。同时安排杨某某、王某某等人在南京卫生学院、南京高等职业技术学校、金陵科技学院等多个考点周围架设无线电发送装置等作弊设备。在一建考试《专业工程管理与实务》等科目考试期间，付某某通过QQ非法获得相关考试“试题及答案”，后付某某、朱某某通过无线电向上述考点的多名考生发送。

该案中的QQ聊天记录是侦查机关在此案立案前进行监控的，且没有审批手续。根据刑事诉讼法和司法解释规定，监听监控等技术侦查措施需要在立案后进行，并经市一级公安机关负责人审批，审批手续应当附卷。此案的监控违反上述规定，到底是非法证据还是瑕疵证据呢？有人认为，技术侦查措施获取的电子数据类似于书证、物证，采取相对排除的原则，上述情况属于瑕疵证据，无须排除。这种观点是无法成立的。笔者认为，未经正当程序而通过技术手段对公民的通信工具进行监听监控，这直接涉及公民基本的言论自由和隐私权，已经涉及宪法性权利，可能对司法机关办理案件的公正性以及国家形象造成严重损害，属于实质性、严重的程序违法，应当作为非法证据排除。审批程序和立案之后这个两点限制是保障技术侦查措施在法治轨道上运转的重要“刹车”。“监听录音，是法治国的吗啡，虽然可能镇痛（打击犯罪），但也会上瘾（依赖监听破案），既是药，也是毒，剂量一旦过多时，法治国亦随之寿终正寝。守法的小市民，也要担心受监听吗？就法就理而言，监听当然最多只能针对嫌犯而为。”[①] 因为监听在立案之前，这意味着监听监控的对象不是犯罪嫌疑人，那普通公民的自由将无法保障；未经审批就进行监听监控，其结果必然是技术侦查措施的广泛滥用。事实上，很多国家的技术侦查措施需要中立的第三方审批，而非侦查机关自行审批，目的就是防止滥用。比如德国规定，电话监听需要事先向法官申请监听令，急迫情形下，检察官也可以发监听令，但是须在三日之内请求法官确认，否则自动失效，至于警察则完全无权签发关于监听的令状。在德国，违法监听取得的证据被禁止使用已成共识。[②] 我们的技术侦查措施审批权仍然在侦查机关，只不过“上提一级”由市一级公安机关负责人审批，已经是最低限度的程序控制了，如果连这一点也被打折扣执行，那将违背最低限度的正义。

上述付某某、朱某某故意泄露国家秘密案，检察机关起诉时没有采信这份QQ监控聊天记录，但是一审判决采信了这份证据并改变定性为

① 林钰雄：《刑事法理论与实践》，中国人民大学出版社2008年版，第302页。

② 参见林钰雄：《刑事法理论与实践》，中国人民大学出版社2008年版，第297页。

非法获取国家秘密罪，检察机关果断提出该证据应该作为非法证据排除，不得作为定案根据，并提出抗诉，二审成功改判。

被告人殷某某等人在 2007 年 12 月共同投资成立了苏州工业园区某国际俱乐部。此后，被告人殷某某等人经预谋后，确定了卖淫价格，并统一制定了相关例会制度、人事管理制度、财务会计制度等规章制度及应对公安机关治安检查的应急预案，长期开展组织卖淫活动。被告人殷某某等人后又于 2008 年 11 月共同投资成立了苏州高新区（现为虎丘区）滨河路某俱乐部开展组织卖淫活动。从 2008 年 11 月至 2009 年 11 月，组织卖淫活动 57000 余次。

该案犯罪事实达 57000 余次，证据庞杂、数量众多。二十余名律师组成的辩护团队，对所有言词证据进行地毯式反复搜索，对公安机关制作的几百份讯问笔录上记载的讯问起始时间和提押证上填写的提、还押时间是否一致进行甄别，发现了多份讯问笔录中没有结束时间，提押证上无还押时间，甚至还有讯问笔录在提押证中没有记载。在法庭上，辩护人以此为由主张非法证据排除。[①]其实，上述证据属于典型的瑕疵证据而并不是非法证据。

实践中，很多辩护律师喜欢将一些细小的瑕疵进行无限放大。对于公诉人而言，即使是瑕疵证据，在庭审中其对证据体系的冲击也犹如“蝴蝶效应”般被放大，从而导致庭审被动，甚至影响到整个案件的证据体系乃至司法机关形象。比如 2012 年 1 月 9 日，贵阳市小河区人民法院开庭审理黎某洪等涉黑案，辩护人发现某份被告人的供述笔录最后签字为“以上笔录我已看过，与你说的一样”。辩护人认为这是典型的逼供、诱供的笔录，整个笔录是侦查人员说的，而不是被告人说的。辩护人将这一细节在微博上发布，舆论一片哗然。事实上，这也是证据瑕疵，并不影响证据能力。实践中，侦查人员在让犯罪嫌疑人核对笔录后，都会告知犯罪嫌疑人核对无误后在笔录末尾写上“以上内容你已看过，和你说的一样”的内容，有些犯罪嫌疑人由于文化程度低或者紧张、一时笔误，没有进行人称转换，不知道将语境中的“你”替换为“我”的类似

① 参见王勇、李勇：《公诉人出庭的方法与技巧》，法律出版社 2015 年版，第 153 页。

情况经常发生。但是，这个瑕疵被无限放大后，给公诉人造成的被动是不容低估的。

四、非法证据排除的答辩之策

根据辩论“三要素”，结合上述阐述，针对非法证据排除答辩要点如下:（1）具体某一份证据是否要排除，是瑕疵证据还是非法证据，在控辩双方争议焦点背后的实质问题是非法证据与瑕疵证据的实质界限是什么。（2）从这个实质问题出发，寻找理论依据——非法证据与瑕疵证据关乎证据能力之争，前者是无证据能力，后者是证据能力待定，二者的实质界限包括程序正义和实体正义两个面向，程序正义面向包括人权规则和痛苦规则，实体正义面向包括真实性规则和自愿性规则。判断方法是先从形式上判断有无违反相关法律、法规，其次从实质上判断是否违反人权规则、痛苦规则、真实性规则和自愿性规则。辩论中针对争议的具体证据进行分析即可。（3）寻找法律依据，如前所述，要正确认识《刑事诉讼法》第52条与第56条关于证据取得禁止和证据使用禁止的关系。（4）结合相关案件阐释实践依据。

第二节　辩方证据是否适用非法证据排除规则[①]

按照法律规定，辩护人也可以向法庭出示相关证据，那么辩护人以非法手段取得的证据，是否要作为无证据能力的证据予以排除呢？如何排除呢？实践中，辩方贿买证言、暴力逼证、伪造证据等现象时有发生，甚至还出现通过记者以违法犯罪的方式“暗访”取证的事件，因此，很有必要探讨这个问题。

---

① 本节主要内容参见李勇:《刑事证据审查三步法则》（第二版），法律出版社2022年版，第125页以下。

一、法律及司法解释关于该问题的规定如何理解

最高人民法院、最高人民检察院、公安部、国家安全部、司法部《关于办理刑事案件排除非法证据若干问题的规定》第13条规定："庭审中，检察人员、被告人及其辩护人提出未到庭证人的书面证言、未到庭被害人的书面陈述是非法取得的，举证方应当对其取证的合法性予以证明。对前款所述证据，法庭应当参照本规定有关规定进行调查。"根据上述规定，我们可以发现，检察人员也可以提出未到庭证人的证言笔录和书面陈述是非法取得，言下之意是辩方收集的证人的书面证言和被害人的书面陈述可以也应当适用非法证据排除规则，而且可以参照对公诉方提供的非法证据的调查程序进行调查。但是，《刑事诉讼法》第58条第2款规定，当事人及其辩护人、诉讼代理人有权申请人民法院对以非法方法收集的证据依法予以排除。这里的当事人是指被害人、自诉人、犯罪嫌疑人、被告人、附带民事诉讼的原告人和被告人。这样一来，刑事诉讼法既没有明确辩方收集的证据能否适用非法证据排除规则，也没有明确检察机关能否申请排除辩方收集的非法证据。据此，有人认为，"检察机关无权申请排除辩方违法收集的非法证据，换句话说，辩方证据不属于非法证据排除规则的适用对象，辩方收集的证据不适用非法证据排除规则"[①]。

笔者认为，上述规定中的非法证据排除规则与非法证据调查程序不能混为一谈。正确的理解应该是：其一，辩方提供的非法证据，公诉方不可以申请启动非法证据排除调查程序，也就是说这个非法证据排除调查程序的申请人限于当事人及其辩护人、诉讼代理人，而不包括公诉人。其二，辩方提供的非法证据可以在法庭调查中进行质证，公诉人可以针对辩方提供的非法证据提出质证意见，建议法庭不予采信。法庭经审查认为，辩方提供的证据，根据非法证据排除规则属于非法证据的，应当予以排除，不得作为定案根据。换言之，对于辩方提供的非法证据仍然适用非法证据排除规则，系非法证据的该排除也要排除，不得作为定案的根据，只不过公诉方不需要对辩方提供的证据申请启动非法证据排除

① 胡红军、王彪：《审判阶段非法证据排除的若干疑难问题》，载《法律适用》2014年第8期。

调查程序，而是直接在法庭调查中通过举证、质证进行调查。

理由如下：首先，根据《刑事诉讼法》第50条和第55条的规定，作为定案根据的任何证据必须是查证属实的、具有证据能力的证据。这不因取证主体不同而有所改变，不论是公安机关还是检察机关，抑或辩护律师，取得的证据要想成为定案根据都应当具有证据能力。其次，如果说非法证据排除规则不适用于辩方提供的证据，那么必然与《刑事诉讼法》第50、55条的规定相冲突。如果认可辩方提供的证据不适用非法证据排除规则，那么就会造成辩护人可以通过任何方式取证，即使辩护人通过将证人打成重伤或杀死的方式获取的证言也能作为定案根据，岂不丧失基本的正义！辩护人通过抢劫的方式获取的物证也不能排除，岂不荒唐！最后，立法之所以没有将辩方提供的证据纳入非法证据排除调查程序的对象之中，是基于现实情况的考虑。因为在现实中，辩护人的取证手段有限，辩护人取得的证据数量也有限，而且其取得的证据一般都是抗辩性的证据，而非指控性的证据，完全能够在法庭调查中通过举证、质证的方式解决其证据能力问题，出于庭审效率的考虑，没有必要启动非法证据排除调查程序。当然，辩方证据排除的范围和规则如何界定则是另一个层面的问题，下文详述。

二、辩方非法取证应否排除的理论依据

不可否认，非法证据排除规则的初衷是防止公权力的滥用，但是这并不意味着辩方非法取得的证据就当然具有证据能力，不受非法证据排除规则的约束。辩方非法取得的证据是否适用非法证据排除规则，在理论上属于私人非法取证的证据能力问题。这原本就是个争议不断的理论问题，只不过国内对这个问题的研究较少。私人非法取证既包括私人受公权力委托或授意进行的取证活动，也包括私人自行的取证活动。本书讨论的是后者。

理论上关于私人不法取得的证据是否具有证据能力，历来有不应排除说、法律程序一元说、法益权衡理论等不同观点，世界各国做法也并

不相同。[①] 作为大陆法系代表的德国，尽管证据禁止的主要对象是国家追诉机关的行为，但在这个前提下并非没有例外。“如果在审判时使用由于私人取得的证据，不论其来源如何，会独立地构成对个人权利的侵害，那么法院不得采纳该证据。例如，如果将秘密制作的私人谈话录音作为证据提交法庭……例如，通过酷刑或者剥夺自由所得到的书面供述。”[②] 在德国，私人不法取证是自主性证据使用禁止的发挥场域之一。[③]

英美法系一般采取不应排除说，但也并非绝对。“在任何情况下，如果不可采的证据或者对证据的调查引起了很大的偏见，单凭一个异议已不能消除偏见，那么反对方有权对这个证据提出质疑……即‘以牙还牙’：反驳对方提出的不可采证据。”[④]

因此，那种认为辩方非法取证一律不排除在理论上是理所当然的观点，是站不住脚的；那种认为私人非法取证一概不排除是世界通例的论调，也是缺乏基本依据的。

我国《刑事诉讼法》第 43、52、54 条规定了审判人员、检察人员、侦查人员以及辩护律师的调查取证权，但是对丁私人取证问题木作出明确规定，也就是说，对于私人取证既未允许也未明确禁止。但是这并不意味着辩护律师取证可以“乱来”，更不意味着辩方通过非法甚至犯罪手段获取的证据可以堂而皇之地作为定案根据，因为《刑事诉讼法》第 50、55 条规定，作为定案根据的任何证据必须经法定程序查证属实。这不因取证主体不同而有所改变。如果非法证据排除规则不适用丁辩方提供的证据，则必然与《刑事诉讼法》第 48、53 条的规定相矛盾。或许会有人认为这个逻辑混淆了非法证据与应当排除的证据的差别。事实并非如此，这涉及非法证据排除是指不能作为定案根据还是指没有资格进入庭审程序的问题。如前所述，在英美法系，非法证据排除是指通过审前程序排除其进入法庭的资格；但大陆法系由于对证据的采纳和采信没有

---

① 参见吴巡龙：《刑事证据法入门：第三讲——证据排除》，载《月旦法学教室》2007 年第 57 期。

② ［德］托马斯·魏根特：《德国刑事诉讼程序》，岳礼玲、温小洁译，中国政法大学出版社 2004 年版，第 200 页。

③ 参见王士帆：《证据禁止内涵》，载《月旦裁判时报》2021 年第 103 期。

④ ［美］约翰·W. 斯特龙主编：《麦考密克论证据》（第五版），汤维建等译，中国政法大学出版社 2004 年版，第 125—126 页。

严格区分，而是采用证据禁止理论，所谓排除证据，就是不得作为定案根据，属于证据使用禁止，而不是排除其进入法庭的资格。我国刑事诉讼法中的非法证据排除，显然是指排除其作为定案根据，类似于证据使用禁止，而非指排除其进入法庭的资格，这一点应当没有任何争议（本书前文已论证过）。

或许，还有人会认为最高人民法院、最高人民检察院、公安部、国家安全部、司法部《关于办理刑事案件排除非法证据若干问题的规定》第13条规定的检察人员可以在庭审中提出辩方的非法证据问题，但2012年《刑事诉讼法》修改时却没有类似规定，而且还规定人民检察院应当对证据收集的合法性加以证明，2018年《刑事诉讼法》修改也未涉及这方面的内容，据此就推导出非法证据排除就仅适用于公权力机关收集的证据。这种擅自揣测立法意图的主观解释方法并不科学。一方面，我国刑事诉讼法对私人非法取证是否适用非法证据排除规则没有明确规定已成学界共识，既然立法没有明确，就不能随意揣测立法意图；另一方面，这种观点忽略了体系解释的方法。我国《刑事诉讼法》第59条规定的“人民检察院应当对证据收集的合法性加以证明”，结合上下条文之间的关系进行解释，这个条文的意思显然是指控方需要对所提出的作为指控依据的证据合法性承担证明责任，这是“谁主张，谁举证”古老法则的应有之义，就此并不能推导出辩方的任何非法证据都可以在法庭上“自由驰骋”而不受任何限制。值得注意的是，我国《刑事诉讼法》第61条规定：“证人证言必须在法庭上经过公诉人、被害人和被告人、辩护人双方质证并且查实以后，才能作为定案的根据。法庭查明证人有意作伪证或者隐匿罪证的时候，应当依法处理。”该条规定显然包括了这样的情况：辩方提出的证人证言，控方有权提出质证意见，并查实后才能作为定案根据，如果法庭查明是辩方通过暴力逼迫证人作伪证，显然是要“依法处理”，予以排除，不得作为定案根据的。

综上可见，我国法律虽然对私人非法取证是否适用非法证据排除规则没有明确规定，但是并不意味着对辩方证据采取一律不排除的立场。全国人大常委会法工委刑法室相关负责人指出，从《刑事诉讼法》第56条的字面上看，该条规定似并未将非法证据的收集主体限于侦查机关等公权力机关。但结合《刑事诉讼法》第59条关于人民检察院的证明责任以及第57、175条关于人民检察院的调查核实、要求公安机关作出说明的规定，可以推出刑事诉讼法所规定的非法证据排除仅适用于公权力机关收集证据的结论。即便如此，基于证据收集的方法可能影响到证据的可信性等理由，对私人收集证据的过程也仍然存在需要质证的问题。[①]

三、辩方证据是否排除的标准何在

辩方证据是否排除也应该采取权衡理论。事实上，辩方非法获取的证据不可能没有任何限制。值得研究的问题是，非法取证行为严重到何种程度才需要被排除。从这个意义上讲，争论辩方非法获取的证据是否适用排除规则意义不大，应该将争论的焦点转移到什么情况下辩方获取的证据需要被排除上来。正如美国大法官卡多佐所言，一方面，审判中排除非法取得之证据，会造成有罪者逍遥法外，而我们的社会希望犯罪应被抑制；另一方面，审判中不排除非法取得之证据，等于间接鼓励纵容私人非法取证，而我们的社会不希望私人傲慢地轻视法律违法取证时，证据排除与否，皆有危险。[②]私人非法取证排除与否，需要在国家追诉利益和个人权利保护之间进行权衡，这可以借鉴我国台湾地区权衡理论以及德国的实践做法，结合我国的实际情况，建立私人不法取得证据分类排除机制：（1）以窃取、偷拍等和平方法获得的物证、书证，无须排除，而应当由司法机关进行调查核实；（2）以欺骗、引诱方式获取的言词证据，一般无须排除，但是欺骗、引诱的程度达到有导致虚假陈述之严重危险时应当排除；（3）以暴力、胁迫以及其他严重侵犯他人基本宪法性权利等违法犯罪方法获得的证据，应当排除。

四、辩方证据排非的答辩之策

实践中，辩护律师一般认为辩方提供的证据不适用非法证据排除规则，而控方则认为辩方提供的证据适用非法证据排除规则。例如某案例中，辩护律师提供并向法庭出示了一份书证的复印件，但是没有注明原件在何处，辩方也无法取得原件，公诉人认为应当作为非法证据排除，

① 参见李寿伟：《非法证据排除制度的若干问题》，载《中国刑事法杂志》2014年第2期。

② 参见王兆鹏：《证据排除法则的相关问题》，载《刑事法杂志》1996年第3期。

而辩护律师认为不应作为非法证据排除。根据辩论“三要素”的策略，结合上述论述，分析如下：这个争议的实质问题就是辩方取证与控方取证本质区别是什么。这个争议问题在理论上属于私人非法取证的证据能力问题。如前所述，这原本就是个争议不断的理论问题 ，历来有不应排除说、法律程序一元说、法益权衡理论等不同观点，世界各国做法也并不相同。权衡理论是多数选择，私人非法取证行为排除与否，需要在国家追诉利益和个人权利保护之间进行权衡。接下来，寻找法律依据。我国法律虽然对私人非法取证是否适用非法证据排除规则没有明确规定，但是并不意味着对辩方证据采取一律不排除的立场。根据我国现有法律及司法解释的规定（前文已述，不再赘述），公诉人不得对辩方证据申请启动非法证据排除程序，但可以对证据能力进行质证，以窃取、偷拍等和平方法获得的物证、书证，无须排除，而应当由司法机关进行调查核实；以欺骗、引诱方式获取的言词证据，一般无须排除，但是欺骗、引诱的程度达到有导致虚假陈述之严重危险时应当排除；以暴力、胁迫以及其他严重侵犯他人基本宪法性权利等违法犯罪方法获得的证据，应当排除。

第三节　管辖争议之辩

一、管辖的法理基础

管辖的法理基础是进行管辖争议辩论的逻辑底线。管辖是刑事诉讼中的一种重要制度，所调整的是具体案件的侦查、起诉、审判权在不同级别和不同地域之间分配的制度设计，以法定性和确定性为原则，以诉讼公正和效率为价值目标。（1）管辖法定原则。管辖制度以法定性和确定性为原则是其作为一种纯粹的程序正义所需要具备的品质，该原则要求司法机关不能够等待具体个案发生之后才个别确定管辖，为防止不正当操作，需要立法上预先规定管辖分配的制度规范，待到个案发生时便可直接依法适用，这样具体案件管辖确定应取决于法律规范，而不可取决于人。正如松尾浩也教授所言，如果允许案件发生以后再决定管辖法院的话，那么有可能因决定者的判断介入而给被告人带来不正当的不利或有利的后果。因此，尽管实践中情况复杂，预先订立规范并非易事，但仍有必要事先在法律上规定一定的基准来确定各法院的管辖范围。[①]管辖制度通过级别管辖和地域管辖的纵向和横向的双重坐标，将具体案件的管辖权确立下来，防止案件发生后人为因素干预。（2）效率原则（诉讼经济原则）。诉讼经济原则是刑事诉讼的基本原则之一，管辖制度设计蕴含诉讼经济的考量。管辖地选择行为地、结果地、被告人居住地等，就是为了便于诉讼当事人参与诉讼，节约交通等成本。级别管辖，轻罪案件由基层人民法院管辖，重罪案件由中级人民法院、高级人民法院管辖，也是基于节约和合理配置司法资源的考量。（3）公平原则。通过法律上事先规定好管辖，防止基于利益驱动司法抢夺管辖权，或者基于对被告人的偏见而抢夺管辖权，使被告人遭受不公正待遇。同时，还涉及改变管辖制度，最大限度保障被告人获得公平审判。

二、常见的管辖争议

（一）有组织犯罪案件的管辖争议

我国的有组织犯罪主要是涉及黑社会性质组织犯罪、恶势力犯罪。有组织犯罪的复杂性，会导致多个管辖权的竞合。比如，某黑社会性质组织在 A 地成立，首要分子和成员日常主要在 A 地聚集和活动，同时其成员在 B 地实施了多起犯罪行为。A 地和 B 地均有管辖权，这就产生了管辖权的竞合。这种情况，应当进行并案管辖，并案管辖的基本标准是诉讼经济原则，也就是从更加有利于案件办理、更加有利于诉讼顺利进行、更加有利于司法资源的最大化角度进行并案。

对于有组织犯罪来说，一般应该采取“本罪吸收关联犯罪”的原则，也就是说，一般应由该黑恶组织所在地进行并案管辖，这样更加符合诉讼经济原则。当然，如果由该黑恶组织实施的关联犯罪地管辖更为适宜、更符合诉讼经济原则的，也可以由关联犯罪地管辖。最高人民法院、最

① 参见［日］松尾浩也：《日本刑事诉讼法》（上卷），张凌译，中国人民大学出版社 2005 年版，第 196 页。

高人民检察院、公安部、司法部《关于办理“套路贷”刑事案件若干问题的意见》也遵循了这样的原则。该文件规定：黑恶势力实施的“套路贷”犯罪案件，由侦办黑社会性质组织、恶势力或者恶势力犯罪集团案件的公安机关进行侦查。2012年9月11日最高人民法院、最高人民检察院、公安部、司法部发布的《关于办理黑社会性质组织犯罪案件若干问题的规定》也规定：公安机关侦查黑社会性质组织犯罪案件时，对黑社会性质组织及其成员在多个地方实施的犯罪，以及其他与黑社会性质组织犯罪有关的犯罪，可以依照法律和有关规定一并立案侦查。

即便按照上述原则，也依然会产生管辖争议，这是由有组织犯罪本身的复杂性所决定的，必要时就需要指定管辖。最高人民法院、最高人民检察院、公安部、司法部《关于办理黑社会性质组织犯罪案件若干问题的规定》明确，对案件管辖有争议的，由共同的上级公安机关指定管辖。并案侦查的黑社会性质组织犯罪案件，由侦查该案的公安机关所在地同级人民检察院一并审查批准逮捕、受理移送审查起诉，由符合审判级别管辖要求的人民法院审判。为提高审判效率，该文件第3条还规定，人民检察院对于公安机关提请批准逮捕、移送审查起诉的黑社会性质组织犯罪案件，人民法院对于已进入审判程序的黑社会性质组织犯罪案件，被告人及其辩护人提出管辖异议，或者办案单位发现没有管辖权的，受案人民检察院、人民法院经审查，可以依法报请与有管辖权的人民检察院、人民法院共同的上级人民检察院、人民法院指定管辖，不再自行移交。对于在审查批准逮捕阶段，上级检察机关已经指定管辖的案件，审查起诉工作由同一人民检察院受理。

实践中，办理有组织犯罪案件，如果被告人的社会关系复杂，可能存在“保护伞”，由主要犯罪地或首要分子居住地公安机关、人民检察院、人民法院办理可能不利于案件公正处理的，可以实行异地指定管辖。

（二）网络犯罪的管辖争议

现代社会是网络社会，我们已经进入Web3.0时代。[①] 随着智能手机

① 参见刘艳红：《Web3.0时代网络犯罪的代际特征及刑法应对》，载《环球法律评论》2020年第5期。

的普及，社会生活全面网络化，人类赖以生存的社会呈现出线下传统社会与线上网络社会的二元结构。Web3.0时代的网络社会早已“脱虚向实”，并不“虚拟”，已经被赋予社会意义，已经成为人类生存、生活、生产的实实在在的现实场域。各种犯罪逐步网络化，甚至呈现出“无犯罪不网络”的现象，黑恶势力犯罪也呈现出网络化的特征。网络犯罪具有非接触性、超空间性等特点，导致这类犯罪的管辖更加特殊。

网络犯罪管辖发展的基本态势是越来越放宽。这里有两个重要理论，一个是“长臂管辖”，另一个是“最低联系说”。长臂管辖起源于美国，当时主要是解决美国不同州之间的网络犯罪管辖争议，当被告的住所不在法院地州，但和该州有某种最低联系（Minimum Contacts）时，该州对于该被告具有属人管辖权，可以对州外被告发出传票。在托马斯夫妇案件中，托马斯夫妇的材料储存在加州自己家的计算机中，由用户个人自由下载，且不违反加州法律，但是却是在田纳西州被发现的，违反田纳西州的法律。这就产生了管辖争议。[①]最低联系说认为，犯罪行为、结果与某地具有最低限度的联系，该地就可以管辖。

我国的网络犯罪实际上采取最低联系说。司法解释起草人所称的“大管辖原则”[②]其实就是最低联系说。最高人民法院、最高人民检察院、公安部《关于办理电信网络诈骗等刑事案件适用法律若干问题的意见》规定：“电信网络诈骗犯罪案件一般由犯罪地公安机关立案侦查，如果由犯罪嫌疑人居住地公安机关立案侦查更为适宜的，可以由犯罪嫌疑人居住地公安机关立案侦查。犯罪地包括犯罪行为发生地和犯罪结果发生地。”但是该司法解释对犯罪行为发生地和犯罪结果发生地的内涵进行了扩大解释。“犯罪行为发生地”包括用于电信网络诈骗犯罪的网站服务器所在地，网站建立者、管理者所在地，被侵害的计算机信息系统或其管理者所在地，犯罪嫌疑人、被害人使用的计算机信息系统所在地，诈骗电话、短信息、电子邮件等的拨打地、发送地、到达地、接受地，以及诈骗行为持续发生的实施地、预备地、开始地、途经地、结束地。“犯罪

① 参见佴澎：《论网络犯罪管辖权的确定》，载《云南大学学报（法学版）》2004年第1期。

② 参见李睿懿、陈攀、王珂：《〈关于办理电信网络诈骗等刑事案件适用法律若干问题的意见（二）〉的理解与适用》，载《中国应用法学》2022年第6期。

结果发生地”包括被害人被骗时所在地，以及诈骗所得财物的实际取得地、藏匿地、转移地、使用地、销售地等。

最高人民法院、最高人民检察院、公安部《关于办理电信网络诈骗等刑事案件适用法律若干问题的意见（二）》进一步拓展行为地和结果地的内涵："还包括：（一）用于犯罪活动的手机卡、流量卡、物联网卡的开立地、销售地、转移地、藏匿地；（二）用于犯罪活动的信用卡的开立地、销售地、转移地、藏匿地、使用地以及资金交易对手资金交付和汇出地；（三）用于犯罪活动的银行账户、非银行支付账户的开立地、销售地、使用地以及资金交易对手资金交付和汇出地；（四）用于犯罪活动的即时通讯信息、广告推广信息的发送地、接受地、到达地；（五）用于犯罪活动的'猫池'（Modem Pool）、GOIP 设备、多卡宝等硬件设备的销售地、入网地、藏匿地；（六）用于犯罪活动的互联网账号的销售地、登录地。"

如果说前述两个司法解释是针对电信网络诈骗的，那么最高人民法院、最高人民检察院、公安部联合出台的《关于办理信息网络犯罪案件适用刑事诉讼程序若干问题的意见》就是针对所有网络犯罪的，其中第 2、3 条规定，信息网络犯罪案件的犯罪地包括用于实施犯罪行为的网络服务使用的服务器所在地，网络服务提供者所在地，被侵害的信息网络系统及其管理者所在地，犯罪过程中犯罪嫌疑人、被害人或者其他涉案人员使用的信息网络系统所在地，被害人被侵害时所在地以及被害人财产遭受损失地等。涉及多个环节的信息网络犯罪案件，犯罪嫌疑人为信息网络犯罪提供帮助的，其犯罪地、居住地或者被帮助对象的犯罪地公安机关可以立案侦查。有多个犯罪地的信息网络犯罪案件，由最初受理的公安机关或者主要犯罪地公安机关立案侦查。有争议的，按照有利于查清犯罪事实、有利于诉讼的原则，协商解决；经协商无法达成一致的，由共同上级公安机关指定有关公安机关立案侦查。需要提请批准逮捕、移送审查起诉、提起公诉的，由立案侦查的公安机关所在地的人民检察院、人民法院受理。

三、管辖争议的答辩之策

管辖争议的如果是真问题，也就是管辖确实存在问题，尽量解决在庭前。该改变管辖的就要改变管辖，该办理指定管辖的就要办理指定管辖，至少在庭前会议中解决，以提高诉讼效率。如果在庭审中发生管辖权的争议，特别是前述有组织犯罪的管辖争议和网络犯罪的管辖争议，答辩的基本方法，是结合前述阐述，运用辩论“三要素”进行答辩。从悖论出发探究理论依据，管辖制度通过级别管辖和地域管辖的纵向和横向的双重坐标将案件的侦查、起诉、审判权在不同级别和不同地域之间分配的制度设计，以法定性和确定性为原则，以诉讼公正和效率为价值目标，具体体现为管辖法定原则、效率原则、公平原则。从法律依据上来说，刑事诉讼法规定的行为地和结果地，在有组织犯罪和网络犯罪中出现新的样态，无论是“本罪吸收关联犯罪原则”，还是“最低联系原则”都是在效率和公平原则之间的平衡，司法解释对行为地和结果地的扩张是符合管辖法定原则前提下的扩大解释。对于故意拆分案件，违反公平性原则，损害被告人公平审判权，本质上不符合管辖基本原理，也不符合法律规定。

第四节 回避申请之辩

一、回避的基础理论

弄清法理基础是关于回避问题辩论的基点，一切关于回避辩论的论点和论证都要符合回避的法理基础，弄清法理基础也是运用辩论“三要素”，从悖论出发找到理论依据的基本路径。回避是司法人员因为与案件存在法定利害关系或者其他关系，可能影响公正处理案件的，退出刑事诉讼程序的制度设计。[①] 同时，申请回避也是当事人的一项基本诉讼权利。

首先，回避制度的首要法理基础在于程序公正。“任何人不能成为自己案件的法官”是程序正义的底线之一，人性的弱点决定了自己审判自己必然会带有偏私，因此，当法官是案件的当事人时就必须要通过退出

---

① 参见陈瑞华:《刑事诉讼法》，北京大学出版社 2021 年版，第 210 页。

审判活动的制度设计，确保不能成为自己案件的法官。现代刑事诉讼将这一程序正义进一步拓展，从法官拓展到其他司法人员，从审判活动拓展到侦查、起诉活动，从当事人拓展到利害关系，即任何司法人员只要与案件存在利害关系或者其他足以影响案件公正处理的，都应当退出侦查、起诉和审判。即使绝大多数的司法官是正直的，不会将个人利益带入案件处理，但是程序正义的意义就在于通过制度设计预防最小的可能性。通过回避制度，确保司法程序在一个公正的轨道上运行，维护控辩平等、实现程序正义。

其次，回避制度的另一个法理基础是实体正义。当司法人员与案件存在利害关系的时候，在办理案件过程中，可能会带有偏见甚至徇私，可能会偏袒某一方当事人，从而误导真相，出现不公正判决，甚至冤假错案。回避制度通过在司法人员个人利益与公正审判之间建立一道“隔离墙”，确保实体正义的实现。

最后，回避制度也是为了保护司法公信力。司法人员办理与自己有利害关系的案件，会使社会公众对司法人员个人及整体产生不信任，不利于裁判结果的可接受性。“没有一个人被允许审理自己的案件，因为他的利益肯定会使他的判断发生偏差，且也可能败坏他的正直为人。”①

二、回避申请及其答辩之策

按照回避的启动方式，可以分为申请回避、自行回避和指令回避，庭审实践中涉及的主要是申请回避。申请回避是诉讼当事人的一项基本诉讼权利。申请回避在理论上又分为有因回避和无因回避。前者是指只有在具备法定的回避事由时才能通过申请回避让相关司法人员退出诉讼活动；后者是指无需法定事由，只要当事人提出回避请求，有关司法人员就要退出诉讼活动。无因回避一般是针对陪审团成员的遴选。②在我国刑事诉讼法中只存在有因回避。在我国司法实践中，回避申请的争议主要包括以下方面：

① ［美］汉密尔顿等：《联邦党人文集》，程逢如等译，商务印书馆1980年版，第396页。

② 参见陈瑞华：《刑事诉讼法》，北京大学出版社2021年版，第211页。

（一）关于回避事由的争议及其答辩

1. 关于回避事由的争议。实践中，经常出现辩方认为某个事由属于法定的回避事由，而控方认为不属于法定回避事由，双方僵持不下。在我国的司法实践中还存在一种奇怪的现象，就是回避申请往往不是控辩双方争议问题，而演变为辩方与法官的争议，这是令人匪夷所思的。《刑事诉讼法》第29条规定了四项法定的回避事由：（1）是本案的当事人或者是当事人的近亲属的；（2）本人或者他的近亲属和本案有利害关系的；（3）担任过本案的证人、鉴定人、辩护人、诉讼代理人的；（4）与本案当事人有其他关系，可能影响公正处理案件的。《刑事诉讼法》第30条规定，审判人员、检察人员、侦查人员接受了当事人及其委托的人的请客送礼的，应当回避。最高人民法院《关于适用〈中华人民共和国刑事诉讼法〉的解释》第27条将上述第3项进一步扩展到翻译人员，同时增加一项"与本案的辩护人、诉讼代理人有近亲属关系的"。根据上述规定，我国刑事诉讼法定的回避事由包括6项。其中"与本案当事人有其他关系，可能影响公正处理案件的"是兜底条款，这里"其他""可能"具有自由裁量的空间，也往往成为争议的焦点。

2. 关于回避事由的答辩。根据答辩"三要素"的策略进行答辩：首先，双方争议的焦点是要不要回避，这个问题的实质是回避的法理基础，这是理论依据。结合前述回避制度的法理基础，对实体正义和程序正义可能造成损害才是回避的理由。这里的可能损害实体正义和程序正义，即"可能影响公正处理案件"，应当根据社会一般观念来判断。对于辩方来说，具备这样的基础，应当成为回避的法定理由；对于控方来说，不存在这样的法理基础，就可以请求法院驳回其申请。比如，被告人提出出庭的公诉人提审时对自己态度不好，说话比较凶，怀疑这个公诉人对自己有偏见，所以申请这位公诉人回避。这种理由显然不符合社会一般观念对于损害公正处理案件的理由，显然不符合回避的法理基础。其次，从这个理论依据出发，按图索骥找法律依据。我国刑事诉讼中不存在无因回避，回避申请必须具有法定事由，因此，回避申请必须说明理由。如果不能说明理由，以闹庭为目的申请回避，应当被驳回。按照同类解释规则，《刑事诉讼法》第29条第4项中规定的"其他关系"是指类似于前三项的关系，这种“其他关系”的本质内涵是“可能影响公正处理案件”。

需要说明的是，实践中有人主张申请回避实行举证责任倒置，这种观点是错误的。回避作为一种程序性事实，被告方只需说明理由并提供线索，司法机关承担调查、举证责任。被告方有权提供证据，但不能将证明责任转移给被告方。如果被告方说明的理由和提供的线索符合社会一般观念，应当休庭，由司法机关进行调查核实证据，再依法定程序对回避申请作出决定。

（二）关于回避程序的争议

《刑事诉讼法》第 31 条规定，审判人员、检察人员、侦查人员的回避，应当分别由院长、检察长、公安机关负责人决定；院长的回避，由本院审判委员会决定；检察长和公安机关负责人的回避，由同级人民检察院检察委员会决定。根据该规定，当庭提出的回避申请，因至少都需要院长、检察长、公安机关负责人决定，所以会导致休庭，影响审判效率。实践中也确实存在故意让庭审进行不下去而无理由提出回避申请的情况。为此，最高人民法院《关于适用〈中华人民共和国刑事诉讼法〉的解释》第 36 条规定，当事人及其法定代理人申请出庭的检察人员回避的，人民法院应当区分情况作出处理：（1）属于《刑事诉讼法》第 29 条、第 30 条规定情形的回避申请，应当决定休庭，并通知人民检察院尽快作出决定；（2）不属于《刑事诉讼法》第 29 条、第 30 条规定情形的回避申请，应当当庭驳回，并不得申请复议。当庭驳回的法理基础在于我国不存在无因回避，那么没有法定理由的回避申请在法律上不被认可，无须启动回避事由的审查程序，可以当庭驳回。

实践中产生的争议表面上看是能不能当庭驳回的问题，但实质上又回到是否属于法定的回避事由，即是否属于《刑事诉讼法》第 29 条、第 30 条规定情形的回避申请，而是否属于法定的回避事由，就又回到上述第一个问题，即关于回避事由的争议。答辩的办法，参考上述第一个问题。

三、整体回避的争议及答辩

（一）关于整体回避的争议

目前，关于整体回避的问题争议很大，实践中辩方提出整体回避的案例并不鲜见。整体回避是指一方当事人申请某一侦查机关、检察机关或审判机关全体人员退出案件的诉讼程序。在法律层面和法理层面，我国并不存在整体回避制度。正如陈瑞华教授指出的，“回避制度是保证那些与案件存在不正当关系的司法人员退出诉讼程序的制度，只存在司法人员‘个人回避’的问题，而不存在‘专门机关回避’的问题”。[①] 其实，整体回避与改变管辖是相互交织的，如果某个法院成为犯罪的被害单位，需要整体回避，类似情形其实不是回避问题，而是改变管辖问题。比如下面这个案例：

2019 年 12 月 14 日凌晨 1 时 30 分许至 2 时 30 分许，被告人冷某为发泄不满情绪，先后窜至中国铁路沈阳局集团有限公司丹东站、沈阳铁路公安局丹东公安处、丹东铁路运输法院、丹东铁路运输检察院办公楼门前，采取用汽油焚烧的手段，任意损毁上述单位牌匾，并用随身携带的斧头将丹东市文化旅游和广播电视局立于中国铁路沈阳局集团有限公司丹东站办公楼院门前的镌刻有“满铁安东地方事务所”字样的文物保护标志石碑损坏。损毁财物价值共计 6266.67 元。被告人冷某于 2019 年 12 月 14 日被公安机关抓获归案。到案后，被告人冷某自愿如实供述自己的罪行，并主动赔偿了被害单位损失，取得部分被害单位谅解。丹东铁路运输检察院向丹东铁路运输法院提起公诉，丹东铁路运输法院以其为本案受害人为由申请回避，请求上级法院将本案指令其他法院审理。沈阳铁路运输中级法院受理后，遂向辽宁省高级人民法院报送。沈阳铁路运输中级法院认为丹东铁路运输法院作为本案受害人继续审理此案，属于作自己案件的法官，有损害公正审判、影响法院声誉的因素存在，法院的审判过程和判决结论也很难产生公信力，请求确认丹东铁路运输法院整体回避，由辽宁省高级人民法院指定其他法院管辖。辽宁省高级人民院复函同意丹东铁路运输法院回避，要求由沈阳铁路运输中级法院

① 参见陈瑞华：《刑事诉讼法》，北京大学出版社 2021 年版，第 213 页。

指定辖区内其他铁路运输法院审理。沈阳铁路运输中级法院决定将冷某寻衅滋事一案指定由沈阳铁路运输法院审理。①

笔者认为，上述案件处理是妥当的。丹东铁路运输法院作为本案的被害人，单位的整体利益与被告人的行为有利害关系，丹东铁路运输法院的任何人都是这个整体利益的一部分，因此符合回避的法理基础，应当回避。这与最高人民法院《关于适用〈中华人民共和国刑事诉讼法〉的解释》第 18 条规定的精神是一致的。该解释第 18 条规定，有管辖权的人民法院因案件涉及本院院长需要回避或者其他原因，不宜行使管辖权的，可以请求移送上 一级人民法院管辖；上一级人民法院可以管辖，也可以指定与提出请求的人民法院同级的其他人民法院管辖。当然，从理论研究的角度来说，并非只要本院院长需要回避就导致整体回避。院长回避与前述案例中法院作为单位是案件当事人截然不同。法院作为被害人，是案件的当事人，单位的整体利益与该单位的每个人的利益是部分与整体的关系，具有不可分割性，因此需要整体回避，改变管辖。但是院长个人的利益，与院长领导下的每个法官个体的利益并不具有不可分割性。最高人民法院《关于适用〈中华人民共和国刑事诉讼法〉的解释》第 18 条中的“因案件涉及本院院长需要回避或者其他原因，不宜行使管辖权的”并没有规定只要涉及本院院长回避，就必须改变管辖，有些个人利益导致院长本人回避，并非“不宜行使管辖权”，就不必改变管辖。无限牵连的话，只要某个法院中的某个法官、庭长、副院长与案件有利害关系，只要有因果关系就回避，那会导致几乎所有的个人回避都引申出整体回避。

（二）关于整体回避的答辩

运用前述辩论“三要素”进行答辩：首先，双方争议的悖论问题是要不要整体回避，背后的实质问题是回避的法理基础。如果法院是被害单位，整体利益与案件处理存在冲突，单位整体利益与该单位的每一名法官的利益之间具有不可分割性，若不改变管辖，会违背“任何人不能

① 参见李钢：《刑事诉讼中法院整体回避的管辖权变更》，载《人民司法》2021 年第 20 期。

成为自己案件的法官”的程序正义，也不利于实体正义的实现，应当改变管辖。如果仅仅是因为某个法官、庭长、副院长、院长个人与案件有利害关系，这个利害关系并不存在与单位整体利益的不可分割性，就不应当成为改变管辖的理由。其次，法律依据上，我国刑事诉讼法并不存在整体回避的问题，其实是改变管辖的问题。最高人民法院《关于适用〈中华人民共和国刑事诉讼法〉的解释》第18条规定的理解不能绝对化，其并没有规定只要涉及本院院长回避，就必须整体回避，改变管辖。最后，从实践依据看，法院作为被害单位的，确实被改变管辖，但是院长和副院长回避导致“整体回避”、案件改变管辖的并不多见。

第五节 “打包举证”之辩

公诉检察官在出庭举证时通常按照分组举证的方法进行示证。有的公诉人分组举证时，将某一组证据一口气出示完毕才提请质证，导致辩护人及被告人无法充分质证，这对认罪认罚的案件以及控辩双方没有争议的案件或许可行，但是对不认罪认罚案件、控辩双方有争议的案件显然是不妥的。辩护人将公诉人的这种分组举证冠之以“打包举证”，并在法庭上提出异议。久而久之，只要在法庭上出现分组举证就会受到质疑，即使将每一组内的每一份证据逐一质证，也会受到质疑。其实这里有些误解需要澄清，庭审中遇到这样的问题，应当通过辩论将其中的法理说清楚。

一、证据分组实践现状

（一）按照法定的证据种类分组

这是最基本、最原始的证据分组形式，技术含量低。具体形式如下：（1）物证；（2）书证；（3）证人证言；（4）被害人陈述；（5）犯罪嫌疑人的供述与辩解；（6）鉴定意见；（7）勘验、检查、辨认、侦查实验等笔录；（8）视听资料、电子数据。这种方式主要针对单一罪名且犯罪事实、证据简单的案件。比如，三笔以下的盗窃、故意伤害、交通肇事等。

（二）按照客观性证据与主观性证据分组

第一组证据为客观性证据，包括：（1）物证；（2）书证；（3）鉴定意见；（4）勘验、检查、辨认、侦查实验等笔录；（5）视听资料、电子数据。第二组证据为主观性证据，包括：（1）证人证言；（2）被害人陈述；（3）犯罪嫌疑人的供述与辩解。

（三）按照定罪证据与量刑证据分组

将量刑情节独立出来进行证据分组，有利于从证据的角度判明该量刑情节能否成立以及提出合理合法的量刑建议和意见、准确判处刑罚。在当前定罪程序与量刑程序相对分离的庭审改革情况下，这作为一种基本的证据列举方式，值得提倡。我国传统庭审关于定罪与量刑的模式，与大陆法系传统一致，采取定罪与量刑程序一体化模式。英美法系中，刑事审判分为“定罪裁断”与“量刑听证”两个相对分离的阶段。近年来，我国的庭审方式改革开始关注量刑程序，出台了量刑指导意见，推行了量刑程序与定罪程序庭审中相对分离的模式。陈瑞华教授指出：“在定罪与量刑程序一体化的传统诉讼构造下，法院更为注重定罪问题，量刑其实成为定罪问题的附带问题，就像民事侵权之诉被淹没在刑事诉讼之中那样，量刑程序没有从传统的以定罪为中心的刑事审判程序中独立出来。只有将定罪与量刑在程序上做出分离化的改造，刑事审判制度的改革才能真正突破‘瓶颈效应’，而进入‘柳暗花明又一村’的境界。”① 在这种量刑程序相对分离的趋势下，定罪证据与量刑证据分组摘录必将具有强大的生命力，值得大力提倡和推广。具体方法就是在其他证据分组的基础上，将量刑证据独立作为一组进行摘录。比如，第一组客观性证据；第二组主观性证据；第三组量刑证据。

① 陈瑞华：《定罪与量刑的程序分离——中国刑事审判制度改革的另一种思路》，载《法学》2008年第6期。

（四）按照一罪一证分组

这是针对多罪名案件，如一个案件中既有盗窃又有抢劫、抢夺，列举证据就可以列成“（一）盗窃、（二）抢劫、（三）抢夺”，然后在每一个罪名下再按法定证据种类，或者是客观性证据与主观性证据进行列举。对于多罪名的案件，实践中应该做到一罪一证，这样再复杂的案件都可以实现化繁为简。实践中，有些承办人一遇到多罪名、证据多且复杂的案件，就如坠入云里雾里，汇报案件时也是东一榔头西一棒槌，说者费心、听者烦心，重要的原因就是证据分组不合理。

（五）按照犯罪构成分组

这主要针对职务犯罪案件或犯罪嫌疑人针对某一犯罪构成要件否认或翻供的案件。比如，受贿罪可以分为：第一组主体身份的证据，第二组职务便利的证据，第三组基本事实的证据。然后在每一组证据内再按照客观性证据和主观性证据，或者按照法定证据种类进行摘录。再如，犯罪嫌疑人否认主观上具有故意，可以将证明主观故意的证据单独进行列举，这样有利于审查犯罪嫌疑人是否具有主观故意，同时为庭审打下基础。

（六）按照犯罪阶段分组

这种分组方法主要针对犯罪阶段较多，阶段之间的界限较为明晰，每一阶段的证据都较为复杂，且每一阶段的事实证据都对全案的定案起关键作用的案件。比如，有预谋的故意杀人等案件，可分为预备谋划阶段、实行阶段、事后分尸销毁证据阶段等进行分组摘录证据，从而能够清晰地还原事情发展脉络，便于把握案情。

二、证据分组的法理根据

证据分组不仅是个操作性问题，更是个理论性问题。证据分组的理论基础是证据群。证据群作为一个证据学的概念，是指包含多个证据，以证明一定事实的证据集合。[①] 证据群是单个证据与事实认定之前的桥

① 参见栗峥：《论证明的协调性》，载《法学论坛》2006 年第 3 期。

梁和纽带，单个证据无法证明某个事实，只有当多个证据形成一个聚合，才能证成某事实。在证据分析过程中，证据分组、形成证据群所起的作用就是“聚合”，“当两个事实彼此独立，（都支持）同一结论的可能性时，两项间接证据聚合”，两个以上的聚合就增强了这个推论。[①] 为了证明某个事实成立与否，我们需要从杂乱无章、堆积如山的卷宗中找出与该事实相关证据，形成一个证据群，为我们推理该事实能否成立提供便捷的工具。证据法学家威格摩尔指出：为了方便，需要将各种证据事实分组，根据它们出现的时间，之前、之时或之后被证明的行为，已经明确的某一类或潜在的某一类的各种事实，它们是细分大量证据事实和关联最密切相关的事实的便捷方式。[②]

证据群作为证据通往事实的中间环节而存在，它构成相对于单个证据更高阶的证据层面，同时又低位于最终事实，是用以解决证据组合问题的一种中介性工具。如果单个证据必须独立地证明案件事实，而非综合全案予以考量，那么很少有证据会被认为具有可采性，但任何理性的人都会整合所有的证据信息得出相应的结论。[③] 证据分组就是在缺乏秩序的散乱证据中找到一个科学的内在结构，以此为依托组构出事实的过程。司法证明的最终目的是要证明一个案件事实，这个证明的过程就像是拼图，运用证据作为拼图的基本元素，而证据群为证明的结构提供了概念基础，证据首先聚合成“证据块”，然后由“证据块”进一步拼接达到最终的事实。证据对结论的支持程度，取决于证据与结论相互协调形成一个解释性叙述的程度。组合性证据就比其单个组成要素对结论的支持程度高。[④] 如图所示：

① 参见［美］特伦斯·安德森等：《证据分析》（第二版），中国人民大学出版社 2012 年版，第 136 页。

② See John Henry Wigmore, *A Treatise on the System of Evidence in Trials at Common Law: Including the Statutes and Judicial Decisions of All Jurisdictions of the United States* (1904), BOOK I, PART I, p.131.

③ See Laurence Tribe, *Tribe by Mathematics: Precision and Ritual in the Legal Process*, Harvard law review 84 (1971): 1329–93, 1350.

④ 参见［英］苏珊·哈克：《证据原理——司法证明科学》，刘静坤、王进喜译，法律出版社 2022 年版，第 312 页。

需要特别说明的是，同一份证据可能会归于不同的证据组（群），也可能会被拆分成多个部分而分别被归于不同的证据组（群）。例如，一个受贿罪的证人证言，其中关于证明被告人职务便利的内容可能会被归于“主体身份及职务便利证据组”，而关于证明被告人收受他人财物的内容可能会被归于“受贿行为证据组”。基于不同证据群（组）的需要，证据会在相左甚至相反的证据群（组）里扮演不同角色，证据群（组）可以出于自身结构与功能的需要而任意选择证据。证据群可以展现出案件的情节，而证据充其量是证据的线索，单个证据完成不了叙述故事的要求，它只预示故事的一种可能，甚至不限于一种可能而是多种可能。只有通过证据间的反复印证与照应，故事版本才会逐渐减少，事实才趋向明朗。证据与证据之间的关联产生情节，情节描述了事实的最初形态，正是通过相似的情节和对故事的天然理解力，裁判者才可以依自我的生活经验与阅历，将过去的事实在头脑中复现已形成心证证据群建立起证明的结构，这是证据与事实所做不到的。①

三、分组示证的正确运用

由此可见，证据分组是证据群理论支配下证据分析的基本工具，具有科学性和合理性。根据《人民检察院刑事诉讼规则》第 399 条规定，按照审判长要求，或者经审判长同意，公诉人可以按照以下方式举证、质证：对于可能影响定罪量刑的关键证据和控辩双方存在争议的证据，一般应当单独举证、质证；对于证明方向一致、证明内容相近或者证据种类相同，存在内在逻辑关系的证据，可以归纳、分组示证、质证。正确的做法应当是，在分组出示证据的前提下，对控辩双方有争议的，应当在出示该组证据时，对该组内的证据逐份出示、逐份质证，该组证据出示完毕后进行小结以强化指控，接着再出示下一组证据，以此类推。

从控方来说，分组举证有利于增强指控效果。相关证据组合在一起，具有说服力，并能推导出一个合理的结论。把所有相关证据组合在一起，而不是分散开来，将非常有效。② 从辩方来说，分组举证有利于质证，辩

---

① 参见栗峥：《论证明的协调性》，载《法学论坛》2006 年第 3 期。

② 参见［美］史蒂文·鲁贝特：《现代诉辩策略与技巧》，王进喜等译，中国人民公安大学出版社 2004 年版，第 37 页。

方能够集中火力针对犯罪构成要件的某个方面进行进攻。从法庭的角度来说，分组举证条理清晰，有利于法官对案件事实认定作出准确判断。

四、“打包举证”的答辩之策

结合上述分析，根据辩论“三要素”对“打包举证”进行答辩：首先，从悖论入手，辩方认为是“打包举证”，控方认为是正常的“分组举证”，这个悖论背后的实质问题是，这样的举证方式理论基础是什么。其实“分组举证”也好，“打包举证”也罢，背后的法理问题是“证据群”。证据群作为证据通往事实的中间环节而存在，是证明方向一致的证据形成的“聚合”，是证据法学的基础概念之一。这说明分组举证是有理论依据的。其次，从这个理论依据出发，找法律依据。《人民检察院刑事诉讼规则》第399条规定，对于证明方向一致、证明内容相近或者证据种类相同，存在内在逻辑关系的证据，可以归纳、分组示证、质证。最后，实践中“打包举证”被批评不是分组举证本身的错误，而是影响辩方质证权导致的错误。正确的做法应当是，在分组出示证据的前提下，对控辩双方有争议的，应当在出示该组证据时，对该组内的证据逐份出示、逐份质证，该组证据出示完毕后进行小结以强化指控，接着再出示下一组证据，以此类推。只要不影响辩方的质证权，分组举证对控辩审三方都是有利的。

附篇　关于发问、辩论的规范汇总

中华人民共和国刑事诉讼法（节录）

第五十九条　在对证据收集的合法性进行法庭调查的过程中，人民检察院应当对证据收集的合法性加以证明。

现有证据材料不能证明证据收集的合法性的，人民检察院可以提请人民法院通知有关侦查人员或者其他人员出庭说明情况；人民法院可以通知有关侦查人员或者其他人员出庭说明情况。有关侦查人员或者其他人员也可以要求出庭说明情况。经人民法院通知，有关人员应当出庭。

第六十一条　证人证言必须在法庭上经过公诉人、被害人和被告人、辩护人双方质证并且查实以后，才能作为定案的根据。法庭查明证人有意作伪证或者隐匿罪证的时候，应当依法处理。

第六十二条　凡是知道案件情况的人，都有作证的义务。

生理上、精神上有缺陷或者年幼，不能辨别是非、不能正确表达的人，不能作证人。

第六十三条　人民法院、人民检察院和公安机关应当保障证人及其近亲属的安全。

对证人及其近亲属进行威胁、侮辱、殴打或者打击报复，构成犯罪的，依法追究刑事责任；尚不够刑事处罚的，依法给予治安管理处罚。

第六十四条　对于危害国家安全犯罪、恐怖活动犯罪、黑社会性质的组织犯罪、毒品犯罪等案件，证人、鉴定人、被害人因在诉讼中作证，本人或者其近亲属的人身安全面临危险的，人民法院、人民检察院和公安机关应当采取以下一项或者多项保护措施：

（一）不公开真实姓名、住址和工作单位等个人信息；

（二）采取不暴露外貌、真实声音等出庭作证措施；

（三）禁止特定的人员接触证人、鉴定人、被害人及其近亲属；

（四）对人身和住宅采取专门性保护措施；

（五）其他必要的保护措施。

证人、鉴定人、被害人认为因在诉讼中作证，本人或者其近亲属的人身安全面临危险的，可以向人民法院、人民检察院、公安机关请求予以保护。

人民法院、人民检察院、公安机关依法采取保护措施，有关单位和个人应当配合。

第六十五条 证人因履行作证义务而支出的交通、住宿、就餐等费用，应当给予补助。证人作证的补助列入司法机关业务经费，由同级政府财政予以保障。

有工作单位的证人作证，所在单位不得克扣或者变相克扣其工资、奖金及其他福利待遇。

第一百九十一条 公诉人在法庭上宣读起诉书后，被告人、被害人可以就起诉书指控的犯罪进行陈述，公诉人可以讯问被告人。

被害人、附带民事诉讼的原告人和辩护人、诉讼代理人，经审判长许可，可以向被告人发问。

审判人员可以讯问被告人。

第一百九十二条 公诉人、当事人或者辩护人、诉讼代理人对证人证言有异议，且该证人证言对案件定罪量刑有重大影响，人民法院认为证人有必要出庭作证的，证人应当出庭作证。

人民警察就其执行职务时目击的犯罪情况作为证人出庭作证，适用前款规定。

公诉人、当事人或者辩护人、诉讼代理人对鉴定意见有异议，人民法院认为鉴定人有必要出庭的，鉴定人应当出庭作证。经人民法院通知，鉴定人拒不出庭作证的，鉴定意见不得作为定案的根据。

第一百九十三条 经人民法院通知，证人没有正当理由不出庭作证的，人民法院可以强制其到庭，但是被告人的配偶、父母、子女除外。

证人没有正当理由拒绝出庭或者出庭后拒绝作证的，予以训诫，情节严重的，经院长批准，处以十日以下的拘留。被处罚人对拘留决定不服的，可以向上一级人民法院申请复议。复议期间不停止执行。

第一百九十四条 证人作证，审判人员应当告知他要如实地提供证言和有意作伪证或者隐匿罪证要负的法律责任。公诉人、当事人和辩护人、诉讼代理人经审判长许可，可以对证人、鉴定人发问。审判长认为发问的内容与案件无关的时候，应当制止。

审判人员可以询问证人、鉴定人。

第一百九十五条 公诉人、辩护人应当向法庭出示物证，让当事人辨认，对未到庭的证人的证言笔录、鉴定人的鉴定意见、勘验笔录和其他作为证据的文书，应当当庭宣读。审判人员应当听取公诉人、当事人和辩护人、诉讼代理人的意见。

第一百九十六条 法庭审理过程中，合议庭对证据有疑问的，可以宣布休庭，对证据进行调查核实。

人民法院调查核实证据，可以进行勘验、检查、查封、扣押、鉴定和查询、冻结。

第一百九十七条 法庭审理过程中，当事人和辩护人、诉讼代理人有权申请通知新的证人到庭，调取新的物证，申请重新鉴定或者勘验。

公诉人、当事人和辩护人、诉讼代理人可以申请法庭通知有专门知识的人出庭，就鉴定人作出的鉴定意见提出意见。

法庭对于上述申请，应当作出是否同意的决定。

第二款规定的有专门知识的人出庭，适用鉴定人的有关规定。

第一百九十八条 法庭审理过程中，对与定罪、量刑有关的事实、证据都应当进行调查、辩论。

经审判长许可，公诉人、当事人和辩护人、诉讼代理人可以对证据和案件情况发表意见并且可以互相辩论。

审判长在宣布辩论终结后，被告人有最后陈述的权利。

最高人民法院关于适用《中华人民共和国刑事诉讼法》的解释（节录）

（法释〔2021〕1号）

第二百四十一条 在审判长主持下，被告人、被害人可以就起诉书指控的犯罪事实分别陈述。

第二百四十二条 在审判长主持下，公诉人可以就起诉书指控的犯罪事实讯问被告人。

经审判长准许，被害人及其法定代理人、诉讼代理人可以就公诉人讯问的犯罪事实补充发问；附带民事诉讼原告人及其法定代理人、诉讼代理人可以就附带民事部分的事实向被告人发问；被告人的法定代理人、辩护人，附带民事诉讼被告人及其法定代理人、诉讼代理人可以在控诉方、附带民事诉讼原告方就某一问题讯问、发问完毕后向被告人发问。

根据案件情况，就证据问题对被告人的讯问、发问可以在举证、质证环节进行。

第二百四十三条 讯问同案审理的被告人，应当分别进行。

第二百四十四条 经审判长准许，控辩双方可以向被害人、附带民事诉讼原告人发问。

第二百四十五条 必要时，审判人员可以讯问被告人，也可以向被害人、附带民事诉讼当事人发问。

第二百四十六条 公诉人可以提请法庭通知证人、鉴定人、有专门知识的人、调查人员、侦查人员或者其他人员出庭，或者出示证据。被害人及其法定代理人、诉讼代理人，附带民事诉讼原告人及其诉讼代理人也可以提出申请。

在控诉方举证后，被告人及其法定代理人、辩护人可以提请法庭通知证人、鉴定人、有专门知识的人、调查人员、侦查人员或者其他人员出庭，或者出示证据。

第二百四十七条 控辩双方申请证人出庭作证，出示证据，应当说明证据的名称、来源和拟证明的事实。法庭认为有必要的，应当准许；对方提出异议，认为有关证据与案件无关或者明显重复、不必要，法庭经审查异议成立的，可以不予准许。

第二百四十八条 已经移送人民法院的案卷和证据材料，控辩双方需要出示的，可以向法庭提出申请，法庭可以准许。案卷和证据材料应当在质证后当庭归还。

需要播放录音录像或者需要将证据材料交由法庭、公诉人或者诉讼参与人查看的，法庭可以指令值庭法警或者相关人员予以协助。

第二百四十九条 公诉人、当事人或者辩护人、诉讼代理人对证人证言有异议，且该证人证言对定罪量刑有重大影响，或者对鉴定意见有异议，人民法院认为证人、鉴定人有必要出庭作证的，应当通知证人、鉴定人出庭。

控辩双方对侦破经过、证据来源、证据真实性或者合法性等有异议，申请调查人员、侦查人员或者有关人员出庭，人民法院认为有必要的，应当通知调查人员、侦查人员或者有关人员出庭。

第二百五十条 公诉人、当事人及其辩护人、诉讼代理人申请法庭通知有专门知识的人出庭，就鉴定意见提出意见的，应当说明理由。法庭认为有必要的，应当通知有专门知识的人出庭。

申请有专门知识的人出庭，不得超过二人。有多种类鉴定意见的，可以相应增加人数。

第二百五十一条 为查明案件事实、调查核实证据，人民法院可以依职权通知证人、鉴定人、有专门知识的人、调查人员、侦查人员或者其他人员出庭。

第二百五十二条 人民法院通知有关人员出庭的，可以要求控辩双方予以协助。

第二百五十三条 证人具有下列情形之一，无法出庭作证的，人民法院可以准许其不出庭：

（一）庭审期间身患严重疾病或者行动极为不便的；

（二）居所远离开庭地点且交通极为不便的；

（三）身处国外短期无法回国的；

（四）有其他客观原因，确实无法出庭的。

具有前款规定情形的，可以通过视频等方式作证。

第二百五十四条 证人出庭作证所支出的交通、住宿、就餐等费用，人民法院应当给予补助。

第二百五十五条 强制证人出庭的，应当由院长签发强制证人出庭令，由法警执行。必要时，可以商请公安机关协助。

第二百五十六条 证人、鉴定人、被害人因出庭作证，本人或者其近亲属的人身安全面临危险的，人民法院应当采取不公开其真实姓名、住址和工作单位等个人信息，或者不暴露其外貌、真实声音等保护措施。辩护律师经法庭许可，查阅对证人、鉴定人、被害人使用化名情况的，应当签署保密承诺书。

审判期间，证人、鉴定人、被害人提出保护请求的，人民法院应当立即审查；认为确有保护必要的，应当及时决定采取相应保护措施。必要时，可以商请公安机关协助。

第二百五十七条 决定对出庭作证的证人、鉴定人、被害人采取不公开个人信息的保护措施的，审判人员应当在开庭前核实其身份，对证人、鉴定人如实作证的保证书不得公开，在判决书、裁定书等法律文书中可以使用化名等代替其个人信息。

第二百五十八条 证人出庭的，法庭应当核实其身份、与当事人以及本案的关系，并告知其有关权利义务和法律责任。证人应当保证向法庭如实提供证言，并在保证书上签名。

第二百五十九条 证人出庭后，一般先向法庭陈述证言；其后，经审判长许可，由申请通知证人出庭的一方发问，发问完毕后，对方也可以发问。

法庭依职权通知证人出庭的，发问顺序由审判长根据案件情况确定。

第二百六十条 鉴定人、有专门知识的人、调查人员、侦查人员或者其他人员出庭的，参照适用前两条规定。

第二百六十一条 向证人发问应当遵循以下规则：

（一）发问的内容应当与本案事实有关；

（二）不得以诱导方式发问；

（三）不得威胁证人；

（四）不得损害证人的人格尊严。

对被告人、被害人、附带民事诉讼当事人、鉴定人、有专门知识的人、调查人员、侦查人员或者其他人员的讯问、发问，适用前款规定。

第二百六十二条 控辩双方的讯问、发问方式不当或者内容与本案无关的，对方可以提出异议，申请审判长制止，审判长应当判明情况予以支持或者驳回；对方未提出异议的，审判长也可以根据情况予以制止。

第二百六十三条 审判人员认为必要时，可以询问证人、鉴定人、有专门知识的人、调查人员、侦查人员或者其他人员。

第二百六十四条 向证人、调查人员、侦查人员发问应当分别进行。

第二百六十五条 证人、鉴定人、有专门知识的人、调查人员、侦查人员或者其他人员不得旁听对本案的审理。有关人员作证或者发表意见后，审判长应当告知其退庭。

第二百六十六条 审理涉及未成年人的刑事案件，询问未成年被害人、证人，通知未成年被害人、证人出庭作证，适用本解释第二十二章的有关规定。

第二百六十七条 举证方当庭出示证据后，由对方发表质证意见。

第二百六十八条 对可能影响定罪量刑的关键证据和控辩双方存在争议的证据，一般应当单独举证、质证，充分听取质证意见。

对控辩双方无异议的非关键证据，举证方可以仅就证据的名称及拟证明的事实作出说明。

召开庭前会议的案件，举证、质证可以按照庭前会议确定的方式进行。

根据案件和庭审情况，法庭可以对控辩双方的举证、质证方式进行必要的指引。

第二百六十九条 审理过程中，法庭认为有必要的，可以传唤同案被告人、分案审理的共同犯罪或者关联犯罪案件的被告人等到庭对质。

第二百七十条 当庭出示的证据，尚未移送人民法院的，应当在质证后当庭移交。

第二百七十一条 法庭对证据有疑问的，可以告知公诉人、当事人及其法定代理人、辩护人、诉讼代理人补充证据或者作出说明；必要时，可以宣布休庭，对证据进行调查核实。

对公诉人、当事人及其法定代理人、辩护人、诉讼代理人补充的和审判人员庭外调查核实取得的证据，应当经过当庭质证才能作为定案的根据。但是，对不影响定罪量刑的非关键证据、有利于被告人的量刑证据以及认定被告人有犯罪前科的裁判文书等证据，经庭外征求意见，控辩双方没有异议的除外。

有关情况，应当记录在案。

第二百八十条 合议庭认为案件事实已经调查清楚的，应当由审判长宣布法庭调查结束，开始就定罪、量刑、涉案财物处理的事实、证据、适用法律等问题进行法庭辩论。

第二百八十一条 法庭辩论应当在审判长的主持下，按照下列顺序进行：

（一）公诉人发言；

（二）被害人及其诉讼代理人发言；

（三）被告人自行辩护；

（四）辩护人辩护；

（五）控辩双方进行辩论。

第二百八十二条 人民检察院可以提出量刑建议并说明理由；建议判处管制、宣告缓刑的，一般应当附有调查评估报告，或者附有委托调查函。

当事人及其辩护人、诉讼代理人可以对量刑提出意见并说明理由。

第二百八十三条 对被告人认罪的案件，法庭辩论时，应当指引控辩双方主要围绕量刑和其他有争议的问题进行。

对被告人不认罪或者辩护人作无罪辩护的案件，法庭辩论时，可以指引控辩双方先辩论定罪问题，后辩论量刑和其他问题。

第二百八十四条 附带民事部分的辩论应当在刑事部分的辩论结束后进行，先由附带民事诉讼原告人及其诉讼代理人发言，后由附带民事诉讼被告人及其诉讼代理人答辩。

第二百八十五条 法庭辩论过程中，审判长应当充分听取控辩双方的意见，对控辩双方与案件无关、重复或者指责对方的发言应当提醒、制止。

第二百八十六条 法庭辩论过程中，合议庭发现与定罪、量刑有关的新的事实，有必要调查的，审判长可以宣布恢复法庭调查，在对新的事实调查后，继续法庭辩论。

第二百八十七条 审判长宣布法庭辩论终结后，合议庭应当保证被告人充分行使最后陈述的权利。

被告人在最后陈述中多次重复自己的意见的，法庭可以制止；陈述内容蔑视法庭、公诉人，损害他人及社会公共利益，或者与本案无关的，应当制止。

在公开审理的案件中，被告人最后陈述的内容涉及国家秘密、个人隐私或者商业秘密的，应当制止。

第二百八十八条 被告人在最后陈述中提出新的事实、证据，合议庭认为可能影响正确裁判的，应当恢复法庭调查；被告人提出新的辩解理由，合议庭认为可能影响正确裁判的，应当恢复法庭辩论。

第二百八十九条 公诉人当庭发表与起诉书不同的意见，属于变更、追加、补充或者撤回起诉的，人民法院应当要求人民检察院在指定时间内以书面方式提出；必要时，可以宣布休庭。人民检察院在指定时间内未提出的，人民法院应当根据法庭审理情况，就起诉书指控的犯罪事实依法作出判决、裁定。

人民检察院变更、追加、补充起诉的，人民法院应当给予被告人及其辩护人必要的准备时间。

第二百九十条 辩护人应当及时将书面辩护意见提交人民法院。

人民检察院刑事诉讼规则（节录）

（高检发释字〔2019〕4号）

第三百九十条 提起公诉的案件，人民检察院应当派员以国家公诉人的身份出席第一审法庭，支持公诉。

公诉人应当由检察官担任。检察官助理可以协助检察官出庭。根据需要可以配备书记员担任记录。

第三百九十一条 对于提起公诉后人民法院改变管辖的案件，提起公诉的人民检察院参照本规则第三百二十八条的规定将案件移送与审判管辖相对应的人民检察院。

接受移送的人民检察院重新对案件进行审查的，根据刑事诉讼法第一百七十二条第二款的规定自收到案件之日起计算审查起诉期限。

第三百九十二条 人民法院决定开庭审判的，公诉人应当做好以下准备工作：

（一）进一步熟悉案情，掌握证据情况；

（二）深入研究与本案有关的法律政策问题；

（三）充实审判中可能涉及的专业知识；

（四）拟定讯问被告人、询问证人、鉴定人、有专门知识的人和宣读、出示、播放证据的计划并制定质证方案；

（五）对可能出现证据合法性争议的，拟定证明证据合法性的提纲并准备相关材料；

（六）拟定公诉意见，准备辩论提纲；

（七）需要对出庭证人等的保护向人民法院提出建议或者配合工作的，做好相关准备。

第三百九十三条 人民检察院在开庭审理前收到人民法院或者被告人及其辩护人、被害人、证人等送交的反映证据系非法取得的书面材料的，应当进行审查。对于审查逮捕、审查起诉期间已经提出并经查证不存在非法取证行为的，应当通知人民法院、有关当事人和辩护人，并按照查证的情况做好庭审准备。对于新的材料或者线索，可以要求监察机关、公安机关对证据收集的合法性进行说明或者提供相关证明材料。

第三百九十四条 人民法院通知人民检察院派员参加庭前会议的，由出席法庭的公诉人参加。检察官助理可以协助。根据需要可以配备书记员担任记录。

人民检察院认为有必要召开庭前会议的，可以建议人民法院召开庭前会议。

第三百九十五条 在庭前会议中，公诉人可以对案件管辖、回避、出庭证人、鉴定人、有专门知识的人的名单、辩护人提供的无罪证据、非法证据排除、不公开审理、延期审理、适用简易程序或者速裁程序、庭审方案等与审判相关的问题提出和交换意见，了解辩护人收集的证据等情况。

对辩护人收集的证据有异议的，应当提出，并简要说明理由。

公诉人通过参加庭前会议，了解案件事实、证据和法律适用的争议和不同意见，解决有关程序问题，为参加法庭审理做好准备。

第三百九十六条 当事人、辩护人、诉讼代理人在庭前会议中提出证据系非法取得，人民法院认为可能存在以非法方法收集证据情形的，人民检察院应当对证据收集的合法性进行说明。需要调查核实的，在开庭审理前进行。

第三百九十七条 人民检察院向人民法院移送全部案卷材料后，在法庭审理过程中，公诉人需要出示、宣读、播放有关证据的，可以申请法庭出示、宣读、播放。

人民检察院基于出庭准备和庭审举证工作的需要，可以取回有关案卷材料和证据。

取回案卷材料和证据后，辩护律师要求查阅案卷材料的，应当允许辩护律师在人民检察院查阅、摘抄、复制案卷材料。

第三百九十八条 公诉人在法庭上应当依法进行下列活动：

（一）宣读起诉书，代表国家指控犯罪，提请人民法院对被告人依法审判；

（二）讯问被告人；

（三）询问证人、被害人、鉴定人；

（四）申请法庭出示物证，宣读书证、未到庭证人的证言笔录、鉴定人的鉴定意见、勘验、检查、辨认、侦查实验等笔录和其他作为证据的文书，播放作为证据的视听资料、电子数据等；

（五）对证据采信、法律适用和案件情况发表意见，提出量刑建议及理由，针对被告人、辩护人的辩护意见进行答辩，全面阐述公诉意见；

（六）维护诉讼参与人的合法权利；

（七）对法庭审理案件有无违反法律规定诉讼程序的情况记明笔录；

（八）依法从事其他诉讼活动。

第三百九十九条 在法庭审理中，公诉人应当客观、全面、公正地向法庭出示与定罪、量刑有关的证明被告人有罪、罪重或者罪轻的证据。

按照审判长要求，或者经审判长同意，公诉人可以按照以下方式举证、质证：

（一）对于可能影响定罪量刑的关键证据和控辩双方存在争议的证据，一般应当单独举证、质证；

（二）对于不影响定罪量刑且控辩双方无异议的证据，可以仅就证据的名称及其证明的事项、内容作出说明；

（三）对于证明方向一致、证明内容相近或者证据种类相同，存在内在逻辑关系的证据，可以归纳、分组示证、质证。

公诉人出示证据时，可以借助多媒体设备等方式出示、播放或者演示证据内容。

定罪证据与量刑证据需要分开的，应当分别出示。

第四百条 公诉人讯问被告人，询问证人、被害人、鉴定人，出示物证，宣读书证、未出庭证人的证言笔录等应当围绕下列事实进行：

（一）被告人的身份；

（二）指控的犯罪事实是否存在，是否为被告人所实施；

（三）实施犯罪行为的时间、地点、方法、手段、结果，被告人犯罪后的表现等；

（四）犯罪集团或者其他共同犯罪案件中参与犯罪人员的各自地位和应负的责任；

（五）被告人有无刑事责任能力，有无故意或者过失，行为的动机、目的；

（六）有无依法不应当追究刑事责任的情况，有无法定的从重或者从轻、减轻以及免除处罚的情节；

（七）犯罪对象、作案工具的主要特征，与犯罪有关的财物的来源、数量以及去向；

（八）被告人全部或者部分否认起诉书指控的犯罪事实的，否认的根据和理由能否成立；

（九）与定罪、量刑有关的其他事实。

第四百零一条 在法庭审理中，下列事实不必提出证据进行证明：

（一）为一般人共同知晓的常识性事实；

（二）人民法院生效裁判所确认并且未依审判监督程序重新审理的事实；

（三）法律、法规的内容以及适用等属于审判人员履行职务所应当知晓的事实；

（四）在法庭审理中不存在异议的程序事实；

（五）法律规定的推定事实；

（六）自然规律或者定律。

第四百零二条 讯问被告人、询问证人不得采取可能影响陈述或者证言客观真实的诱导性发问以及其他不当发问方式。

辩护人向被告人或者证人进行诱导性发问以及其他不当发问可能影响陈述或者证言的客观真实的，公诉人可以要求审判长制止或者要求对该项陈述或者证言不予采纳。

讯问共同犯罪案件的被告人、询问证人应当个别进行。

被告人、证人、被害人对同一事实的陈述存在矛盾的，公诉人可以建议法庭传唤有关被告人、通知有关证人同时到庭对质，必要时可以建议法庭询问被害人。

第四百零三条 被告人在庭审中的陈述与在侦查、审查起诉中的供述一致或者不一致的内容不影响定罪量刑的，可以不宣读被告人供述笔录。

被告人在庭审中的陈述与在侦查、审查起诉中的供述不一致，足以影响定罪量刑的，可以宣读被告人供述笔录，并针对笔录中被告人的供述内容对被告人进行讯问，或者提出其他证据进行证明。

第四百零四条 公诉人对证人证言有异议，且该证人证言对案件定罪量刑有重大影响的，可以申请人民法院通知证人出庭作证。

人民警察就其执行职务时目击的犯罪情况作为证人出庭作证，适用前款规定。

公诉人对鉴定意见有异议的，可以申请人民法院通知鉴定人出庭作证。经人民法院通知，鉴定人拒不出庭作证的，公诉人可以建议法庭不予采纳该鉴定意见作为定案的根据，也可以申请法庭重新通知鉴定人出庭作证或者申请重新鉴定。

必要时，公诉人可以申请法庭通知有专门知识的人出庭，就鉴定人作出的鉴定意见提出意见。

当事人或者辩护人、诉讼代理人对证人证言、鉴定意见有异议的，公诉人认为必要时，可以申请人民法院通知证人、鉴定人出庭作证。

第四百零五条 证人应当由人民法院通知并负责安排出庭作证。

对于经人民法院通知而未到庭的证人或者出庭后拒绝作证的证人的证言笔录，公诉人应当当庭宣读。

对于经人民法院通知而未到庭的证人的证言笔录存在疑问，确实需要证人出庭作证，且可以强制其到庭的，公诉人应当建议人民法院强制证人到庭作证和接受质证。

第四百零六条 证人在法庭上提供证言，公诉人应当按照审判长确定的顺序向证人发问。可以要求证人就其所了解的与案件有关的事实进行陈述，也可以直接发问。

证人不能连贯陈述的，公诉人可以直接发问。

向证人发问，应当针对证言中有遗漏、矛盾、模糊不清和有争议的内容，并着重围绕与定罪量刑紧密相关的事实进行。

发问采取一问一答形式，提问应当简洁、清楚。

证人进行虚假陈述的，应当通过发问澄清事实，必要时可以宣读在侦查、审查起诉阶段制作的该证人的证言笔录或者出示、宣读其他证据。

当事人和辩护人、诉讼代理人向证人发问后，公诉人可以根据证人回答的情况，经审判长许可，再次向证人发问。

询问鉴定人、有专门知识的人参照上述规定进行。

第四百零七条 必要时，公诉人可以建议法庭采取不暴露证人、鉴定人、被害人外貌、真实声音等出庭作证保护措施，或者建议法庭根据刑事诉讼法第一百五十四条的规定在庭外对证据进行核实。

第四百零八条 对于鉴定意见、勘验、检查、辨认、侦查实验等笔录和其他作为证据的文书以及经人民法院通知而未到庭的被害人的陈述笔录，公诉人应当当庭宣读。

第四百零九条 公诉人向法庭出示物证，一般应当出示原物，原物不易搬运、不易保存或者已返还被害人的，可以出示反映原物外形和特征的照片、录像、复制品，并向法庭说明情况及与原物的同一性。

公诉人向法庭出示书证，一般应当出示原件。获取书证原件确有困难的，可以出示书证副本或者复制件，并向法庭说明情况及与原件的同一性。

公诉人向法庭出示物证、书证，应当对该物证、书证所要证明的内容、获取情况作出说明，并向当事人、证人等问明物证的主要特征，让其辨认。对该物证、书证进行鉴定的，应当宣读鉴定意见。

第四百一十条 在法庭审理过程中，被告人及其辩护人提出被告人庭前供述系非法取得，审判人员认为需要进行法庭调查的，公诉人可以通过出示讯问笔录、提讯登记、体检记录、采取强制措施或者侦查措施的法律文书、侦查终结前对讯问合法性进行核查的材料等证据材料，有针对性地播放讯问录音、录像，提请法庭通知调查人员、侦查人员或者其他人员出庭说明情况等方式，对证据收集的合法性加以证明。

审判人员认为可能存在刑事诉讼法第五十六条规定的以非法方法收集其他证据的情形，需要进行法庭调查的，公诉人可以参照前款规定对证据收集的合法性进行证明。

公诉人不能当庭证明证据收集的合法性，需要调查核实的，可以建议法庭休庭或者延期审理。

在法庭审理期间，人民检察院可以要求监察机关或者公安机关对证据收集的合法性进行说明或者提供相关证明材料。必要时，可以自行调查核实。

第四百一十一条 公诉人对证据收集的合法性进行证明后，法庭仍有疑问的，可以建议法庭休庭，由人民法院对相关证据进行调查核实。人民法院调查核实证据，通知人民检察院派员到场的，人民检察院可以派员到场。

第四百一十二条 在法庭审理过程中，对证据合法性以外的其他程序事实存在争议的，公诉人应当出示、宣读有关诉讼文书、侦查或者审查起诉活动笔录。

第四百一十三条 对于搜查、查封、扣押、冻结、勘验、检查、辨认、侦查实验等活动中形成的笔录存在争议，需要调查人员、侦查人员以及上述活动的见证人出庭陈述有关情况的，公诉人可以建议合议庭通知其出庭。

第四百一十四条 在法庭审理过程中，合议庭对证据有疑问或者人民法院根据辩护人、被告人的申请，向人民检察院调取在侦查、审查起诉中收集的有关被告人无罪或者罪轻的证据材料的，人民检察院应当自收到人民法院要求调取证据材料决定书后三日以内移交。没有上述材料的，应当向人民法院说明情况。

第四百一十五条 在法庭审理过程中，合议庭对证据有疑问并在休庭后进行勘验、检查、查封、扣押、鉴定和查询、冻结的，人民检察院应当依法进行监督，发现上述活动有违法情况的，应当提出纠正意见。

第四百一十六条 人民法院根据申请收集、调取的证据或者在合议庭休庭后自行调查取得的证据，应当经过庭审出示、质证才能决定是否作为判决的依据。未经庭审出示、质证直接采纳为判决依据的，人民检察院应当提出纠正意见。

第四百一十七条 在法庭审理过程中，经审判长许可，公诉人可以逐一对正在调查的证据和案件情况发表意见，并同被告人、辩护人进行辩论。证据调查结束时，公诉人应当发表总结性意见。

在法庭辩论中，公诉人与被害人、诉讼代理人意见不一致的，公诉人应当认真听取被害人、诉讼代理人的意见，阐明自己的意见和理由。

第四百一十八条 人民检察院向人民法院提出量刑建议的，公诉人应当在发表公诉意见时提出。

对认罪认罚案件，人民法院经审理认为人民检察院的量刑建议明显不当向人民检察院提出的，或者被告人、辩护人对量刑建议提出异议的，人民检察院可以调整量刑建议。

第四百一十九条 适用普通程序审理的认罪认罚案件，公诉人可以建议适当简化法庭调查、辩论程序。

第四百二十条 在法庭审判过程中，遇有下列情形之一的，公诉人可以建议法庭延期审理：

（一）发现事实不清、证据不足，或者遗漏罪行、遗漏同案犯罪嫌疑人，需要补充侦查或者补充提供证据的；

（二）被告人揭发他人犯罪行为或者提供重要线索，需要补充侦查进行查证的；

（三）发现遗漏罪行或者遗漏同案犯罪嫌疑人，虽不需要补充侦查和补充提供证据，但需要补充、追加起诉的；

（四）申请人民法院通知证人、鉴定人出庭作证或者有专门知识的人出庭提出意见的；

（五）需要调取新的证据，重新鉴定或者勘验的；

（六）公诉人出示、宣读开庭前移送人民法院的证据以外的证据，或者补充、追加、变更起诉，需要给予被告人、辩护人必要时间进行辩护准备的；

（七）被告人、辩护人向法庭出示公诉人不掌握的与定罪量刑有关的证据，需要调查核实的；

（八）公诉人对证据收集的合法性进行证明，需要调查核实的。

在人民法院开庭审理前发现具有前款情形之一的，人民检察院可以建议人民法院延期审理。

第四百二十一条 法庭宣布延期审理后，人民检察院应当在补充侦查期限内提请人民法院恢复法庭审理或者撤回起诉。

公诉人在法庭审理过程中建议延期审理的次数不得超过两次，每次不得超过一个月。

第四百二十二条 在审判过程中，对于需要补充提供法庭审判所必需的证据或者补充侦查的，人民检察院应当自行收集证据和进行侦查，必要时可以要求监察机关或者公安机关提供协助；也可以书面要求监察机关或者公安机关补充提供证据。

人民检察院补充侦查，适用本规则第六章、第九章、第十章的规定。

补充侦查不得超过一个月。

第四百二十三条 人民法院宣告判决前，人民检察院发现被告人的真实身份或者犯罪事实与起诉书中叙述的身份或者指控犯罪事实不符的，或者事实、证据没有变化，但罪名、适用法律与起诉书不一致的，可以变更起诉。发现遗漏同案犯罪嫌疑人或者罪行的，应当要求公安机关补充移送起诉或者补充侦查；对于犯罪事实清楚，证据确实、充分的，可以直接追加、补充起诉。

第四百二十四条 人民法院宣告判决前，人民检察院发现具有下列情形之一的，经检察长批准，可以撤回起诉：

（一）不存在犯罪事实的；

（二）犯罪事实并非被告人所为的；

（三）情节显著轻微、危害不大，不认为是犯罪的；

（四）证据不足或证据发生变化，不符合起诉条件的；

（五）被告人因未达到刑事责任年龄，不负刑事责任的；

（六）法律、司法解释发生变化导致不应当追究被告人刑事责任的；

（七）其他不应当追究被告人刑事责任的。

对于撤回起诉的案件，人民检察院应当在撤回起诉后三十日以内作出不起诉决定。需要重新调查或者侦查的，应当在作出不起诉决定后将案卷材料退回监察机关或者公安机关，建议监察机关或者公安机关重新调查或者侦查，并书面说明理由。

对于撤回起诉的案件，没有新的事实或者新的证据，人民检察院不得再行起诉。

新的事实是指原起诉书中未指控的犯罪事实。该犯罪事实触犯的罪名既可以是原指控罪名的同一罪名，也可以是其他罪名。

新的证据是指撤回起诉后收集、调取的足以证明原指控犯罪事实的证据。

第四百二十五条 在法庭审理过程中，人民法院建议人民检察院补充侦查、补充起诉、追加起诉或者变更起诉的，人民检察院应当审查有关理由，并作出是否补充侦查、补充起诉、追加起诉或者变更起诉的决定。人民检察院不同意的，可以要求人民法院就起诉指控的犯罪事实依法作出裁判。

第四百二十六条　变更、追加、补充或者撤回起诉应当以书面方式在判决宣告前向人民法院提出。

第四百二十七条　出庭的书记员应当制作出庭笔录，详细记载庭审的时间、地点、参加人员、公诉人出庭执行任务情况和法庭调查、法庭辩论的主要内容以及法庭判决结果，由公诉人和书记员签名。

第四百二十八条　人民检察院应当当庭向人民法院移交取回的案卷材料和证据。在审判长宣布休庭后，公诉人应当与审判人员办理交接手续。无法当庭移交的，应当在休庭后三日以内移交。

人民法院办理刑事案件第一审普通程序法庭调查规程（试行）（节录）

（法发〔2017〕31号）

二、宣布开庭和讯问、发问程序

第五条 法庭宣布开庭后，应当告知当事人在法庭审理过程中依法享有的诉讼权利。

对于召开庭前会议的案件，在庭前会议中处理诉讼权利事项的，可以在开庭后告知诉讼权利的环节，一并宣布庭前会议对有关事项的处理结果。

第六条 公诉人宣读起诉书后，对于召开庭前会议的案件，法庭应当宣布庭前会议报告的主要内容。有多起犯罪事实的案件，法庭可以在有关犯罪事实的法庭调查开始前，分别宣布庭前会议报告的相关内容。

对于庭前会议中达成一致意见的事项，法庭可以向控辩双方核实后当庭予以确认；对于未达成一致意见的事项，法庭可以在庭审涉及该事项的环节归纳争议焦点，听取控辩双方意见，依法作出处理。

第七条 公诉人宣读起诉书后，审判长应当询问被告人对起诉书指控的犯罪事实是否有异议，听取被告人的供述和辩解。对于被告人当庭认罪的案件，应当核实被告人认罪的自愿性和真实性，听取其供述和辩解。

在审判长主持下，公诉人可以就起诉书指控的犯罪事实讯问被告人，为防止庭审过分迟延，就证据问题向被告人的讯问可在举证、质证环节进行。经审判长准许，被害人及其法定代理人、诉讼代理人可以就公诉人讯问的犯罪事实补充发问；附带民事诉讼原告人及其法定代理人、诉讼代理人可以就附带民事部分的事实向被告人发问；被告人的法定代理人、辩护人，附带民事诉讼被告人及其法定代理人、诉讼代理人可以在控诉一方就某一问题讯问完毕后向被告人发问。有多名被告人的案件，辩护人对被告人的发问，应当在审判长主持下，先由被告人本人的辩护人进行，再由其他被告人的辩护人进行。

第八条 有多名被告人的案件，对被告人的讯问应当分别进行。

被告人供述之间存在实质性差异的，法庭可以传唤有关被告人到庭对质。审判长可以分别讯问被告人，就供述的实质性差异进行调查核实。经审判长准许，控辩双方可以向被告人讯问、发问。审判长认为有必要的，可以准许被告人之间相互发问。

根据案件审理需要，审判长可以安排被告人与证人、被害人依照前款规定的方式进行对质。

第九条 申请参加庭审的被害人众多，且案件不属于附带民事诉讼范围的，被害人可以推选若干代表人参加或者旁听庭审，人民法院也可以指定若干代表人。

对被告人讯问、发问完毕后，其他证据出示前，在审判长主持下，参加庭审的被害人可以就起诉书指控的犯罪事实作出陈述。经审判长准许，控辩双方可以在被害人陈述后向被害人发问。

第十条 为解决被告人供述和辩解中的疑问，审判人员可以讯问被告人，也可以向被害人、附带民事诉讼当事人发问。

第十一条 有多起犯罪事实的案件，对被告人不认罪的事实，法庭调查一般应当分别进行。

被告人不认罪或者认罪后又反悔的案件，法庭应当对与定罪和量刑有关的事实、证据进行全面调查。

被告人当庭认罪的案件，法庭核实被告人认罪的自愿性和真实性，确认被告人知悉认罪的法律后果后，可以重点围绕量刑事实和其他有争议的问题进行调查。

三、出庭作证程序

第十二条 控辩双方可以申请法庭通知证人、鉴定人、侦查人员和有专门知识的人等出庭。

被害人及其法定代理人、诉讼代理人，附带民事诉讼原告人及其诉讼代理人也可以提出上述申请。

第十三条 控辩双方对证人证言、被害人陈述有异议，申请证人、被害人出庭，人民法院经审查认为证人证言、被害人陈述对案件定罪量刑有重大影响的，应当通知证人、被害人出庭。

控辩双方对鉴定意见有异议，申请鉴定人或者有专门知识的人出庭，人民法院经审查认为有必要的，应当通知鉴定人或者有专门知识的人出庭。

控辩双方对侦破经过、证据来源、证据真实性或者证据收集合法性等有异议，申请侦查人员或者有关人员出庭，人民法院经审查认为有必要的，应当通知侦查人员或者有关人员出庭。

为查明案件事实、调查核实证据，人民法院可以依职权通知上述人员到庭。

人民法院通知证人、被害人、鉴定人、侦查人员、有专门知识的人等出庭的，控辩双方协助有关人员到庭。

第十四条 应当出庭作证的证人，在庭审期间因身患严重疾病等客观原因确实无法出庭的，可以通过视频等方式作证。

证人视频作证的，发问、质证参照证人出庭作证的程序进行。

前款规定适用于被害人、鉴定人、侦查人员。

第十五条 人民法院通知出庭的证人，无正当理由拒不出庭的，可以强制其出庭，但是被告人的配偶、父母、子女除外。

强制证人出庭的，应当由院长签发强制证人出庭令，并由法警执行。必要时，可以商请公安机关协助执行。

第十六条 证人、鉴定人、被害人因出庭作证，本人或者其近亲属的人身安全面临危险的，人民法院应当采取不公开其真实姓名、住址和工作单位等个人信息，或者不暴露其外貌、真实声音等保护措施。

决定对出庭作证的证人、鉴定人、被害人采取不公开个人信息的保护措施的，审判人员应当在开庭前核实其身份，对证人、鉴定人如实作证的保证书不得公开，在判决书、裁定书等法律文书中可以使用化名等代替其个人信息。

审判期间，证人、鉴定人、被害人提出保护请求的，人民法院应当立即审查，确有必要的，应当及时决定采取相应的保护措施。必要时，可以商请公安机关采取专门性保护措施。

第十七条 证人、鉴定人和有专门知识的人出庭作证所支出的交通、住宿、就餐等合理费用，除由控辩双方支付的以外，列入出庭作证补助专项经费，在出庭作证后由人民法院依照规定程序发放。

第十八条 证人、鉴定人出庭，法庭应当当庭核实其身份、与当事人以及本案的关系，审查证人、鉴定人的作证能力、专业资质，并告知其有关作证的权利义务和法律责任。

证人、鉴定人作证前，应当保证向法庭如实提供证言、说明鉴定意见，并在保证书上签名。

第十九条 证人出庭后，先向法庭陈述证言，然后先由举证方发问；发问完毕后，对方也可以发问。根据案件审理需要，也可以先由申请方发问。

控辩双方向证人发问完毕后，可以发表本方对证人证言的质证意见。控辩双方如有新的问题，经审判长准许，可以再行向证人发问。

审判人员认为必要时，可以询问证人。法庭依职权通知证人出庭的情形，审判人员应当主导对证人的询问。经审判长准许，被告人可以向证人发问。

第二十条 向证人发问应当遵循以下规则：

（一）发问内容应当与案件事实有关；

（二）不得采用诱导方式发问；

（三）不得威胁或者误导证人；

（四）不得损害证人人格尊严；

（五）不得泄露证人个人隐私。

第二十一条 控辩一方发问方式不当或者内容与案件事实无关，违反有关发问规则的，对方可以提出异议。对方当庭提出异议的，发问方应当说明发问理由，审判长判明情况予以支持或者驳回；对方未当庭提出异议的，审判长也可以根据情况予以制止。

第二十二条 审判长认为证人当庭陈述的内容与案件事实无关或者明显重复的，可以进行必要的提示。

第二十三条 有多名证人出庭作证的案件，向证人发问应当分别进行。

多名证人出庭作证的，应当在法庭指定的地点等候，不得谈论案情，必要时可以采取隔离等候措施。证人出庭作证后，审判长应当通知法警引导其退庭。证人不得旁听对案件的审理。

被害人没有列为当事人参加法庭审理，仅出庭陈述案件事实的，参照适用前款规定。

第二十四条 证人证言之间存在实质性差异的，法庭可以传唤有关证人到庭对质。

审判长可以分别询问证人，就证言的实质性差异进行调查核实。经审判长准许，控辩双方可以向证人发问。审判长认为有必要的，可以准许证人之间相互发问。

第二十五条 证人出庭作证的，其庭前证言一般不再出示、宣读，但下列情形除外：

（一）证人出庭作证时遗忘或者遗漏庭前证言的关键内容，需要向证人作出必要提示的；

（二）证人的当庭证言与庭前证言存在矛盾，需要证人作出合理解释的。

为核实证据来源、证据真实性等问题，或者帮助证人回忆，经审判长准许，控辩双方可以在询问证人时向其出示物证、书证等证据。

第二十六条 控辩双方可以申请法庭通知有专门知识的人出庭，协助本方就鉴定意见进行质证。有专门知识的人可以与鉴定人同时出庭，在鉴定人作证后向鉴定人发问，并对案件中的专门性问题提出意见。

申请有专门知识的人出庭，应当提供人员名单，并不得超过二人。有多种类鉴定意见的，可以相应增加人数。

第二十七条 对被害人、鉴定人、侦查人员、有专门知识的人的发问，参照适用证人的有关规定。

同一鉴定意见由多名鉴定人作出，有关鉴定人以及对该鉴定意见进行质证的有专门知识的人，可以同时出庭，不受分别发问规则的限制。

四、举证、质证程序

第二十八条 开庭讯问、发问结束后，公诉人先行举证。公诉人举证完毕后，被告人及其辩护人举证。

公诉人出示证据后，经审判长准许，被告人及其辩护人可以有针对性地出示证据予以反驳。

控辩一方举证后，对方可以发表质证意见。必要时，控辩双方可以对争议证据进行多轮质证。

被告人及其辩护人认为公诉人出示的有关证据对本方诉讼主张有利的，可以在发表质证意见时予以认可，或者在发表辩护意见时直接援引有关证据。

第二十九条 控辩双方随案移送或者庭前提交，但没有当庭出示的证据，审判长可以进行必要的提示；对于其中可能影响定罪量刑的关键证据，审判长应当提示控辩双方出示。

对于案件中可能影响定罪量刑的事实、证据存在疑问，控辩双方没有提及的，审判长应当引导控辩双方发表质证意见，并依法调查核实。

第三十条 法庭应当重视对证据收集合法性的审查，对证据收集的合法性有疑问的，应当调查核实证明取证合法性的证据材料。

对于被告人及其辩护人申请排除非法证据，依法提供相关线索或者材料，法庭对证据收集的合法性有疑问，决定进行调查的，一般应当先行当庭调查。

第三十一条 对于可能影响定罪量刑的关键证据和控辩双方存在争议的证据，一般应当单独举证、质证，充分听取质证意见。

对于控辩双方无异议的非关键性证据，举证方可以仅就证据的名称及其证明的事项作出说明，对方可以发表质证意见。

召开庭前会议的案件，举证、质证可以按照庭前会议确定的方式进行。根据案件审理需要，法庭可以对控辩双方的举证、质证方式进行必要的提示。

第三十二条 物证、书证、视听资料、电子数据等证据，应当出示原物、原件。取得原物、原件确有困难的，可以出示照片、录像、副本、复制件等足以反映原物、原件外形和特征以及真实内容的材料，并说明理由。

对于鉴定意见和勘验、检查、辨认、侦查实验等笔录，应当出示原件。

第三十三条 控辩双方出示证据，应当重点围绕与案件事实相关的内容或者控辩双方存在争议的内容进行。

出示证据时，可以借助多媒体设备等方式出示、播放或者演示证据内容。

第三十四条 控辩双方对证人证言、被害人陈述、鉴定意见无异议，有关人员不需要出庭的，或者有关人员因客观原因无法出庭且无法通过视频等方式作证的，可以出示、宣读庭前收集的书面证据材料或者作证过程录音录像。

被告人当庭供述与庭前供述的实质性内容一致的，可以不再出示庭前供述；当庭供述与庭前供述存在实质性差异的，可以出示、宣读庭前供述中存在实质性差异的内容。

第三十五条 采用技术侦查措施收集的证据，应当当庭出示。当庭出示、辨认、质证可能危及有关人员的人身安全，或者可能产生其他严重后果的，应当采取不暴露有关人员身份、不公开技术侦查措施和方法等保护措施。

法庭决定在庭外对技术侦查证据进行核实的，可以召集公诉人和辩护律师到场。在场人员应当履行保密义务。

第三十六条 法庭对证据有疑问的，可以告知控辩双方补充证据或者作出说明；必要时，可以在其他证据调查完毕后宣布休庭，对证据进行调查核实。法庭调查核实证据，可以通知控辩双方到场，并将核实过程记录在案。

对于控辩双方补充的和法庭庭外调查核实取得的证据，应当经过庭审质证才能作为定案的根据。但是，对于不影响定罪量刑的非关键性证据和有利于被告人的量刑证据，经庭外征求意见，控辩双方没有异议的除外。

第三十七条 控辩双方申请出示庭前未移送或提交人民法院的证据，对方提出异议的，申请方应当说明理由，法庭经审查认为理由成立并确有出示必要的，应当准许。

对方提出需要对新的证据作辩护准备的，法庭可以宣布休庭，并确定准备的时间。

第三十八条 法庭审理过程中，控辩双方申请通知新的证人到庭，调取新的证据，申请重新鉴定或者勘验的，应当提供证人的基本信息、证据的存放地点，说明拟证明的案件事实、要求重新鉴定或者勘验的理由。法庭认为有必要的，应当同意，并宣布延期审理；不同意的，应当说明理由并继续审理。

第三十九条 公开审理案件时，控辩双方提出涉及国家秘密、商业秘密或者个人隐私的证据的，法庭应当制止。有关证据确与本案有关的，可以根据具体情况，决定将案件转为不公开审理，或者对相关证据的法庭调查不公开进行。

第四十条 审判期间，公诉人发现案件需要补充侦查，建议延期审理的，法庭可以同意，但建议延期审理不得超过两次。

人民检察院将补充收集的证据移送人民法院的，人民法院应当通知辩护人、诉讼代理人查阅、摘抄、复制。辩护方提出需要对补充收集的证据作辩护准备的，法庭可以宣布休庭，并确定准备的时间。

补充侦查期限届满后，经人民法院通知，人民检察院未建议案件恢复审理，且未说明原因的，人民法院可以决定按人民检察院撤诉处理。

第四十一条 人民法院向人民检察院调取需要调查核实的证据材料，或者根据被告人及其辩护人的申请，向人民检察院调取在侦查、审查起诉期间收集的有关被告人无罪或者罪轻的证据材料，应当通知人民检察院在收到调取证据材料决定书后三日内移交。

第四十二条 法庭除应当审查被告人是否具有法定量刑情节外，还应当根据案件情况审查以下影响量刑的情节：

（一）案件起因；

（二）被害人有无过错及过错程度，是否对矛盾激化负有责任及责任大小；

（三）被告人的近亲属是否协助抓获被告人；

（四）被告人平时表现，有无悔罪态度；

（五）退赃、退赔及赔偿情况；

（六）被告人是否取得被害人或者其近亲属谅解；

（七）影响量刑的其他情节。

第四十三条 审判期间，被告人及其辩护人提出有自首、坦白、立功等法定量刑情节，或者人民法院发现被告人可能有上述法定量刑情节，而人民检察院移送的案卷中没有相关证据材料的，应当通知人民检察院移送。

审判期间，被告人及其辩护人提出新的立功情节，并提供相关线索或者材料的，人民法院可以建议人民检察院补充侦查。

第四十四条 被告人当庭不认罪或者辩护人作无罪辩护的，法庭对定罪事实进行调查后，可以对与量刑有关的事实、证据进行调查。被告人及其辩护人可以当庭发表质证意见，出示证明被告人罪轻或者无罪的证据。被告人及其辩护人参加量刑事实、证据的调查，不影响无罪辩解或者辩护。

人民检察院公诉人出庭举证质证工作指引

（2018年7月3日）

第一章 总 则

第一条 为适应以审判为中心的刑事诉讼制度改革新要求，全面贯彻证据裁判规则，进一步加强和改进公诉人出庭举证质证工作，构建认罪和不认罪案件相区别的出庭公诉模式，增强指控犯罪效果，根据《中华人民共和国刑事诉讼法》和相关规定，结合检察工作实际，制定本工作指引。

第二条 举证是指在出庭支持公诉过程中，公诉人向法庭出示、宣读、播放有关证据材料并予以说明，对出庭作证人员进行询问，以证明公诉主张成立的诉讼活动。

质证是指在审判人员的主持下，由控辩双方对所出示证据材料及出庭作证人员的言词证据的证据能力和证明力相互进行质疑和辩驳，以确认是否作为定案依据的诉讼活动。

第三条 公诉人出庭举证质证，应当以辩证唯物主义认识论为指导，以事实为根据，以法律为准绳，注意运用逻辑法则和经验法则，有力揭示和有效证实犯罪，提高举证质证的质量、效率和效果，尊重和保障犯罪嫌疑人、被告人和其他诉讼参与人诉讼权利，努力让人民群众在每一个司法案件中感受到公平正义。

第四条 公诉人举证质证，应当遵循下列原则：

（一）实事求是，客观公正；

（二）突出重点，有的放矢；

（三）尊重辩方，理性文明；

（四）遵循法定程序，服从法庭指挥。

第五条 公诉人可以根据被告人是否认罪，采取不同的举证质证模式。

被告人认罪的案件，经控辩双方协商一致并经法庭同意，举证质证可以简化。

被告人不认罪或者辩护人作无罪辩护的案件，一般应当全面详细举证质证。但对辩护方无异议的证据，经控辩双方协商一致并经法庭同意，举证质证也可以简化。

第六条 公诉人举证质证，应当注重与现代科技手段相融合，积极运用多媒体示证、电子卷宗、出庭一体化平台等，增强庭审指控犯罪效果。

第二章 举证质证的准备

第七条 公诉人审查案件时，应当充分考虑出庭准备和庭审举证质证工作的需要，有针对性地制作审查报告。

第八条 公诉人基于出庭准备和庭审举证质证工作的需要，可以在开庭前从人民法院取回有关案卷材料和证据，或者查阅电子卷宗。

第九条 公诉案件开庭前，公诉人应当进一步熟悉案情，掌握证据情况，深入研究与本案有关的法律政策问题，熟悉审判可能涉及的专业知识，围绕起诉书指控的犯罪事实和情节，制作举证质证提纲，做好举证质证准备。

制作举证质证提纲应当注意以下方面：

（一）证据的取得是否符合法律规定；

（二）证据是否符合法定形式；

（三）证据是否为原件、原物，照片、录像、复制件、副本等与原件、原物是否相符；

（四）发现证据时的客观环境；

（五）证据形成的原因；

（六）证人或者提供证据的人与本案有无利害关系；

（七）证据与待证事实之间的关联关系；

（八）证据之间的相互关系；

（九）证据是否共同指向同一待证事实，有无无法排除的矛盾和无法解释的疑问，全案证据是否形成完整的证明体系，根据全案证据认定的事实是否足以排除合理怀疑，结论是否具有唯一性；

（十）证据是否具有证据能力及其证明力的其他问题。

第十条 公诉人应当通过参加庭前会议，及时掌握辩护方提供的证据，全面了解被告人及其辩护人对证据的主要异议，并在审判人员主持下，就案件的争议焦点、证据的出示方式等进行沟通，确定举证顺序、方式。根据举证需要，公诉人可以申请证人、鉴定人、侦查人员、有专门知识的人出庭，对辩护方出庭人员名单提出异议。

审判人员在庭前会议中组织展示证据的，公诉人应当出示拟在庭审中出示的证据，梳理存在争议的证据，听取被告人及其辩护人的意见。

被告人及其辩护人在开庭审理前申请排除非法证据，并依照法律规定提供相关线索或者材料的，公诉人经查证认为不存在非法取证行为的，应当在庭前会议中通过出示有关证据材料等方式，有针对性地对证据收集的合法性作出说明。

公诉人可以在庭前会议中撤回有关证据。撤回的证据，没有新的理由，不得在庭审中出示。

公诉人应当根据庭前会议上就举证方式达成的一致意见，修改完善举证提纲。

第十一条 公诉人在开庭前收到人民法院转交或者被告人及其辩护人、被害人、证人等递交的反映证据系非法取得的书面材料的，应当进行审查。对于审查逮捕、审查起诉期间已经提出并经查证不存在非法取证行为的，应当通知人民法院，或者告知有关当事人和辩护人，并按照查证的情况做好庭审准备。对于新的材料或者线索，可以要求侦查机关对证据收集的合法性进行说明或者提供相关证明材料，必要时可以自行调查核实。

第十二条 公诉人在庭前会议后依法收集的证据，在开庭前应当及时移送人民法院，并了解被告人或者其辩护人是否提交新的证据。如果有新的证据，公诉人应当对该证据进行审查。

第十三条 公诉人在开庭前，应当通过讯问被告人、听取辩护人意见、参加庭前会议、与法庭沟通等方式，了解掌握辩护方所收集的证明被告人无罪、罪轻或者反映存在非法取证行为的相关材料情况，进一步熟悉拟在庭审中出示的相关证据，围绕证据的真实性、关联性、合法性，全面预测被告人、辩护人可能提出的质证观点，有针对性地制作和完善质证提纲。

第三章 举 证

第一节 举证的基本要求

第十四条 公诉人举证，一般应当遵循下列要求：

（一）公诉人举证，一般应当全面出示证据；出示、宣读、播放每一份（组）证据时，一般应当出示证据的全部内容。根据普通程序、简易程序以及庭前会议确定的举证方式和案件的具体情况，也可以简化出示，但不得随意删减、断章取义。没有召开庭前会议的，公诉人可以当庭与辩护方协商，并经法庭许可确定举证方式。

（二）公诉人举证前，应当先就举证方式作出说明；庭前会议对简化出示证据达成一致意见的，一并作出说明。

（三）出示、宣读、播放每一份（组）证据前，公诉人一般应当先就证据证明方向，证据的种类、名称、收集主体和时间以及所要证明的内容向法庭作概括说明。

（四）对于控辩双方无异议的非关键性证据，举证时可以仅就证据的名称及所证明的事项作出说明；对于可能影响定罪量刑的关键证据和控辩双方存在争议的证据，以及法庭认为有必要调查核实的证据，应当详细出示。

（五）举证完毕后，应当对出示的证据进行归纳总结，明确证明目的。

（六）使用多媒体示证的，应当与公诉人举证同步进行。

第十五条 公诉人举证，应当主要围绕下列事实，重点围绕控辩双方争议的内容进行：

（一）被告人的身份；

（二）指控的犯罪事实是否存在，是否为被告人所实施；

（三）实施犯罪行为的时间、地点、方法、手段、结果，被告人犯罪后的表现等；

（四）犯罪集团或者其他共同犯罪案件中参与犯罪人员的各自地位和

应负的责任；

（五）被告人有无刑事责任能力，有无故意或者过失，行为的动机、目的；

（六）有无依法不应当追究刑事责任的情形，有无法定从重或者从轻、减轻以及免除处罚的情节；

（七）犯罪对象、作案工具的主要特征，与犯罪有关的财物的来源、数量以及去向；

（八）被告人全部或者部分否认起诉书指控的犯罪事实的，否认的根据和理由能否成立；

（九）与定罪、量刑有关的其他事实。

第十六条 对于公诉人简化出示的证据，辩护人要求公诉人详细出示的，可以区分不同情况作出处理。具有下列情形之一的，公诉人应当详细出示：

（一）审判人员要求详细出示的；

（二）辩护方要求详细出示并经法庭同意的；

（三）简化出示证据可能影响举证效果的。

具有下列情形之一的，公诉人可以向法庭说明理由，经法庭同意后，可以不再详细出示：

（一）公诉人已经详细出示过相关证据，辩护方重复要求的；

（二）公诉人简化出示的证据能够证明案件事实并反驳辩护方异议的；

（三）辩护方所要求详细出示的内容与起诉书认定事实无关的；

（四）被告人承认指控的犯罪事实和情节的。

第十七条 辩护方当庭申请公诉人宣读出示案卷中对被告人有利但未被公诉人采信的证据的，可以建议法庭决定由辩护方宣读出示，并说明不采信的理由。法庭采纳辩护方申请要求公诉人宣读出示的，公诉人应当出示。

第十八条 公诉人、被告人及其辩护人对收集被告人供述是否合法未达成一致意见，人民法院在庭审中对证据合法性进行调查的，公诉人可以根据讯问笔录、羁押记录、提讯登记、出入看守所的健康检查记录、医院病历、看守管教人员的谈话记录、采取强制措施或者侦查措施的法律文书、侦查机关对讯问过程合法性的证明材料、侦查机关或者检察机关对证据收集合法性调查核实的结论、驻看守所检察人员在侦查终结前对讯问合法性的核查结论等，对庭前讯问被告人的合法性进行证明，可以要求法庭播放讯问同步录音、录像，必要时可以申请法庭通知侦查人员或者其他人员出庭说明情况。

控辩双方对收集证人证言、被害人陈述、收集物证、书证等的合法性以及其他程序事实发生争议的，公诉人可以参照前款规定出示、宣读有关法律文书、侦查或者审查起诉活动笔录等予以证明。必要时，可以建议法庭通知负责侦查的人员以及搜查、查封、扣押、冻结、勘验、检查、辨认、侦查实验等活动的见证人出庭陈述有关情况。

第二节　举证的一般方法

第十九条　举证一般应当一罪名一举证、一事实一举证，做到条理清楚、层次分明。

第二十条　举证顺序应当以有利于证明公诉主张为目的，公诉人可以根据案件的不同种类、特点和庭审实际情况，合理安排和调整举证顺序。一般先出示定罪证据，后出示量刑证据；先出示主要证据，后出示次要证据。

公诉人可以按照与辩护方协商并经法庭许可确定的举证顺序进行举证。

第二十一条　根据案件的具体情况和证据状况，结合被告人的认罪态度，举证可以采用分组举证或者逐一举证的方式。

案情复杂、同案被告人多、证据数量较多的案件，一般采用分组举证为主、逐一举证为辅的方式。

对证据进行分组时，应当遵循证据之间的内在逻辑关系，可以将证明方向一致或者证明内容相近的证据归为一组；也可以按照证据种类进行分组，并注意各组证据在证明内容上的层次和递进关系。

第二十二条　对于可能影响定罪量刑的关键证据和控辩双方存在争议的证据，应当单独举证。

被告人认罪的案件，对控辩双方无异议的定罪证据，可以简化出示，主要围绕量刑和其他有争议的问题出示证据。

第二十三条　对于被告人不认罪案件，应当立足于证明公诉主张，通过合理举证构建证据体系，反驳被告人的辩解，从正反两个方面予以证明。重点一般放在能够有力证明指控犯罪事实系被告人所为的证据和能够证明被告人无罪辩解不成立的证据上，可以将指控证据和反驳证据同时出示。

对于被告人翻供的，应当综合运用证据，阐明被告人翻供的时机、原因、规律，指出翻供的不合理、不客观、有矛盾之处。

第二十四条　“零口供”案件的举证，可以采用关键证据优先法。公诉人根据案件证据情况，优先出示定案的关键证据，重点出示物证、书证、现场勘查笔录等客观性证据，直接将被告人与案件建立客观联系，在此基础上构建全案证据体系。

辩点较多案件的举证，可以采用先易后难法。公诉人根据案件证据情况和庭前会议了解的被告人及辩护人的质证观点，先出示被告人及辩护人没有异议的证据或者分歧较小的证据，后出示控辩双方分歧较大的证据，使举证顺利推进，为集中精力对分歧证据进行质证作准备。

依靠间接证据定案的不认罪案件的举证，可以采用层层递进法。公诉人应当充分运用逻辑推理，合理安排举证顺序，出示的后一份（组）证据与前一份（组）证据要紧密关联，环环相扣，层层递进，通过逻辑分析揭示各个证据之间的内在联系，综合证明案件已经排除合理怀疑。

第二十五条　对于一名被告人有一起犯罪事实或者案情比较简单的案件，可以根据案件证据情况按照法律规定的证据种类举证。

第二十六条　对于一名被告人有数起犯罪事实的案件，可以以每一起犯罪事实为单元，将证明犯罪事实成立的证据分组举证或者逐一举证。其中，涉及每起犯罪事实中量刑情节的证据，应当在对该起犯罪事实举证中出示；涉及全案综合量刑情节的证据，应当在全案的最后出示。

第二十七条　对于数名被告人有一起犯罪事实的案件，根据各被告人在共同犯罪中的地位、作用及情节，一般先出示证明主犯犯罪事实的证据，再出示证明从犯犯罪事实的证据。

第二十八条　对于数名被告人有数起犯罪事实的案件，可以采用不同的分组方法和举证顺序，或者按照作案时间的先后顺序，或者以主犯参与的犯罪事实为主线，或者以参与人数的多少为标准，并注意区分犯罪集团的犯罪行为、一般共同犯罪行为和个别成员的犯罪行为，分别进行举证。

第二十九条 对于单位犯罪案件，应当先出示证明单位构成犯罪的证据，再出示对其负责的单位主管人员或者其他直接责任人员构成犯罪的证据。对于指控被告单位犯罪与指控单位主管人员或者其他直接责任人员犯罪的同一份证据可以重复出示，但重复出示时仅予以说明即可。

第三节 各类证据的举证要求

第三十条 出示的物证一般应当是原物。原物不易搬运、不易保存或者已返还被害人的，可以出示反映原物外形和特征的照片、录像、复制品，并向法庭说明情况及与原物的同一性。

出示的书证一般应当是原件，获取书证原件确有困难的，可以出示书证副本或者复制件，并向法庭说明情况及与原件的同一性。

出示物证、书证时，应当对物证、书证所要证明的内容、收集情况作概括说明，可以提请法庭让当事人、证人等诉讼参与人辨认。物证、书证经过技术鉴定的，可以宣读鉴定意见。

第三十一条 询问出庭作证的证人，应当遵循以下规则：

（一）发问应当单独进行；

（二）发问应当简洁、清楚；

（三）发问应当采取一问一答形式，不宜同时发问多个内容不同的问题；

（四）发问的内容应当着重围绕与定罪、量刑紧密相关的事实进行；

（五）不得以诱导方式发问；

（六）不得威胁或者误导证人；

（七）不得损害证人的人格尊严；

（八）不得泄露证人个人隐私；

（九）询问未成年人，应当结合未成年人的身心特点进行。

第三十二条 证人出庭的，公诉人可以要求证人就其了解的与案件有关的事实进行陈述，也可以直接发问。对于证人采取猜测性、评论性、推断性语言作证的，公诉人应当提醒其客观表述所知悉的案件事实。

公诉人认为证人作出的回答对案件事实和情节的认定有决定性或者

重大影响，可以提请法庭注意。

证人出庭作证的证言与庭前提供的证言相互矛盾的，公诉人应当问明理由，并对该证人进行询问，澄清事实。认为理由不成立的，可以宣读证人在改变证言前的笔录内容，并结合相关证据予以反驳。

对未到庭证人的证言笔录，应当当庭宣读。宣读前，应当说明证人和本案的关系。对证人证言笔录存在疑问、确实需要证人出庭陈述或者有新的证人的，公诉人可以要求延期审理，由人民法院通知证人到庭提供证言和接受质证。

根据案件情况，公诉人可以申请实行证人远程视频作证。

控辩双方对证人证言无异议，证人不需要出庭的，或者证人因客观原因无法出庭且无法通过视频等方式作证的，公诉人可以出示、宣读庭前收集的书面证据材料或者作证过程录音、录像。

第三十三条 公诉人申请出庭的证人当庭改变证言、被害人改变其庭前的陈述，公诉人可以询问其言词发生变化的理由，认为理由不成立的，可以择机有针对性地宣读其在侦查、审查起诉阶段的证言、陈述，或者出示、宣读其他证据，对证人、被害人进行询问，予以反驳。

第三十四条 对被害人、鉴定人、侦查人员、有专门知识的人的询问，参照适用询问证人的规定。

第三十五条 宣读被告人供述，应当根据庭审中被告人供述的情况进行。被告人有多份供述且内容基本一致的，一般选择证明力最充分的一份或者几份出示。被告人当庭供述与庭前供述的实质性内容一致的，可以不再宣读庭前供述，但应当向法庭说明；被告人当庭供述与庭前供述存在实质性差异的，公诉人应当问明理由，认为理由不成立的，应当就存在实质性差异的内容宣读庭前供述，并结合相关证据予以反驳。

第三十六条 被告人作无罪辩解或者当庭供述与庭前供述内容不一致，足以影响定罪量刑的，公诉人可以有针对性地宣读被告人庭前供述笔录，并针对笔录中被告人的供述内容对被告人进行讯问，或者出示其他证据进行证明，予以反驳，并提请法庭对其当庭供述不予采信。对翻供内容需要调查核实的，可以建议法庭休庭或者延期审理。

第三十七条 鉴定意见以及勘验、检查、辨认和侦查实验等笔录应当当庭宣读，并对鉴定人、勘验人、检查人、辨认人、侦查实验人员的身份、资质、与当事人及本案的关系作出说明，必要时提供证据予以证明。鉴定人、有专门知识的人出庭，公诉人可以根据需要对其发问。发问时适用对证人询问的相关要求。

第三十八条 播放视听资料，应当首先对视听资料的来源、制作过程、制作环境、制作人员以及所要证明的内容进行概括说明。播放一般应当连续进行，也可以根据案情分段进行，但应当保持资料原貌，不得对视听资料进行剪辑。

播放视听资料，应当向法庭提供视听资料的原始载体。提供原始载体确有困难的，可以提供复制件，但应当向法庭说明原因。

出示音频资料，也可以宣读庭前制作的附有声音资料语言内容的文字记录。

第三十九条 出示以数字化形式存储、处理、传输的电子数据证据，应当对该证据的原始存储介质、收集提取过程等予以简要说明，围绕电子数据的真实性、完整性、合法性，以及被告人的网络身份与现实身份的同一性出示证据。

第四章　质　证

第一节　质证的基本要求

第四十条 公诉人质证应当根据辩护方所出示证据的内容以及对公诉方证据提出的质疑，围绕案件事实、证据和适用法律进行。

质证应当一证一质一辩。质证阶段的辩论，一般应当围绕证据本身的真实性、关联性、合法性，针对证据能力有无以及证明力大小进行。对于证据与证据之间的关联性、证据的综合证明作用问题，一般在法庭辩论阶段予以答辩。

第四十一条 对影响定罪量刑的关键证据和控辩双方存在争议的证据，一般应当单独质证。

对控辩双方没有争议的证据，可以在庭审中简化质证。

对于被告人认罪案件，主要围绕量刑和其他有争议的问题质证，对控辩双方无异议的定罪证据，可以不再质证。

第四十二条 公诉人可以根据需要将举证质证、讯问询问结合起来，在质证阶段对辩护方观点予以适当辩驳，但应当区分质证与辩论之间的界限，重点针对证据本身的真实性、关联性、合法性进行辩驳。

第四十三条 在每一份（组）证据或者全部证据质证完毕后，公诉人可以根据具体案件情况，提请法庭对证据进行确认。

第二节 对辩护方质证的答辩

第四十四条 辩护方对公诉方当庭出示、宣读、播放的证据的真实性、关联性、合法性提出的质证意见，公诉人应当进行全面、及时和有针对性地答辩。

辩护方提出的与证据的证据能力或者证明力无关、与公诉主张无关的质证意见，公诉人可以说明理由不予答辩，并提请法庭不予采纳。

公诉人答辩一般应当在辩护方提出质证意见后立即进行。在不影响庭审效果的情况下，也可以根据需要在法庭辩论阶段结合其他证据综合发表意见，但应当向法庭说明。

第四十五条 对辩护方符合事实和法律的质证，公诉人应当实事求是、客观公正地发表意见。

辩护方因对证据内容理解有误而质证的，公诉人可以对证据情况进行简要说明。

第四十六条 公诉人对辩护方质证的答辩，应当重点针对可能动摇或者削弱证据能力、证明力的质证观点进行答辩，对于不影响证据能力、证明力的质证观点可以不予答辩或者简要答辩。

第四十七条 辩护方质疑言词证据之间存在矛盾的，公诉人可以综合全案证据，立足证据证明体系，从认知能力、与当事人的关系、客观环境等角度，进行重点答辩，合理解释证据之间的矛盾。

第四十八条 辩护人询问证人或者被害人有下列情形之一的，公诉人应当及时提请审判长制止，必要时应当提请法庭对该项陈述或者证言不予采信：

（一）以诱导方式发问的；

（二）威胁或者误导证人的；

（三）使被害人、证人以推测性、评论性、推断性意见作为陈述或者证言的；

（四）发问内容与本案事实无关的；

（五）对被害人、证人带有侮辱性发问的；

（六）其他违反法律规定的情形。

对辩护人询问侦查人员、鉴定人和有专门知识的人的质证，参照前款规定。

第四十九条 辩护方质疑证人当庭证言与庭前证言存在矛盾的，公诉人可以有针对性地对证人进行发问，也可以提请法庭 决定就有异议的内容由被告人与证人进行对质诘问，在发问或对质诘问过程中，对前后矛盾或者疏漏之处作出合理解释。

第五十条 辩护方质疑被告人庭前供述系非法取得的，公诉人可以综合采取以下方式证明取证的合法性：

（一）宣读被告人在审查（决定）逮捕、审查起诉阶段的讯问笔录，证实其未曾供述过在侦查阶段受到刑讯逼供，或者证实其在侦查机关更换侦查人员且再次讯问时告知诉讼权利和认罪的法律后果后仍自愿供述，或者证实其在检察人员讯问并告知诉讼权利和认罪的法律后果后仍自愿供述；

（二）出示被告人的羁押记录，证实其接受讯问的时间、地点、次数等符合法律规定；

（三）出示被告人出入看守所的健康检查记录、医院病历，证实其体表和健康情况；

（四）出示看守管教人员的谈话记录；

（五）出示与被告人同监舍人员的证言材料；

（六）当庭播放或者庭外核实讯问被告人的录音、录像；

（七）宣读重大案件侦查终结前讯问合法性核查笔录，当庭播放或者庭外核实对讯问合法性进行核查时的录音、录像；

（八）申请侦查人员出庭说明办案情况。

公诉人当庭不能证明证据收集的合法性，需要调查核实的，可以建议法庭休庭或者延期审理。

第五十一条 辩护人质疑收集被告人供述存在程序瑕疵申请排除证据的，公诉人可以宣读侦查机关的补正说明。没有补正说明的，也可以从讯问的时间地点符合法律规定，已进行权利告知，不存在威胁、引诱、欺骗等情形，被告人多份供述内容一致，全案证据能够互相印证，被告人供述自愿性未受影响，程序瑕疵没有严重影响司法公正等方面作出合理解释。必要时，可以提请法庭播放同步录音录像，从被告人供述时情绪正常、表达流畅、能够趋利避害等方面证明庭前供述自愿性，对瑕疵证据作出合理解释。

第五十二条 辩护方质疑物证、书证的，公诉人可以宣读侦查机关收集物证、书证的补正说明，从此类证据客观、稳定、不易失真以及取证主体、程序、手段合法等方面有针对性地予以答辩。

第五十三条 辩护方质疑鉴定意见的，公诉人可以从鉴定机构和鉴定人的法定资质、检材来源、鉴定程序、鉴定意见形式要件符合法律规定等方面，有针对性地予以答辩。

第五十四条 辩护方质疑不同鉴定意见存在矛盾的，公诉人可以阐释不同鉴定意见对同一问题得出不同结论的原因，阐明检察机关综合全案情况，结合案件其他证据，采信其中一份鉴定意见的理由。必要时，可以申请鉴定人、有专门知识的人出庭。控辩双方仍存在重大分歧，且辩护方质疑有合理依据，对案件有实质性影响的，可以建议法庭休庭或者延期审理。

第五十五条 辩护方质疑勘验、检查、搜查笔录的，公诉人可以从勘验、检查、搜查系依法进行，笔录的制作符合法律规定，勘验、检查、搜查人员和见证人有签名或者盖章等方面，有针对性地予以答辩。

第五十六条 辩护方质疑辨认笔录的，公诉人可以从辨认的过程、方法，以及辨认笔录的制作符合有关规定等方面，有针对性地予以答辩。

第五十七条 辩护方质疑侦查实验笔录的，公诉人可以从侦查实验的审批、过程、方法、法律依据、技术规范或者标准、侦查实验的环境条件与原案接近程度、结论的科学性等方面，有针对性地予以答辩。

第五十八条 辩护方质疑视听资料的，公诉人可以从此类证据具有不可增添性、真实性强，内容连续完整，所反映的行为人的言语动作连贯自然，提取、复制、制作过程合法，内容与案件事实关联程度等方面，有针对性地予以答辩。

第五十九条 辩护方质疑电子数据的，公诉人可以从此类证据提取、复制、制作过程、内容与案件事实关联程度等方面，有针对性地予以答辩。

第六十条 辩护方质疑采取技术侦查措施获取的证据材料合法性的，公诉人可以通过说明采取技术侦查措施的法律规定、出示批准采取技术侦查措施的法律文书等方式，有针对性地予以答辩。

第六十一条 辩护方在庭前提出排除非法证据申请，经审查被驳回后，在庭审中再次提出排除申请的，或者辩护方撤回申请后再次对有关证据提出排除申请的，公诉人应当审查辩护方是否提出新的线索或者材料。没有新的线索或者材料表明可能存在非法取证的，公诉人可以建议法庭予以驳回。

第六十二条 辩护人仅采用部分证据或者证据的部分内容，对证据证明的事项发表不同意见的，公诉人可以立足证据认定的全面性、同一性原则，综合全案证据予以答辩。必要时，可以扼要概述已经法庭质证过的其他证据，用以反驳辩护方的质疑。

第六十三条 对单个证据质证的同时，公诉人可以简单点明该证据与其他证据的印证情况，以及在整个证据链条中的作用，通过边质证边论证的方式，使案件事实逐渐清晰，减轻辩论环节综合分析论证的任务。

第三节　对辩护方证据的质证

第六十四条 公诉人应当认真审查辩护方向法庭提交的证据。对于开庭五日前未提交给法庭的，可以当庭指出，并根据情况，决定是否要求查阅该证据或者建议休庭；属于下列情况的，可以提请法庭不予采信：

（一）不符合证据的真实性、关联性、合法性要求的证据；

（二）辩护人提供的证据明显有悖常理的；

（三）其他需要提请法庭不予采信的情况。

对辩护方提出的无罪证据，公诉人应当本着实事求是、客观公正的原则进行质证。对于与案件事实不符的证据，公诉人应当针对辩护方证据的真实性、关联性、合法性提出质疑，否定证据的证明力。

对被告人的定罪、量刑有重大影响的证据，当庭难以判断的，公诉人可以建议法庭休庭或者延期审理。

第六十五条 对辩护方提请出庭的证人，公诉人可以从以下方面进行质证：

（一）证人与案件当事人、案件处理结果有无利害关系；

（二）证人的年龄、认知、记忆和表达能力、生理和精神状态是否影响作证；

（三）证言的内容及其来源；

（四）证言的内容是否为证人直接感知，证人感知案件事实时的环境、条件和精神状态；

（五）证人作证是否受到外界的干扰或者影响；

（六）证人与案件事实的关系；

（七）证言前后是否矛盾；

（八）证言之间以及与其他证据之间能否相互印证，有无矛盾。

第六十六条 辩护方证人未出庭的，公诉人认为其证言对案件的定罪量刑有重大影响的，可以提请法庭通知其出庭。

对辩护方证人不出庭的，公诉人可以从取证主体合法性、取证是否征得证人同意、是否告知证人权利义务、询问未成年人时其法定代理人或者有关人员是否到场、是否单独询问证人等方面质证。质证中可以将证言与已经出示的证据材料进行对比分析，发现并反驳前后矛盾且不能作出合理解释的证人证言。证人证言前后矛盾或者与案件事实无关的，应当提请法庭注意。

第六十七条 对辩护方出示的鉴定意见和提请出庭的鉴定人，公诉人可以从以下方面进行质证：

（一）鉴定机构和鉴定人是否具有法定资质；

（二）鉴定人是否存在应当回避的情形；

（三）检材的来源、取得、保管、送检是否符合法律和有关规定，与相关提取笔录、扣押物品清单等记载的内容是否相符，检材是否充足、可靠；

（四）鉴定意见的形式要件是否完备，是否注明提起鉴定的事由、鉴定委托人、鉴定机构、鉴定要求、鉴定过程、鉴定方法、鉴定日期等相关内容，是否由鉴定机构加盖司法鉴定专用章并由鉴定人签名、盖章；

（五）鉴定程序是否符合法律和有关规定；

（六）鉴定的过程和方法是否符合相关专业的规范要求；

（七）鉴定意见是否明确；

（八）鉴定意见与案件待证事实有无关联；

（九）鉴定意见与勘验、检查笔录及相关照片等其他证据是否矛盾；

（十）鉴定意见是否依法及时告知相关人员，当事人对鉴定意见有无异议。

必要时，公诉人可以申请法庭通知有专门知识的人出庭，对辩护方出示的鉴定意见进行必要的解释说明。

第六十八条 对辩护方出示的物证、书证，公诉人可以从以下方面进行质证：

（一）物证、书证是否为原物、原件；

（二）物证的照片、录像、复制品，是否与原物核对无误；

（三）书证的副本、复制件，是否与原件核对无误；

（四）物证、书证的收集程序、方式是否符合法律和有关规定；

（五）物证、书证在收集、保管、鉴定过程中是否受损或者改变；

（六）物证、书证与案件事实有无关联。

第六十九条 对辩护方出示的视听资料，公诉人可以从以下方面进行质证：

（一）收集过程是否合法，来源及制作目的是否清楚；

（二）是否为原件，是复制件的，是否有复制说明；

（三）制作过程中是否存在威胁、引诱当事人等违反法律、相关规定的情形；

（四）内容和制作过程是否真实，有无剪辑、增加、删改等情形；

（五）内容与案件事实有无关联。

第七十条 对辩护方出示的电子数据，公诉人可以从以下方面进行质证：

（一）是否随原始存储介质移送，在原始存储介质无法封存、不便移动等情形时，是否有提取、复制过程的说明；

（二）收集程序、方式是否符合法律及有关技术规范；

（三）电子数据内容是否真实，有无删除、修改、增加等情形；

（四）电子数据制作过程中是否受到暴力胁迫或者引诱因素的影响；

（五）电子数据与案件事实有无关联。

第七十一条 对于因专门性问题不能对有关证据发表质证意见的，

可以建议休庭，向有专门知识的人咨询意见。必要时，可以建议延期审理，进行鉴定或者重新鉴定。

第四节　法庭对质

第七十二条　控辩双方针对同一事实出示的证据出现矛盾的，公诉人可以提请法庭通知相关人员到庭对质。

第七十三条　被告人、证人对同一事实的陈述存在矛盾需要对质的，公诉人可以建议法庭传唤有关被告人、证人同时到庭对质。

各被告人之间对同一事实的供述存在矛盾需要对质的，公诉人可以在被告人全部陈述完毕后，建议法庭当庭进行对质。

第七十四条　辩护方质疑物证、书证、鉴定意见、勘验、检查、搜查、辨认、侦查实验等笔录、视听资料、电子数据的，必要时，公诉人可以提请法庭通知鉴定人、有专门知识的人、侦查人员、见证人等出庭。

辩护方质疑采取技术侦查措施获取的证据材料合法性的，必要时，公诉人可以建议法庭采取不暴露有关人员身份、不公开技术侦查措施和方法等保护措施，在庭外对证据进行核实，并要求在场人员履行保密义务。

对辩护方出示的鉴定意见等技术性证据和提请出庭的鉴定人，必要时，公诉人可以提请法庭通知有专门知识的人出庭，与辩护方提请出庭的鉴定人对质。

第七十五条　在对质过程中，公诉人应当重点就证据之间的矛盾点进行发问，并适时运用其他证据指出不真实、不客观、有矛盾的证据材料。

第五章　附　则

第七十六条　本指引主要适用于人民检察院派员出庭支持公诉的第一审非速裁程序案件。对于派员出席第二审、再审案件法庭的举证、质证工作，可以参考本指引。

第七十七条　本指引自印发之日起施行。

最高人民检察院关于加强出庭公诉工作的意见（节录）

（高检发诉字〔2015〕5号）

三、强化当庭指控证实犯罪和庭外监督工作

7. 强化当庭讯问。法庭讯问要讲究章法，合理选择运用解释性讯问、追问等方式，做到层次分明、重点突出、有的放矢。讯问被告人应把握主动，从容应对，确保当庭指控犯罪全面、准确、有力。对被告人的合理辩解认真予以对待，对被告人当庭不实供述予以揭露，对庭前的有罪供述予以固定。

8. 强化当庭询问。公诉人询问出庭作证的证人，可以要求证人连贯陈述，也可以直接发问。发问应简洁清楚，重点围绕与定罪量刑紧密相关的事实以及证言中有遗漏、矛盾、模糊不清和有争议的内容进行。当事人和辩护人、诉讼代理人对证人发问后，公诉人可以根据证人回答的情况，向法庭申请再次对证人发问。发现辩护人对证人有提示性、诱导性发问的，公诉人要及时提请合议庭予以制止。

9. 强化当庭示证。公诉人出示证据应以证明公诉主张为目的，善于根据案件的不同种类、特点和庭审实际情况，围绕犯罪构成要件和争议焦点，合理安排和调整示证顺序，做到详略得当，要点突出。根据案件的具体情况和证据状况，结合被告人的认罪态度，示证可以采用分组示证或逐一示证的方式。

10. 强化当庭质证。公诉人质证要目的明确、逻辑清晰，紧紧围绕案件事实和证据的客观性、关联性、合法性进行。熟练掌握各类证据的质证方法和质证策略，熟悉言词证据和实物证据的特点差异，善于从不同角度区别质证，保证质证效果。善于根据庭审变化动向，掌握质证主动性，提高质证的针对性和有效性。

11. 强化证据合法性的证明。对被告人或辩护人当庭提出被告人庭前供述系非法取得，法庭决定进行调查时，公诉人可以根据讯问笔录、羁押记录、出入看守所的健康检查记录、看守管教人员的谈话记录以及侦查机关对讯问过程合法性的说明等，对庭前讯问被告人的合法性进行证明。必要时，可以要求法庭播放讯问录音、录像，申请法庭通知侦查人员或者其他人员出庭说明情况。审判人员认为可能存在以非法方法收集其他证据的情形需要进行法庭调查的，公诉人可以参照上述方法对证据收集的合法性进行证明。

12. 强化发表公诉意见和庭审辩论工作。公诉人要善于围绕控辩双方在事实、证据、法律适用和量刑方面的分歧焦点，运用事实证据、法律规定和刑事政策，客观公正地发表公诉意见。善于把控辩论方向，围绕辩护意见有针对性地答辩，对于起诉书、公诉意见中已详细阐明过的观点，与案件无关的细枝末节，控辩双方没有原则分歧的一般问题，无需正面答辩。针对不同案情和被告人的认罪态度，合理选择主动出击或后发制胜的辩论策略。善于根据庭审实际情况灵活应变，及时针对被告人辩解、辩护人辩护观点提出答辩意见。

13. 强化庭审突发情况应对处置。对当事人或辩护人在庭审中的妨害诉讼等不当行为，及时建议法庭予以处理。对于庭审中被告人翻供、证人翻证、证据突袭、当庭查明的事实与起诉书认定事实不一致或量刑建议需要调整等突发情况，应当根据庭审预案及时应对。遇有庭前未能预料且无法当时处理的，应当建议法庭延期审理，并区别不同情况依照有关规定及时处理。

14. 加强庭上法治宣传教育。公诉人要结合案件事实和庭审情况开展法治宣传教育，善于运用语言技巧，注意运用群众语言，加强释法说理，普及法律常识，剖析犯罪原因，阐述警示意义，促使被告人认罪悔罪，激发法庭和旁听人员共鸣，提升庭审综合效果。

15. 强化刑事审判监督。公诉人出席法庭，应当增强法律监督意识，发现法庭审判违反法律规定的诉讼程序，应当记录在案并在休庭后及时向检察长报告；对违反程序的庭审活动提出纠正意见，由人民检察院在庭审后提出。

16. 强化现代科技手段运用。善于运用信息化和科技手段提高出庭质量和效果。公诉人在庭审中要灵活运用多媒体技术、现代通讯技术以及相关科技手段进行示证，增强出庭举证效果。探索运用信息化手段开展简易程序案件远程视频出庭，对未成年人被害人、证人出庭作证的，采取不暴露外貌、真实声音等保护措施。加强重大敏感复杂案件远程出庭指挥，及时解决庭审中遇到的突发情况，确保庭审效果。

17. 强化团队出庭公诉协作。对重大疑难复杂案件等需要多个公诉人出庭的案件，要加强出庭工作的组织协调和指挥，出庭公诉人要增强团队协作意识，合理分工，密切配合，形成指控合力。

18. 强化理性平和文明规范出庭理念。公诉人出席法庭，应着装整洁，仪表端庄得体，用语规范准确。坚持有理、有力、有节，与辩护人理性平和抗辩，做到“对抗而不对立、交锋而不交恶”。注重出庭语言法理性、逻辑性和艺术性的结合，善于通过语言的感染力和说服力，增强社会公众的认同感，树立和展现公诉人客观公正和可亲可信可敬的良好司法形象。

……

公诉人出席特别程序法庭，检察员出席二审、再审法庭，参照本意见执行。

最高人民检察院公诉人出庭行为规范（试行）

（高检诉发〔2004〕107号）

为规范公诉人出庭支持公诉行为，树立国家公诉人良好形象，保障公诉人正确履行出庭支持公诉职责，根据《中华人民共和国刑事诉讼法》《人民检察院组织法》《人民检察院刑事诉讼规则》和其他有关规定，结合公诉工作实践，制定本规范。

第一章　通　则

第一条　公诉人出席法庭的职责，是代表国家指控、揭露和证实犯罪，对审判活动是否合法进行监督，维护诉讼参与人的合法权利，同时结合案情进行法制宣传和教育。

第二条　公诉人出庭支持公诉，应当严格依据《中华人民共和国刑事诉讼法》《中华人民共和国刑法》《人民检察院刑事诉讼规则》和其他有关规定，正确履行公诉职责。

第三条　公诉人出庭支持公诉，应当客观、全面、公正地向法庭提供证明被告人有罪、罪重或者罪轻的证据。

第四条　公诉人出庭支持公诉，除在少数民族聚居或者多民族杂居的地区使用当地通用的语言外，应当使用普通话。发言时应做到用语规范，语速适中，吐字清晰，声音洪亮。

第二章　庭前准备

第五条　公诉人在出庭前应进一步熟悉案情，研究与本案有关的法律政策问题以及审判中可能涉及的专业知识，认真做好出庭预案，熟悉讯问、询问、举证、质证和答辩提纲。

第六条　公诉人出庭支持公诉应备齐出庭所需的案件卷宗、出庭预案及相关法律法规文件和示证所需的设备。

第七条 公诉人出庭支持公诉应当按照最高人民检察院《关于人民检察服装管理规定（试行）》中的规范要求着装，佩戴胸徽和制式领带。做到仪表整洁，举止得体，并遵守下列规定：

（一）不得挽袖子、卷裤腿、穿拖鞋；

（二）不得染彩发、化浓妆、涂彩色指甲；

（三）不得戴耳环、佩项链及其他饰物，男同志不得留长发、剃光头、蓄胡须；

（四）不得佩带除检察胸徽以外的徽章；

（五）不得有其他与公诉人形象不符的服饰、发型和举止。

第三章 出席法庭

（一）一般规定

第八条 公诉人出席法庭应携带按照最高人民检察院规定统一制发的出庭文件夹。法庭书记员宣布“请公诉人入庭”后，公诉人应手持出庭文件夹精神饱满步入法庭，并向旁听席露出文件夹上的检察徽章。多名公诉人出庭的，应按顺序进入法庭，第一公诉人坐在靠近审判席的一侧。如案件材料较多，可将有关材料先行放到公诉席上。

第九条 公诉人出庭支持公诉应当尊重审判人员，尊重审判长依法进行的诉讼指挥，遵守法庭纪律，维护诉讼参与人的合法权益。不得随意离开法庭。确实需要离开法庭的，应当经审判长同意或提请法庭休庭。

第十条 公诉人出庭支持公诉，对合议庭组成人员应当分别称“审判长”“审判员”“人民陪审员”或统称“合议庭”。向法庭提出要求时应当称“审判长”；当某阶段活动完毕或发表公诉意见时应当称“审判长、审判员（人民陪审员）”。

多名被告人聘请辩护人的，应当称“被告人 ××× 的辩护人”，一名被告人聘请两名辩护人的，应当称“被告人 ××× 的第一辩护人”“被告人 ××× 的第二辩护人”。

在讯问中，对被告人应当称“被告人 ×××”，也可以根据具体情况称“你”。

公诉人作上述称呼时，应当正视上述人员。

公诉人可以自称为“公诉人”或者“本公诉人”。

第十一条 公诉人出庭支持公诉发现法庭审理案件严重违反法律规定的诉讼程序或严重侵犯诉讼参与人合法权益，影响案件公正审理的，应当在庭后及时向本院检察长报告，并根据需要提出意见。但是如不当庭指出可能严重影响公正审判或者可能造成难以弥补损失的，公诉人可以当庭指出并于庭后及时向本院检察长报告。

（二）法庭调查

第十二条 公诉人宣读起诉书时，应保持姿势端正。宣读起诉书应从“××× 人民检察院起诉书”开始至“检察员 ×××”结束。宣读完毕后，应面向审判长告知：“审判长，起诉书宣读完毕。”

第十三条 讯问被告人，应首先告知其应当如实回答讯问。询问被害人应当告知其应当如实陈述和有意作虚假陈述要承担的法律责任。讯问共同犯罪案件的被告人，询问证人、鉴定人，应当分别进行。必要时可以建议法庭传唤有关被告人、证人同时到庭对质。

第十四条 公诉人应当根据讯问或询问提纲以及被告人、被害人、证人、鉴定人的当庭供述或陈述，按照有利于指控犯罪的原则及时调整讯问或询问内容。

第十五条 公诉人当庭讯问被告人应遵守下列要求：

（一）应在起诉书指控的范围内，围绕对被告人的定罪和量刑进行讯问；

（二）应具有针对性，目的明确，有利于公正审判；

（三）同一事实，一般不应重复讯问，但确需强调的除外；

（四）不得使用有损人格或带有人身攻击性的语言进行讯问；

（五）不得采取威胁、诱导等不正当方式进行讯问。

第十六条 被告人在庭审中的供述与其在侦查、审查起诉阶段供述不一致，足以影响对被告人定罪量刑的，公诉人应结合被告人庭审前的供述，对不一致的内容有针对性地进行讯问，也可以在示证阶段宣读或出示被告人在庭审前的供述或提出其他证据予以证明。

第十七条 在法庭调查阶段，遇有下列情况，公诉人应根据情况自己或提请审判长制止，或者建议休庭：

（一）被告人的供述与案件无关或答非所问的；

（二）被告人使用污言秽语，或者攻击国家机关、社会团体或其他公民的；

（三）辩护人或者诉讼代理人采取威胁、诱导等不正当方式进行提问的；

（四）辩护人或者诉讼代理人的提问与案件无关的；

（五）被告人的供述或者辩护人、诉讼代理人的发言可能泄露与案件无关的国家机密的；

（六）辩护人越权为同案其他被告人辩护的，但该辩护有利于从轻、减轻或免除自己当事人刑罚的除外。

公诉人提请审判长制止的方式可以是："反对。审判长，刚才……（例：辩护人向被告人提问是诱导性的。）"或："审判长……（例：被告人当庭使用污言秽语，有损法庭庄严的形象，应予制止。）"

第十八条 讯问暂时告一段落时，公诉人应向审判长说明："审判长，对被告人 ××× 的讯问暂时到此。"

第十九条 法庭调查过程中，如果需要继续对被告人讯问的，应当向审判长申请："审判长，公诉人需要补充讯问被告人 ×××。"得到准许后再讯问。前述申请不得打断辩护人、诉讼代理人正在进行的提问。

第二十条 公诉人举证、质证、答辩时应参考举证及质证提纲，并根据庭审情况及时调整。

第二十一条 公诉人应当根据庭审情况合理安排举证顺序，遵循一事一证、证明同一事项的证据同组出示的原则，做到条理清楚、层次分明。一般应先出示定罪证据，后出示量刑证据，先出示主要证据，后出示次要证据。特殊情况下，公诉人可以按照有利于指控犯罪的原则排列举证顺序。

第二十二条 公诉人要求证人、鉴定人出庭作证或要求搜查、勘验、检查等活动的见证人或负责侦查的人员出庭说明有关情况的，应说明将要证明的内容，提请合议庭传唤或通知。

第二十三条 公诉人当庭询问被害人、证人、鉴定人及搜查、勘验、检查等活动的见证人或负责侦查的人员，适用本规范第十五条关于讯问被告人的规定。

第二十四条 被害人、证人、鉴定人当庭作虚假陈述，足以影响对被告人定罪量刑的，公诉人可以宣读其在侦查、审查起诉阶段所作的陈述或证言笔录，并结合具体案情有针对性地进行询问，或在举证、质证时出示其他证据予以证明。

第二十五条 公诉人举证，应遵循下列要求：

（一）出示、宣读、播放每一份（组）证据前，公诉人应先就该证据的来源、特征及所要证明的内容向法庭作概括说明，书证、物证宣读或出示完毕后，应提请法庭交由法警让当事人、证人辨认。

（二）未到庭被害人、证人的证言笔录、陈述笔录公诉人可以直接宣读。鉴定结论、勘验笔录、检查笔录由鉴定人、勘验人、检查人自己宣读，未到庭鉴定人、勘验人、检查人的鉴定结论、勘验笔录、检查笔录公诉人可以直接宣读。

（三）每出示、宣读或播放一份（组）证据后，应说明“×××证据出示、宣读或播放完毕”。也可以根据案情在证据全部出示完毕后再向法庭说明。

（四）出示、宣读、播放每一份（组）证据时，可以全部出示，也可以摘要出示，但不得作扭曲原意的删减、概括。

（五）出示的证据一般应当为证据的原件或原物，原物不易搬运、不易保存或已返还被害人时可以出示反映原物外形或内容的照片、录像。获取书证原件有困难时可以出示书证副本或复制件。

（六）使用多媒体示证的，公诉人应向法庭简要说明该示证方式。

第二十六条 公诉人可以根据庭审需要，出示开庭前送交人民法院的证据目录以外的证据，但应说明理由及证明事项。

第二十七条 所有证据出示完毕后，公诉人应向审判长说明：“审判长，本案的有关证据现已全部出示完毕，以上证据确实、充分，足以证明起诉书指控的犯罪事实和情节，请合议庭依法采信。”

第二十八条 对于被告人、辩护人向合议庭提交的证据，公诉人应认真审查。认为该证据不具备证据的合法性、客观性或关联性的，应当及时向法庭提出。

前述证据如果对被告人的定罪、量刑有重大影响，当庭难以准确判断，符合延期审理条件的，公诉人应当提请法庭延期审理。

（三）法庭辩论

第二十九条 公诉人发表公诉意见，应参考出庭预案，结合庭审情况及时予以调整和完善。

（一）根据法庭调查的情况，概述法庭质证情况、各证据的证明作用，并运用各证据之间的逻辑关系说明被告人的犯罪事实已经得到充分证明。

（二）根据被告人的犯罪事实，论证应适用的法律条款并提出定罪及从重、从轻、减轻处罚等意见。

（三）根据法庭情况，在揭露被告人犯罪行为社会危害性的基础上，作必要的法律宣传教育工作。

第三十条 公诉人发表公诉意见，可以根据情况提出量刑建议。

第三十一条 公诉意见发表完毕，公诉人应告知审判长："审判长，公诉意见发表完毕。"

第三十二条 辩护人发表辩护意见后，公诉人应根据庭前准备的答辩提纲，结合庭审变化情况进行适当调整，有针对性地答辩。答辩应当重点突出，条理清晰，说理充分，论证严谨。

第三十三条 对控辩双方争议的焦点问题，公诉人必须答辩。答辩前应先向审判长表明坚持公诉意见的态度，同时表明将针对被告人或辩护人的辩护观点，作出答辩。

第三十四条 公诉意见已经阐明，但被告人（或其辩护人）仍重复公诉人已经答辩过的意见时，公诉人应向法庭说明："审判长，被告人（或其辩护人）所提意见，公诉人已在上一轮的论辩中作出答辩，鉴于被告人（或其辩护人）没有提出新的意见，公诉人不作重复答辩。"

第三十五条 对于控辩双方认识基本一致，或被告人及其辩护人提出的意见不影响对被告人定罪量刑或者与案件无关时，公诉人可以不辩论或者只做简单说明。

第三十六条 被害人及其代理人的意见与公诉意见不一致的，公诉人应参照前述规范进行答辩。

第三十七条 法庭辩论阶段，公诉人认为需要恢复法庭调查的，应当向法庭提出申请。

第三十八条 法庭辩论阶段，公诉人还有新的答辩意见，而审判长未征求公诉人意见即结束法庭辩论时，公诉人应向审判长提出："审判长，公诉人的答辩意见还没有发表完毕，请恢复法庭辩论或者允许公诉人补充进行答辩。"

（四）延期审理及宣判

第三十九条 在法庭审理过程中，遇有《中华人民共和国刑事诉讼法》第 165 条、《人民检察院刑事诉讼规则》第 348 条规定的情况，公诉人应当要求法庭延期审理："审判长，鉴于……情况，根据《中华人民共和国刑事诉讼法》第 165 条的规定，特提请法庭延期审理。"

第四十条 宣告判决时，公诉人和书记员应当按照法庭要求起立。

第四十一条 宣告判决后，公诉人一般不发表意见，如果审判长征求公诉人意见，公诉人可以回答："审判长，根据刑事诉讼法第 183 条规定，本院将依法对本案的判决进行审查，如有意见，将由本院在法定期限内正式提出。"

第四章 附 则

第四十二条 本规范适用于检察人员出庭支持公诉的一审普通程序公开审理的案件。对于人民法院按照简易程序、被告人认罪案件简化程序、二审程序公开审理或不公开审理的案件，可以参照适用本规范。

第四十三条 本规范由最高人民检察院公诉厅负责解释。

第四十四条 本规范自发布之日起试行。

最高人民检察院关于指派、聘请有专门知识的人参与办案若干问题的规定（试行）（节录）

（高检发释字〔2018〕1号）

第一条 为了规范和促进人民检察院指派、聘请有专门知识的人参与办案，根据《中华人民共和国刑事诉讼法》《中华人民共和国民事诉讼法》《中华人民共和国行政诉讼法》等法律规定，结合检察工作实际，制定本规定。

第二条 本规定所称“有专门知识的人”，是指运用专门知识参与人民检察院的办案活动，协助解决专门性问题或者提出意见的人，但不包括以鉴定人身份参与办案的人。①

本规定所称“专门知识”，是指特定领域内的人员理解和掌握的、具有专业技术性的认识和经验等。②

---

① 最高人民检察院相关起草人指出：“有专门知识的人”的概念有广义和狭义之分。诉讼中凭借专门知识解决专门性问题的人，均为广义上的“有专门知识的人”。调研表明，检察机关指派、聘请有专门知识的人参与办案存在两种情况：一是协助检察官办案，其工作具有纯粹的辅助性质；二是进行检验、出庭提出意见，其工作相对独立。根据《刑事诉讼法》第146条规定，有专门知识的人还包括鉴定人。鉴于我国已经构建了比较完备的鉴定制度来规范鉴定人，为了避免混乱，《规定》第2条明确其所称“有专门知识的人”，是指运用专门知识参与检察机关的办案活动，协助解决专门性问题或者提出意见的人，但不包括以鉴定人身份参与办案的人。理解该但书时需要注意：（1）这不是排除有鉴定资格的人员。在满足相应条件时，有鉴定资格的人员可作为有专门知识的人参与办案。（2）这也不是禁止有专门知识的人参与鉴定。《规定》允许有专门知识的人在符合有关要求时，为鉴定工作提供特别帮助。（3）这仅是排除那些运用专门知识来解决专门性问题的人以鉴定人身份参与办案的情形，如作为鉴定人进行鉴定或者出庭作证。针对有专门知识的人参与办案的工作性质和范围，《规定》全文采用的用语为“专门性问题”，与现行刑事诉讼法所使用的“专门性问题”的表述保持一致。

② 从内容上看，专门知识涵盖自然科学和社会科学领域，通常不包含我国法律知识，但包括外国法查明等涉及外国法的知识。同时，为防挂一漏万，《规定》没有列举专门知识所涉及的典型领域。从检察办案实际看，专门知识包括但不限于法医、物证、声像资料、电子数据、心理测试、司法会计以及生态环境、资源保护、食品药品安全、国有财产保护、国有土地使用权出让和其他专业技术领域等。

第三条　人民检察院可以指派、聘请有鉴定资格的人员，或者经本院审查具备专业能力的其他人员，作为有专门知识的人参与办案。

有下列情形之一的人员，不得作为有专门知识的人参与办案：

（一）因违反职业道德，被主管部门注销鉴定资格、撤销鉴定人登记，或者吊销其他执业资格、近三年以内被处以停止执业处罚的；

（二）无民事行为能力或者限制民事行为能力的；

（三）近三年以内违反本规定第十八条至第二十一条规定的；

（四）以办案人员等身份参与过本案办理工作的；

（五）不宜作为有专门知识的人参与办案的其他情形。

第四条　人民检察院聘请检察机关以外的人员作为有专门知识的人参与办案，应当核实其有效身份证件和能够证明符合本规定第三条第一款要求的材料。

第五条　具备条件的人民检察院可以明确专门部门，负责建立有专门知识的人推荐名单库。

第六条　有专门知识的人的回避，适用《中华人民共和国刑事诉讼法》《中华人民共和国民事诉讼法》《中华人民共和国行政诉讼法》等法律规定中有关鉴定人回避的规定。

第十条　刑事案件法庭审理中，人民检察院可以申请人民法院通知有专门知识的人出庭，就鉴定人作出的鉴定意见提出意见。

第十一条　刑事案件法庭审理中，公诉人出示、播放、演示涉及专门性问题的证据材料需要协助的，人民检察院可以指派、聘请有专门知识的人进行操作。

第十二条　人民检察院在对公益诉讼案件决定立案和调查收集证据时，就涉及专门性问题的证据材料或者专业问题，可以指派、聘请有专门知识的人协助开展下列工作：

（一）对专业问题进行回答、解释、说明；

（二）对涉案专门性问题进行评估、审计；

（三）对涉及复杂、疑难、特殊技术问题的鉴定事项提出意见；

（四）在检察官的主持下勘验物证或者现场；

（五）对行政执法卷宗材料中涉及专门性问题的证据材料进行审查；

（六）其他必要的工作。

第十三条 公益诉讼案件法庭审理中，人民检察院可以申请人民法院通知有专门知识的人出庭，就鉴定人作出的鉴定意见或者专业问题提出意见。

第十六条 人民检察院依法保障接受指派、聘请参与办案的有专门知识的人及其近亲属的安全。

对有专门知识的人及其近亲属进行威胁、侮辱、殴打、打击报复等，构成违法犯罪的，人民检察院应当移送公安机关处理；情节轻微的，予以批评教育、训诫。

第十七条 有专门知识的人因参与办案而支出的交通、住宿、就餐等费用，由人民检察院承担。对于聘请的有专门知识的人，应当给予适当报酬。

上述费用从人民检察院办案业务经费中列支。

第十八条 有专门知识的人参与办案，应当遵守法律规定，遵循技术标准和规范，恪守职业道德，坚持客观公正原则。

第十九条 有专门知识的人应当保守参与办案中所知悉的国家秘密、商业秘密、个人隐私以及其他不宜公开的内容。

第二十条 有专门知识的人应当妥善保管、使用并及时退还参与办案中所接触的证据等案卷材料。

第二十一条 有专门知识的人不得在同一案件中同时接受刑事诉讼当事人、辩护人、诉讼代理人，民事、行政诉讼对方当事人、诉讼代理人，或者人民法院的委托。

第二十二条 有专门知识的人违反本规定第十八条至第二十一条的规定，出现重大过错，影响正常办案的，人民检察院应当停止其作为有专门知识的人参与办案，并从推荐名单库中除名。必要时，可以建议其所在单位或者有关部门给予行政处分或者其他处分。构成违法犯罪的，依法追究行政责任或者刑事责任。

第二十三条 各省、自治区、直辖市人民检察院可以依照本规定，结合本地实际，制定具体实施办法，并报最高人民检察院备案。

第二十四条 本规定由最高人民检察院负责解释。

第二十五条 本规定自公布之日起试行。

浙江省高级人民法院、浙江省人民检察院、浙江省公安厅、浙江省司法厅、浙江省财政厅关于刑事案件证人、鉴定人及有专门知识的人出庭规定（试行）

（浙高法〔2017〕199号）

为推进以审判为中心的刑事诉讼制度改革，全面落实庭审实质化，准确查明案件事实，确保办案质量，规范证人、鉴定人及有专门知识的人出庭活动，根据《中华人民共和国刑事诉讼法》及相关司法解释等规定，结合本省审判实际，制定本规定。

第一条　证人、鉴定人出庭作证，应符合刑事诉讼法第六十条、第一百八十七条的规定。

有专门知识的人出庭协助质证，以及被害人不作为附带民事诉讼原告人而仅出庭证明案件事实的，适用本规定。

第二条　具有下列情形之一，检察人员、当事人或辩护人、诉讼代理人对证人证言、被害人陈述、鉴定意见、检验报告有异议，且该证人证言、被害人陈述、鉴定意见、检验报告对案件定罪量刑有重大影响，法庭认为有必要出庭作证的，证人、被害人、鉴定人应当出庭作证：

（一）证人证言、被害人陈述前后存在较大矛盾，证人、被害人未能作出合理解释的；

（二）证人证言、被害人陈述与在案其他证据存在难以排除的较大矛盾的；

（三）被告人、辩护人提供可能证明被告人无罪的证人，侦查机关、检察机关虽收到申请但均未向其取证，且被告人、辩护人能说明该证人证明的事实及相关理由，并提供具体联系方式的；

（四）同一事项存在多份鉴定意见、检验报告，且鉴定意见、检验报告之间内容差异较大的；

（五）对鉴定意见或检验报告中检材的可鉴定条件、鉴定依据、论证分析过程有较大争议的；

（六）对鉴定或检验程序的合法性提出异议的；

（七）被害人愿意出庭作证的；

（八）法庭认为有必要出庭作证的其他情形。

第三条 控辩双方可以申请法庭通知有专门知识的人出庭，协助本方就鉴定意见、检验报告进行质证。

申请有专门知识的人出庭，应提供人员名单，并附有能够证明其具有相关专门知识的证明材料，人数不得超过二人。鉴定意见有多种的，可以相应增加人数。

法庭收到对有专门知识的人的出庭申请后，应当就其出庭的必要性和是否具有专门知识进行审查，并在三日内决定是否同意出庭。法庭认为确有必要出庭且确有专门知识的，应当通知有专门知识的人出庭。

第四条 有专门知识的人出庭的，出庭前可以查阅相关鉴定意见、检验报告或其他涉及案件专门性问题的案卷材料。

有专门知识的人经法庭许可，可以询问当事人、鉴定人以及其他诉讼参与人，可以就鉴定意见、检验报告等专门性问题进行说明和提出意见。

第五条 有专门知识的人出庭时，应如实回答法庭及其他诉讼参与人的询问，独立、客观地陈述对案件专门性问题的意见，并保守诉讼中知悉的国家秘密、商业秘密和个人隐私。

第六条 控辩双方申请通知证人出庭作证的，应当在收到开庭通知之日起三个工作日内，向法庭提交证人出庭申请书，载明证人的姓名、联系方式等具体信息以及申请理由、待证事实等内容；申请未成年人出庭作证的，还应当提供其法定代理人的姓名及联系方式；申请聋哑人或者不通晓汉语的人员出庭作证的，应明确注明并申请人民法院为其提供翻译。

人民法院可根据案件审理需要，要求申请人补充有关材料。

法庭收到上述申请后，就证人、鉴定人出庭的必要性进行审查，决定是否通知其出庭作证。

第七条 人民法院依法通知证人、鉴定人、有专门知识的人出庭的，应于开庭三个工作日以前向其送达出庭通知书及诉讼权利义务告知书。出庭通知书应载明开庭的时间、地点、案由等信息。诉讼权利义务告知书应载明上述人员的权利义务，拒不出庭或出庭后拒不作证的法律后果。

人民法院通知未成年人出庭的，应当同时通知其法定代理人或者合适成年人到庭。

第八条 经人民法院通知，证人没有正当理由不出庭作证的，人民法院可以强制其到庭，但是被告人的配偶、父母、子女除外。

强制证人到庭的，应当由院长签发强制证人出庭令，强制措施由法警执行。必要时，可以商请公安机关协助执行。

第九条 证人没有正当理由拒绝出庭或者出庭后拒绝作证的，予以训诫，情节严重的，经院长批准，处以十日以下拘留。被处罚人对拘留决定不服的，可以向上一级人民法院申请复议。复议期间不停止执行。

第十条 证人确因身患严重疾病等正当理由无法按时出庭作证的，法庭可以准许其不出庭作证，或者视情推迟开庭时间。

法庭应当将证人无法出庭或推迟开庭的情况告知申请人。

第十一条 因身患严重疾病、行动极为不便等客观原因确实不能出庭的证人、被害人、鉴定人，可以通过视频等方式远程作证，相关视频内容应当录制后存入案卷。

法庭决定采用视频方式作证的，应当告知申请人。

第十二条 鉴定人有正当理由不能出庭的，法庭可以根据情况决定延期审理。

法庭应当将鉴定人不能出庭或推迟开庭的情况告知申请人。

第十三条 证人无正当理由不出庭作证，其庭前证言的真实性无法确认的，不得作为定案的依据。

证人当庭作出的证言与其庭前证言矛盾，证人能够作出合理解释，并与相关证据印证的，应当采信其庭审证言；不能作出合理解释，而其庭前证言与相关证据印证的，可以采信其庭前证言。

第十四条 经人民法院通知，鉴定人拒不出庭作证的，鉴定意见不得作为定案的依据。

有专门知识的人当庭对鉴定意见提出质疑，鉴定人能够作出合理解释，并与相关证据印证的，可以采信鉴定意见；不能作出合理解释，无法确认鉴定意见可靠性的，有关鉴定意见不能作为定案的依据。

第十五条 证人到达法院后，书记员或者法官助理应当在开庭前核实其身份。身份确认无误的，带至法庭指定的地点。

证人等待作证期间，应有法院人员陪同。同一案件有多名证人出庭的，各证人之间不得进行交流。

第十六条 未成年人出庭作证时，其法定代理人或合适成年人应当在场。

聋、哑人出庭作证时，法庭应为其聘请通晓聋、哑手势的人员为其翻译；不通晓汉语的证人出庭时，法庭应当为其聘请翻译人员。

翻译人员到庭后，法庭应当向被告人及辩护人询问是否申请翻译人员回避。

第十七条 证人、鉴定人到庭后，审判长应当庭核实其身份、与当事人及本案的关系，审查证人、鉴定人的作证能力、专业资质，并告知其有关作证的权利义务和法律责任。

第十八条 证人、鉴定人作证前，应当保证如实提供证言、说明鉴定意见，并在保证书上签名。

第十九条 鉴定人到庭后，法庭向被告人及辩护人询问是否申请鉴定人回避。申请鉴定人回避的，应当说明理由。法庭可以当庭或休庭评议后作出鉴定人是否回避的决定。

第二十条 证人作证时，先由对本方诉讼主张有利的控辩一方发问；发问完毕后，经审判长准许，对方也可以发问。

控辩双方发问完毕后，可以归纳本方对证人证言的意见。控辩双方如有新的发问，经审判长准许，可以再行发问。

审判人员认为必要时，可以询问证人。经审判长准许，被告人可以向证人发问。

第二十一条 向证人发问时，应遵循以下规则：

（一）发问内容应与案件事实有关；

（二）不得采用诱导方式发问；

（三）不得威胁或误导证人；

（四）不得损害证人人格尊严；

（五）不得泄露证人个人隐私。

第二十二条 有多名证人出庭的案件，向证人发问应分别进行。发问完毕后，审判长应当通知法警引导证人退庭到证人候证室。

证人证言之间存在实质性差异的，法庭可以传唤有关证人到庭对质。

审判长可以分别询问证人，就证言的实质性差异进行调查核实。经审判长准许，控辩双方可以向证人发问。审判长认为有必要的，可以准许证人相互发问。

第二十三条 向证人发问应围绕案件事实、作证能力、取证合法性等问题进行。

向鉴定人、有专门知识的人发问应围绕鉴定资质、检材、鉴定程序、鉴定方法、鉴定内容、结论意见等问题进行。

作出同一份鉴定意见的多名鉴定人或者二名有专门知识的人可以同时出庭，不受分别发问规则的限制。

第二十四条 控辩一方发问方式不当或者内容与案件事实无关，违反有关发问规则的，对方可以提出异议。对方当庭提出异议的，发问方应当向法庭说明发问的理由，审判长应判明情况予以支持或者驳回；对方未当庭提出异议的，审判长可视情予以制止。

第二十五条 控辩双方可以通过提问的方式向证人询问与案件事实有关的问题，也可以让证人向法庭自由陈述其所亲自感知的案件事实。

审判长认为证人当庭陈述的内容与案件事实无关或者明显重复的，可以进行必要的提示。

第二十六条 证人出庭作证的，其庭前证言一般不再出示、宣读，但以下情形除外：

（一）证人出庭作证时遗忘或者遗漏庭前证言的关键内容，需要向证人作出必要提示的；

（二）证人的当庭证言与庭前证言存在矛盾，需要证人作出合理解释的。

为核实证据来源、证据真实性等问题，或者唤起证人记忆，经审判长准许，控辩双方可以在询问证人时向其出示物证、书证等证据。

第二十七条 证人退庭后，控辩双方可就该证人当庭作证内容发表质证意见。

质证后法庭认为还需要向该证人补充发问的，可传该证人再次出庭作证。

第二十八条 证人作证完毕后，审判长应当当面或者通过法警告知证人在法院内等候休庭以核对出庭笔录。

第二十九条 证人不得旁听本案审理。

出庭作证的被害人参与庭审的，应当在起诉书宣读完毕后退庭候证，作证时由法警引导到庭，作证完毕后可旁听本案审理。

第三十条 证人、鉴定人、被害人因出庭作证，其本人或者其近亲属人身安全面临危险的，可以提出人身安全保护请求。人民法院经审查认为确有保护必要的，应当采取相应保护措施。必要时，商请公安机关落实保护措施。公安机关接到商请函后，应及时落实具体的责任部门提供保护。

第三十一条 出庭前，人民法院可商请公安机关落实对证人及其近亲属的人身和住宅采取专门性保护措施，具体工作与公安机关法制部门对接。

人民法院可以发布禁止令，禁止被告人及其近亲属等特定的人员接近证人、鉴定人、被害人及其近亲属。

法庭可以采取不公开证人真实姓名、住址和工作单位等个人信息的方法，或物理隔离、技术手段改变声音、视频作证等方式不暴露其外貌、真实声音等措施。辩护律师经法庭许可，可查阅对证人使用化名的情况，但应当签署保密承诺书。

第三十二条 决定对出庭作证的证人、鉴定人、被害人采取不公开个人信息的保护措施的，法庭应当在开庭前核实其身份，对证人、鉴定人如实作证的保证书不得公开，在判决书、裁定书等法律文书中可以使用化名等代替其个人信息。

第三十三条 证人因出庭作证所支出的交通、住宿、就餐等合理费用，由办案人民法院给予补助，在办案业务经费中开支，在出庭作证后由办案人民法院按照相关规定发放。

被强制到庭的证人或到庭后拒绝作证的证人不予出庭补助。

被害人出庭作证，且未以当事人身份参与庭审的，可参照证人标准予以相关补助；出庭作证被害人系刑事附带民事诉讼原告人且参与庭审的，不予出庭补助。

有专门知识的人出庭对鉴定意见、检验报告提出意见的，出庭的相关补助应由申请方支付。法庭依照职权决定有专门知识的人出庭的，可参照证人标准予以相关补助。

鉴定人出庭作证的补助标准，按照原有关文件规定执行。

第三十四条 证人、鉴定人、有专门知识的人作伪证、故意提供虚假意见或者隐匿罪证，构成犯罪的，应依法追究刑事责任。

第三十五条 本规定自下发之日起试行。

浙江省高级人民法院刑事庭审证人询问规则（试行）

（浙高法〔2018〕142号）

为完善对刑事证人的法庭质证规则，规范、有序、高效地进行庭审询问，依据最高人民法院、最高人民检察院、公安部、国家安全部、司法部《关于推进以审判为中心的刑事诉讼制度改革的意见》和最高人民法院《人民法院办理刑事案件第一审普通程序法庭调查规程（试行）》，结合我省工作实际，制定本规则。

第一条 对证人的询问，应当个别、具体、简洁地进行。

第二条 证人出庭后，在审判长指引下，先向法庭陈述证言，然后先由申请方询问；询问完毕后，对方也可以询问。

审判人员认为必要时，可以询问证人。法庭依职权通知证人出庭的，应当先由审判人员询问。

经审判长准许，被告人可以向证人询问。

第三条 询问证人应当遵循以下规则：

（一）询问内容应当与案件事实有关；

（二）不得采用诱导方式询问；

（三）不得威胁或者误导证人；

（四）不得损害证人人格尊严；

（五）不得泄露证人个人隐私。

第四条 具有下列情形之一的，不属于诱导：

（一）在实质性询问之前，涉及需要明确证人的身份、经历等准备性事项的；

（二）涉及诉讼各方没有争议，且已经明确的事项的；

（三）询问主要意图是反驳证人的不实证词、质疑该证人证言真实性的；

（四）证人记忆不清时，为唤起其记忆而确有必要的。

审判长认为询问不适当时，可以制止。

第五条 对证人询问，可以针对案件事实，或者证人的观察、记忆、表达等能力，以及证人与案件的利害关系、偏见、预断、前后证言之间的矛盾等事项进行；在询问中发现证言合法性有疑问的，也可以针对证言收集的合法性进行。但是，不得擅自涉及证人的前科、劣迹、行为特例等有损证人名誉的事项。

控辩双方可以通过提问的方式向证人询问与案件事实有关的问题，也可以让证人向法庭自由陈述其所亲自感知的案件事实。

第六条 控辩一方询问方式不当或者内容与案件事实无关，违反有关询问规则的，对方可以提出异议，并说明理由。对方当庭提出异议的，询问方应当说明询问理由，审判长判明情况予以支持或者驳回，并说明理由；对方未当庭提出异议的，审判长也可以根据情况予以制止并说明理由。

第七条 审判长认为证人当庭陈述的内容与案件事实无关或者明显重复的，可以进行必要的提示。

第八条 对证人的询问应当分别进行。证人证言之间存在实质性差异的，法庭可以传唤有关证人到庭对质。审判长可以分别询问证人，就证言的实质性差异进行调查核实。经审判长准许，控辩双方可以向证人询问。审判长认为有必要的，可以准许证人之间相互询问。

同案有多名被告人的，如有必要，法庭可在单独询问结束后，传唤同案被告人进行对质。

第九条 在必要时，经审判长许可，控辩双方可以利用画图、照片、模型、装置等进行询问。

证人出庭作证的，其庭前证言一般不向其出示、宣读，但下列情形除外：

（一）证人出庭作证时遗忘或者遗漏庭前证言的关键内容，需要向证人作出必要提示的；

（二）证人的当庭证言与庭前证言存在矛盾，需要证人作出合理解释的。

为核实证据来源、证据真实性等问题，或者帮助证人回忆，经审判长准许，控辩双方可以在询问证人时向其出示物证、书证等证据。

第十条 证人退庭后，控辩双方可就该证人当庭作证内容发表质证意见。

质证后，法庭认为还需要向该证人补充询问的，可传该证人再次出庭作证，但一般不超过两次。

第十一条 对鉴定人、有专门知识的人、不作为附带民事诉讼原告人的出庭被害人的询问，可以参照本规则进行。

第十二条 本规定自下发之日起执行。

安徽省高级人民法院、安徽省人民检察院、安徽省公安厅、安徽省司法厅关于刑事案件证人、鉴定人、侦查人员出庭相关问题的指导意见

（皖高法〔2018〕35号）

第一条 为贯彻落实《最高人民法院、最高人民检察院、公安部、国家安全部、司法部关于推进以审判为中心的刑事诉讼制度改革的意见》，完善证人、鉴定人、侦查人员出庭制度，推进庭审实质化，提高刑事案件审判质效，根据《中华人民共和国刑事诉讼法》及相关司法解释的规定，结合我省实际，制定本指导意见。

第二条 具有下列情形之一，公诉人、当事人或者辩护人、诉讼代理人对证人证言有异议，人民法院认为有必要的，证人应当出庭作证：

（一）证人证言对案件定罪量刑有重大影响，或者对案件证据链的形成具有关键作用，且证言与在案其他证据存在矛盾的；

（二）证人证言对案件定罪量刑有重大影响，或者对案件证据链的形成具有关键作用，且在侦查阶段、审查起诉阶段多次反复，存在较大矛盾，证人未能作出合理解释的；

（三）证人证言可能影响到被告人自首、立功等量刑情节的认定，但该证人证言未涉及或者所证明的内容不明确，需要进一步核实的；

（四）被告人、辩护人提供的可能证明被告人无罪或罪轻的证人，侦查机关、检察机关虽收到取证的申请，但均未向其取证、核实的；

（五）其他对定罪量刑有重大影响的情形。

第三条 具有下列情形之一，公诉人、当事人或者辩护人、诉讼代理人对鉴定意见有异议，人民法院认为有必要的，鉴定人应当出庭作证：

（一）存在多份鉴定意见，且鉴定意见之间的差异较大、难以取舍的；

（二）对鉴定意见中检材的可鉴定条件、鉴定的依据等有较大争议的；

（三）对鉴定程序的合法性提出异议的；

（四）人民法院认为其他有必要出庭作证的。

第四条 具有下列情形之一，公诉人、当事人或者辩护人、诉讼代理人对涉及侦查活动的相关事实有异议，人民法院认为有必要的，侦查人员应当出庭：

（一）现有证据材料不能证明证据收集的合法性，需通知有关侦查人员或者其他人员出庭说明情况，并就相关情况接受发问的；

（二）侦查人员当场抓获犯罪嫌疑人，或者接受犯罪嫌疑人投案，且控辩双方对被告人是否具有自首情节存在争议的；

（三）人民法院认为其他有必要出庭的。

第五条 公诉人、当事人或者辩护人、诉讼代理人向人民法院申请通知证人、鉴定人、侦查人员出庭的，应当在开庭五日前，向人民法院提交出庭申请书。申请书应当载明证人、鉴定人、侦查人员的姓名、身份等有效信息，同时说明申请理由以及拟证明的案件事实。根据案件审理需要，人民法院可要求申请人补充有关材料。

人民法院收到申请后，就证人、鉴定人、侦查人员出庭的必要性进行审查，决定是否通知上述人员出庭作证，并将决定告知申请方。

第六条 人民法院认为证人、鉴定人、侦查人员符合本规定第二、三、四条，有必要出庭的，可依职权通知其出庭。

第七条 人民法院依法通知证人、鉴定人、侦查人员出庭的，应当在开庭三日前通知开庭的时间、地点等，并同时告知控辩双方。

无法通知或者证人、鉴定人、侦查人员拒绝出庭作证的，人民法院应当及时告知申请人。

人民法院可以要求申请证人、鉴定人、侦查人员出庭的一方在通知证人、鉴定人、侦查人员出庭过程中提供必要的协助。

第八条 证人具有下列情形之一，人民法院可以准许其不出庭：

（一）在庭审期间身患严重疾病或者行动极为不便的；

（二）居所远离开庭地点且交通极为不便的；

（三）身处境外短期无法回国的；

（四）被告人的配偶、父母及子女；

（五）有其他客观原因，确实无法出庭的。

具有前款规定情形的，确需证人出庭作证的，可以通过视频等方式作证。

第九条 经人民法院通知，证人没有正当理由不出庭作证，人民法院认为确有必要的，可以强制其到庭。强制证人出庭的，应当由院长签发强制证人出庭令，由司法警察执行，必要时，可以商请公安机关协助执行。

第十条 证人、鉴定人、侦查人员出庭作证时，审判人员应当核实其身份、与当事人以及本案的关系，告知作证的权利义务和法律责任。

出庭作证人员作证前，应当保证向法庭如实提供证言、说明鉴定意见，并在保证书上签名。

第十一条 向证人、鉴定人、侦查人员发问应当分别进行。

向证人、鉴定人、侦查人员发问，应当先由提请通知的一方进行；发问完毕后，经审判长准许，对方也可以发问。控辩双方发问完毕后，审判人员认为必要时，可以询问证人、鉴定人、侦查人员。

人民法院依职权主动通知证人、鉴定人、侦查人员出庭的，应当先由法庭向证人、鉴定人、侦查人员发问；发问完毕后，经审判长准许，控辩双方也可以依次发问，一般先由控方发问，如果证人证言、鉴定人陈述对被告人不利的，也可先由辩方发问。

对于双方争议较大、对事实认定及量刑情节具有关键作用的问题，经审判长许可，也可以交叉发问。

证人、鉴定人、侦查人员经控辩双方发问或者审判人员询问后，审判长应当告知其退庭，不得旁听本案的审理。庭审结束后，应当阅看庭审记录中的作证部分，确认无误后签名。

第十二条 向证人发问应当遵循的规则：

（一）发问的内容应当与本案事实有关；

（二）不得以诱导方式发问；

（三）不得威胁证人；

（四）不得损害证人的人格尊严。

前款规定适用于对鉴定人、侦查人员的发问。

第十三条 控辩双方因对方发问方式不当或者内容与本案无关而提

出异议，申请审判长制止的，审判长应当判明情况予以支持或者驳回；对方未提出异议的，审判长也可以根据情况予以制止。

第十四条 证人当庭作出的证言，经控辩双方质证、法庭查证属实的，应当作为定案的根据。

证人当庭作出的证言与庭前证言矛盾，证人能够作出合理解释，并有相关证据印证的，应当采信庭审证言；不能作出合理解释，而庭前证言有相关证据印证的，可以采信庭前证言。

第十五条 对无法通知或经通知有正当理由不能到庭的证人、侦查人员，申请方可将其书面证言作为证据进行举证。人民法院根据控辩双方的质证意见，结合在案证据综合分析后认定。

鉴定人由于不能抗拒的原因或者其他正当理由无法出庭的，人民法院可以根据情况决定延期审理或者重新鉴定。

第十六条 经人民法院通知，证人没有正当理由拒绝出庭或者出庭后拒绝作证，法庭对证言的真实性无法确认的，该证言不得作为定案的报据。

经人民法院通知，鉴定人拒不出庭作证的，鉴定意见不得作为定案的根据。对设有正当理由拒不出庭作证的鉴定人，人民法院应当通报司法行政机关或者有关部门。

第十七条 审判危害国家安全犯罪、恐怖活动犯罪、黑社会性质的组织犯罪、毒品犯罪等案件，作证人员因出庭作证，本人或者其近亲属的人身安全面临危险的，人民法院应当采取不公开其真实姓名、住址和工作单位等个人信息，或者不暴露其外貌、真实声音等保护措施。

第十八条 审判期间作证人员提出保护请求的，人民法院应当立即审查；认为确有保护必要的，应当及时决定采取相应保护措施，必要时，协调人民检察院、公安机关等相关单位和个人配合。

第十九条 证人、鉴定人因出庭作证产生的交通、住宿、就餐等费用，列入人民法院业务经费，予以补助。范围、标准按照《安徽省高级人民法院审理刑事案件证人、鉴定人出庭作证专项经费保障暂行办法》的规定执行。

第二十条 有专门知识的人出庭作证，适用鉴定人出庭作证的相关规定。

第二十一条 本指导意见自下发之日起施行。

辽宁省高级人民法院、辽宁省人民检察院、辽宁省公安厅、辽宁省司法厅关于刑事案件证人、鉴定人出庭作证若干问题的联席会议纪要

（辽高法〔2018〕18号）

为准确惩治刑事犯罪，加强人权保障，提高刑事案件的审判质量，根据《中华人民共和国刑事诉讼法》《最高人民法院关于适用〈中华人民共和国刑事诉讼法〉的解释》等有关规定，结合本省实际，辽宁省高级人民法院、辽宁省人民检察院、辽宁省公安厅、辽宁省司法厅对刑事案件证人、鉴定人出庭作证的若干问题进行了研讨，现纪要如下：

一、具有下列情形之一，公诉人、当事人或者辩护人、诉讼代理人对证人证言有异议，人民法院认为有必要的，证人应当出庭作证：

（一）证人证言直接涉及案件定罪量刑，或者对案件证据链的形成具有关键作用，且证言与在案其他证据存在难以排除的矛盾的；

（二）证人证言直接涉及案件定罪量刑，或者对案件证据链的形成具有关键作用，且在侦查、审查起诉阶段多次反复，存在较大矛盾，证人未能作出合理解释的；

（三）证人证言可能影响到被告人自首、立功等量刑情节的认定，但该证人证言未涉及或所证明的内容不明确，需要进一步核实的；

（四）被告人、辩护人提供的可能证明被告人无罪的证人，公安机关、检察机关虽收到申请证人出庭作证的申请，但均未向其取证，且被告人、辩护人能说明该证人证明的事实及相关理由，并能提供具体的联系方式的；

（五）对定罪量刑有重大影响的其他情形。

二、具有下列情形之一，公诉人、当事人或者辩护人、诉讼代理人对鉴定意见有异议，人民法院认为有必要的，鉴定人应当出庭作证：

（一）存在多份鉴定意见，且鉴定意见之间内容差异较大的；

（二）对鉴定意见中检材的可鉴定条件、鉴定的依据、论证分析过程有较大争议的；

（三）对鉴定程序的合法性提出异议的；

（四）鉴定人应当出庭作证的其他情形。

三、公诉人、当事人或者辩护人、诉讼代理人向人民法院申请通知证人、鉴定人出庭的，应在收到出庭通知书之日起三日内，向人民法院提交证人、鉴定人出庭申请书。证人出庭申请书应列明证人的姓名、性别、年龄、职业、住址、联系方式等有效信息及申请理由和证明的事实，鉴定人出庭申请书应列明鉴定人的姓名、性别、职业、鉴定机构的联系方式等有效信息及申请理由和证明的事实。申请未成年人出庭作证的，还应提供其法定代理人的姓名及联系方式；申请聋哑人或不通晓当地语言的人员出庭作证的，应注明并申请人民法院为其提供翻译。人民法院可根据案件审理需要，要求申请人补充有关材料。

人民法院在收到上述申请后，就证人、鉴定人出庭的必要性进行审查，决定是否通知其出庭作证。

四、人民法院认为证人、鉴定人符合本纪要第一条、第二条的规定，有必要出庭作证的，可依职权通知其出庭作证。

五、人民法院依法通知证人、鉴定人出庭作证的，应于开庭三日前向其送达出庭通知书，通知书应当载明开庭的时间、地点、出庭作证相关事项、联系人和联系方式等信息，对鉴定人的出庭通知书，另须注明鉴定委托人和被鉴定人等信息，并同时将出庭通知书送交控辩双方及其他当事人，控辩双方应当予以配合。

六、证人、鉴定人不出庭作证，但为查明案件事实，确需证人、鉴定人接受控辩双方发问的案件，审判人员可以召集公诉人、当事人和辩护人、诉讼代理人举行庭前会议，对相关证人、鉴定人进行发问。

七、人民法院在证人、鉴定人参加庭前会议或出庭作证前应当告知其如实作证的义务以及作伪证的法律后果，并责令其签署保证书。保证书应当载明如实作证、作伪证愿意接受处罚等内容。证人、鉴定人应当在保证书上签名或者捺印。

证人、鉴定人拒绝签署保证书，待证事实又欠缺其他证据证明的，人民法院对其待证事实不予认定。

八、经审判长准许，公诉人、当事人和辩护人、诉讼代理人可以向证人、鉴定人发问，发问应围绕案件、鉴定事项进行，对与案件、鉴定事项无关的发问，审判长应予以制止，证人、鉴定人有权拒绝回答。

向证人、鉴定人发问，应当先由提请通知的一方进行；发问完毕后，经审判长准许，对方也可以发问。

审判人员认为必要时，可以对证人、鉴定人进行询问。

证人、鉴定人经控辩双方发问或者审判人员询问后，审判长应当告知其退庭。

证人、鉴定人不得旁听对本案的审理。

九、证人当庭作出的证言与其庭前证言矛盾，证人能够作出合理解释，并有相关证据印证的，应当采信其庭审证言；不能作出合理解释，而其庭前证言有相关证据印证的，可以采信其庭前证言。

十、经人民法院通知，证人无正当理由拒绝出庭或者出庭后拒绝作证，法庭对其证言的真实性无法确认的，该证人证言不得作为定案的根据。

对于无法通知或经通知有正当理由不能到庭的证人，申请方可将其书面证言作为证据进行举证，由人民法院根据控辩双方的质证意见，结合在案证据综合分析后认定。

十一、经人民法院通知，鉴定人拒不出庭作证的，鉴定意见不得作为定案的根据。

鉴定人由于不能抗拒的原因或者有其他正当理由无法出庭的，人民法院可以根据情况决定延期审理或者重新鉴定。

对没有正当理由拒不出庭作证的鉴定人，人民法院应当通报司法行政机关或者有关部门。

十二、强制证人出庭的，应当由人民法院院长签发强制证人出庭令，由司法警察协助执行。

十三、证人因无正当理由拒不出庭作证或者出庭后拒绝作证被采取拘留措施后，如表示愿意出庭作证，可提前解除对该证人的拘留措施。

十四、人民法院应采取有效保护措施，保障出庭证人、鉴定人及其近亲属的人身安全和人格尊严不受侵犯，必要时应当不公开出庭证人、鉴定人的真实姓名、住址、工作单位和联系方式等个人信息，并采取远程视频作证等措施，避免暴露其外貌、真实声音。

十五、人民法院应为证人、鉴定人出庭提供专门席位、通道、等候休息区域、有条件的可设置证人、鉴定人休息室。

十六、证人、鉴定人因参加庭前会议和出庭作证产生的交通、住宿、就餐等费用，人民法院应当给予补助，列入人民法院业务经费，补助标准可参照有关规定执行。

参考文献

1.《美国联邦刑事诉讼规则和证据规则》，卞建林译，中国政法大学出版社 1996 年版。

2. 陈瑞华:《刑事辩护的艺术》，北京大学出版社 2018 年版。

3. 陈瑞华:《刑事诉讼法》，北京大学出版社 2021 年版。

4. 陈瑞华、田文昌:《刑事辩护的中国经验》，北京大学出版社 2012 年版。

5. 易延友:《证据法学：原则、规则、案例》，法律出版社 2017 年版。

6. 最高人民检察院第三检察厅编:《国家公诉人出庭指南》(修订版)，法律出版社 2023 年版。

7. 李少平主编:《最高人民法院关于适用〈中华人民共和国刑事诉讼法〉的解释理解与适用》，人民法院出版社 2021 年版。

8. 张丽卿:《刑事诉讼制度与刑事证据》，中国检察出版社 2016 年版。

9. 林钰雄:《刑事法理论与实践》，中国人民大学出版社 2008 年版。

10. 林钰雄:《刑事诉讼法》(上册)，中国人民大学出版社 2005 年版。

11. 柯耀程:《刑事程序理念与重建》，元照出版公司 2009 年版。

12. 陈天勋:《刑事诉讼法概要》，来胜文化事业有限公司 2015 年版。

13. 黄东熊等:《刑事证据法则之新发展》，台湾学林文化事业有限公司 2003 年版。

14. 张耀良:《交叉询问的方法与技巧》，中国政法大学出版社 2018 年版。

15. 王兆鹏:《新刑诉新思维》，元照出版公司2005年版。

16.《德国刑事诉讼法——附德国法院组织法选译》，连孟琦译，元照出版公司2016年版。

17. 李勇:《刑事证据审查三步法则》，法律出版社2022年版。

18. 王勇、李勇:《公诉人出庭的方法与技巧》，法律出版社2015年版。

19.《刑辩三人谈》编写组编著:《刑辩三人谈：刑辩业务核心技能》，法律出版社2021年版。

20. 徐宗新:《刑事辩护实务操作技能与执业风险防范》，法律出版社2014年版。

21. 臧德胜:《有效辩护三步法：法官视角的成功辩护之道》，法律出版社2016年版。

22. [古希腊]亚里士多德:《修辞学》，罗念生译，上海人民出版社2005年版。

23. [比]哈依姆·佩雷尔曼、露茜·奥尔布莱希茨-泰提卡:《新修辞学——一种论证理论》，杨贝译，商务印书馆2022年版。

24. [德]阿克赛尔·文德勒、[德]赫尔穆特·霍夫曼:《审判中询问的技巧与策略》，丁强、高莉译，中国政法大学出版社2012年版。

25. [德]克劳斯·罗科信:《刑事诉讼法》(第21版)，吴丽琪译，法律出版社2003年版。

26. [德]托马斯·魏根特:《德国刑事程序法原理》，江溯等译，中国法制出版社2021年版。

27. [德]英格博格·普珀:《法学思维小学堂——法律人的6堂思维训练课》，蔡圣伟译，北京大学出版社2011年版。

28. [日]田口守一:《刑事诉讼法》，张凌、于秀峰译，中国政法大学出版社2010年版。

29. [日]松尾浩也:《日本刑事诉讼法》(下卷)，张凌译，中国人民大学出版社2005年版。

30. [日]谷口平安:《程序的正义与诉讼》，王亚新、刘荣军译，中国政法大学出版社1996年版。

31. [日]松尾浩也:《日本刑事诉讼法》(上卷)，张凌译，中国人民大学出版社 2005 年版。

32.［日］河谷弘之:《律师职业》，康树华译，法律出版社 1987 年版。

33.［英］威廉·特文宁:《证据理论：边沁与威格摩尔》，吴洪淇、杜国栋译，中国人民大学出版社 2015 年版。

34.［英］威廉·特文宁:《反思证据：开拓性论著》（第二版），吴洪淇等译，中国人民大学出版社 2015 年版。

35.［英］理查德·梅:《刑事证据》，王丽、李贵方等译，法律出版社 2007 年版。

36.［英］苏珊·哈克:《证据原理——司法证明科学》，刘静坤、王进喜译，法律出版社 2022 年版。

37.［英］伊恩·莫利、王馨仝:《说服法庭——讼辩高手进阶指南》，法律出版社 2022 年版。

38.［美］伦道夫·乔纳凯特:《美国陪审团制度》，屈文生、宋瑞峰、陆佳译，法律出版社 2013 年版。

39.［美］托马斯·A. 马沃特:《庭审制胜》（第七版），郭烁译，中国人民大学出版社 2012 年版。

40.［美］爱德华·T. 赖特:《法庭胜诉之策》，卫跃宁等译，中国人民公安大学出版社 2004 年版。

41.［美］罗纳德·J. 艾伦等:《证据法：文本、问题和案例》（第三版），张保生、王进喜、赵滢译，高等教育出版社 2006 年版。

42.［美］史蒂文·鲁贝特:《现代诉辩策略与技巧》，王进喜等译，中国人民公安大学出版社 2004 年版。

43.［美］弗兰西斯·威尔曼:《交叉询问的艺术》，周幸、陈意文译，黄笑生校，红旗出版社 1999 年版。

44.［美］米尔建·R. 达马斯卡:《漂移的证据法》，李学军等译，中国政法大学出版社 2003 年版。

45.［美］约翰·W. 斯特龙主编:《麦考密克论证据》（第五版），汤维建等译，中国政法大学出版社 2004 年版。

46.［美］史蒂文·F. 莫罗、詹姆斯·R. 费格利罗主编:《对方证人——芝加哥著名刑辩律师论交叉询问与人生的经验教训》，吴宏耀、云翀译，中国人民大学出版社 2013 年版。

47. [美] 詹姆斯·W. 麦克尔哈尼:《美国庭审宝典》(第四版)，吴宏耀、金华、童友美译，中国人民大学出版社 2012 年版。

48. Wiliam Twining, *Taking Skills Seriously*, Commonwealth Law Bulletin, Vol. 12. (1986).

49. Kevin C. Kennedy, *Closing Argument: Through the Eyes of a Trial Advocate*, American Journal of Trial Advocacy, Vol .30. (2007).

50. Saul M. Kassin, Lorri N. Williams and Courtney L. Saunders, *Dirty Tricks of Cross-Examination: The Influence of Conjectural Evidence on the Jury*, Law and Human Behavior, Vol. 14. (1990).

51. P. Ekman, Lie Catching in the 1990s' in P Ekman, *Telling Lies: Clues to Deceit in the Marketplace, Politics and Marriage* .New York, WW Norton & Co, (1991).

52. Stephen J. Dwyer, Leonard J. Feldman, Robert G. Nylander, *Effective Oral Argument: Six Pitches, Five Do's, and Five Don'ts from One Judge and Two Lawyers*, Seattle University Law Review, Vol. 33. (2010).

53. Pamela Hobbs, *Unreasonable Doubt: Manipulating Jurors' Perceptions in a Closing Argument at Trial*, Studies in Law, Politics, and Society, Vol. 35 (2005).

54. Frederick Bernays Wiener, *Effective Appellate Advocacy: How to Brief and Argue a Caseon Appeal, including Examples of Winning Briefs and Oral Arguments* (1950).

55. Robert L., Gressman Stern, Eugene, *Supreme Court Practice, Urisdiction, Procedure, Arguing and Briefing Techniques, Forms, Statutes, Rules for Practice in the Supreme Court of the United States* (1950).

56. Barbara J. Valliere, *Welcome the Questions: How to Prepare and Present an Effective Oral Argument*, United States Attorneys' Bulletin, Vol. 61. (2013).

57. Knibb, Shaunta, *Five Tips for Oral Argument*, Appellate Practice, Vol. 40, (2021).

后 记

我国香港特别行政区大律师张耀良说，一个诉讼律师可以什么都不懂，但必须懂得发问和辩论。[1] 无论是对于公诉人还是辩护人，庭审发问和辩论都是基本技能，但是理论界和实务界对庭审发问和辩论的重视程度不够。随着以审判为中心诉讼制度改革的推进，庭审的对抗性增强，越来越暴露出控辩双方对于庭审问题的技能匮乏和本领恐慌。或许有人会说，认罪认罚从宽制度导致庭审对抗性反而降低，其实不然。认罪认罚从宽制度的立法初衷是繁简分流、合理配置司法资源，让简单的认罪认罚案件快速处理，让不认罪认罚的复杂案件更加精细化审理，更加彻底地贯彻审判中心主义。换言之，认罪认罚从宽制度是为以审判为中心诉讼制度改革创造条件的。可以预见，不认罪认罚案件的庭审对抗性将越来越强，对庭审发问和法庭辩论水平的要求越来越高。时至今日，一些热点的重大复杂案件，庭审持续数日、数周甚至数月的现象并不罕见，旷日持久的庭审发问、法庭辩论也不再新鲜。但是这些激烈对抗的庭审中暴露出的庭审技能水平不高、庭审文化不成熟的现象也十分突出。是时候要认真对待庭审了，这是促使我写这本书的原动力。

促使我写作这本书的第二个动力是给检察官的培训授课。多年以前，我按照上级院的要求给检察官培训庭审技能的实训课程。接到这个任务的第一个想法是，要讲不一样的庭审技能实训课程。

---

① 参见张耀良:《交叉询问的方法与技巧》，中国政法大学出版社 2018 年版，第 1 页。

我本人接受过类似的培训，但是收获甚微。这种实训课程最大的特点是热闹有余，理性不足。通常的景象是，教官拿一个案例让学员模拟庭审，然后学员相互吹捧或批评，教官点评“你说的不错，他说的也有道理”云云，然后课程就结束。每次见到这样的培训，我都纳闷“我天天在办案、在开庭，为何到培训中心来开个‘假庭’”？！我下决心绝不重蹈这样的覆辙。改变从自己做起，第一个改变就是方法论的改变，从实践经验出发探究挖掘庭审背后的原理，与前沿的理论和文献对话，以原理为基础再从实践经验中提炼和升华出规律性的方法，这就是我一直以来坚持的“第三条道路”的研究方法。第二个改变是学员的实训时间被大幅压缩，实训仅仅是为了暴露出问题作为课程的导入和靶子，一个课程三个小时，实训和讨论只有半小时。记得有一次到国家检察官学院广西分院，给全国职务犯罪检察业务骨干培训班讲授“庭审交叉询问的方法与技巧”，广西分院的院长及一些老师听说“明星检察官”来授课，打算放弃周末休息时间来听课，后来看课程表是实训课，就不来听课了。一段时间后，广西分院的同志来电请我再去一趟还讲这个课，因为他们得到学员的反馈，这个“实训课”是不一样的“实训课”。每次授课从实训暴露出的问题，从讨论中激发的灵感，都给了我太多启发。有学员课后说“半天的课程，需要我们用整个职业生涯消化、磨炼”。这让我受宠若惊，如果不写成一本书，简直对不住这样的鼓励。

人到中年，我深切体会到兴趣对执着于一件事的意义。这可能是终极动力。我没有什么业余爱好，不会打球、不会打牌。读书写作和跑步是我每天必做的事。在别人看来有些无趣的我，对于读专业书、写专业文这件事兴趣浓厚、始终不减。写一本书、写一篇文，不写完决不罢休，地铁上、高铁上、饭桌、卧室……都是我写作的地方，我几乎可以利用一切下班后的碎片时间写作。因为强烈的兴趣，使我从未觉得读书、写作是件辛苦事，而是觉得这是令人心旷神怡的“娱乐”。有人问我：写书、发文章能挣不少稿费吧？这真是让人啼笑皆非！不“倒贴”就不错了。以庸俗的心看待兴趣，兴趣就不再是兴趣，而是一种枷锁！这种枷锁必将泯灭兴趣。一个致力于学术和研究的人，最大的愿望莫过于自己的学术观点能够被认同、被接受、被商榷，发挥社会效用。思想（idea）只有传播和交流才有价值。为什么一个追求学术的人，特别热衷于发表文章、讲课、参加研讨、演讲？原因就在于他可以通过这些方式传播和交流自己的观点和思想（idea）。

恩师刘艳红教授教导我要坚持理论与实践、实体与程序的交叉研究方法，要形成自己的研究风格，形成“第三条道路”的学术标签；身边的师友、同事也一直鼓励我努力架起理论与实践沟通的桥梁——“第三条道路”；家人已经习惯于我把每天下班后的大部分时间都沉迷于读书写作。这本书只是“第三条道路”上的又一个尝试，我很担心此次尝试难以成功，原因在于对庭审技能这个被认为“技艺而非科学”的话题进行理性化整理和原理性升华太难了，本书所进行的探索只是冰山一角，存在太多不尽如人意的地方。希望能“抛砖引玉”，借此呼吁理论界和实务界“认真对待庭审技能”，也期待读者诸君批评指正。你们的批评鼓励或许能促成我将此前主编、副主编过已经绝版的《审查起诉的原理与方法》《公诉人出庭的方法与技巧》，变成《审查起诉的原理与方法》《庭审发问的原理与方法》《法庭辩论的原理与方法》“原理与方法三部曲”。

李　勇

2023 年 7 月 11 日初写于 G31 次列车上

2024 年 5 月 20 日改定于金陵